职业教育"互联网+"新形态教材·财会类专业

会计信息化应用

（畅捷通 T3 营改增版）

任骁淼　李　荣　王翠翠　主　编

麦黛洁　谭　菲　杨世学　郑晓燕　副主编

电子工业出版社

Publishing House of Electronics Industry

北京·BEIJING

内 容 简 介

本书以职业院校会计专业人才培养目标为出发点，按照企业会计信息化的实施过程，以畅捷通T3营改增版为蓝本，采用了2007年新会计准则，以新增值税、新报表和新个人所得税率设计案例，简明地介绍了畅捷通T3营改增版所具有的功能，指导学习者掌握信息化管理工具的应用。

本书共分11个工作项目，在编写上体现了基于工作过程的项目驱动教学法，内容包括系统管理、基础档案设置、总账管理、编制财务报表、工资管理、固定资产管理、购销存管理初始化、采购管理、销售管理、库存管理和核算管理等。

本书内容简明，配套资源丰富，既可作为职业院校财会类专业和其他专业相关课程的教材、参考书，也可作为会计人员岗位培训教材和参考资料，还可作为相关经济管理人员的自学用书。

未经许可，不得以任何方式复制或抄袭本书之部分或全部内容。

版权所有，侵权必究。

图书在版编目（CIP）数据

会计信息化应用：畅捷通T3营改增版 / 任骁淼，李荣，王翠翠主编. — 北京：电子工业出版社，2024. 7.
ISBN 978-7-121-48294-6

Ⅰ. F232

中国国家版本馆CIP数据核字第2024W451N5号

责任编辑：贾瑞敏
印　　刷：三河市龙林印务有限公司
装　　订：三河市龙林印务有限公司
出版发行：电子工业出版社
　　　　　北京市海淀区万寿路173信箱　邮编100036
开　　本：880×1 130　1/16　印张：12.25　字数：337千字
版　　次：2024年7月第1版
印　　次：2024年7月第1次印刷
定　　价：45.00元

凡所购买电子工业出版社图书有缺损问题，请向购买书店调换。若书店售缺，请与本社发行部联系，联系及邮购电话：（010）88254888，88258888。

质量投诉请发邮件至zlts@phei.com.cn，盗版侵权举报请发邮件至dbqq@phei.com.cn。

本书咨询联系方式：电话18310186571；邮箱fservice@vip.163.com；QQ群427695338；微信DZFW18310186571。

前言

职业教育是我国教育体系的重要组成部分，教材建设是推动职业教育发展的重要因素。本书贯彻党的二十大精神，适应职业教育会计信息化课程教学的特点和需要，针对职业教育人才的培养目标，注重对学习者实践操作能力的培养，搭建了如下的体系结构。

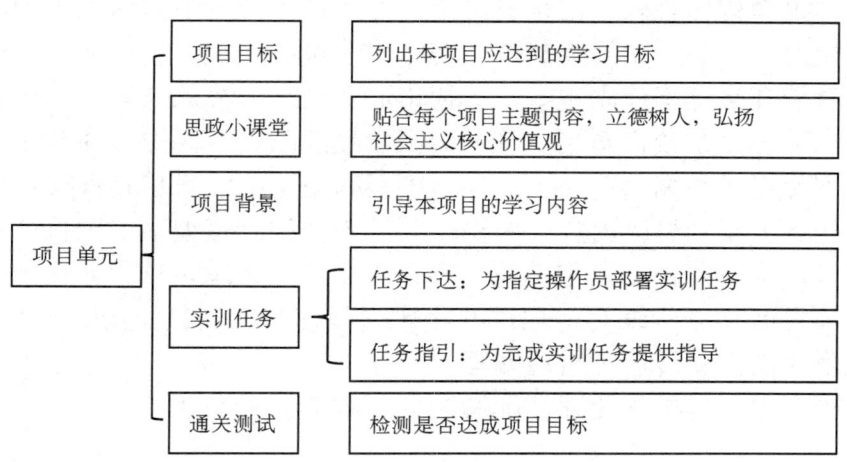

本书具有如下特色。

1. 项目引领，任务驱动

本书采用基于工作过程的项目驱动教学法编写，把每个项目分解为若干个简单易懂、易操作的任务。每个任务通过任务下达、任务指引、提示明确任务执行主体、完成任务的步骤及任务中应注意的事项。通过完成系列相关任务，完成每个项目的教学目标，进而实现整个课程的教学目标。

2. 结构精练，聚焦应用

本书从实际应用出发，把企业业财一体化过程拆分为财务信息化和购销存两个阶段，每个阶段按子系统划分学习项目，化繁为简。在完成实训任务的过程中融入应知应会内容，强调培养"实操"能力。

3. 注重实效，体现最新会计和税改政策

每个项目开始都明确给出了学习目标，用以提示本项目要了解和掌握的内容；每个项目结束都配有通关测试，用以检验学习者是否掌握了项目基本内容。需要特别说明的是，本书案例中的业务处理全面采用2007年新会计准则，采用最新增值税和个人所得税税率设计案例，使学习者能够学到最新的会计规范。

4. 融入思政教育，提升专业素养

本书设立"思政小课堂"，融入会计及会计信息化相关思政元素，以微课方式呈现，培养学生树立历史使命感和责任担当意识，养成细致严谨、精益求精的工作态度及诚实守信、遵纪守法的职业素养，成长为担当民族复兴大任的时代新人。

5. 配套资源齐全

为了让学习更高效，让教学更轻松，本书配备了云课程。登录云博课堂，然后加入班级，输入邀请码 019938，即可体验本书配套的云课程——不受专业机房、专业课时限制，只要有互联网，就能随时随地观看操作视频，进行实训，并实时评分。

本书还配备了教学大纲、授课 PPT、畅捷通 T3 营改增版教学软件、实训账套和操作视频（重要任务的操作可通过扫描书中二维码查看）。教学资源及云课程授课码的索取方式请参见书后所附的教学资源索取表。它们都从不同角度帮助学习者快速入门、融会贯通。

6. 配备云课程

本书由济南传媒学校任骁淼、山东省济南商贸学校李荣、济南信息工程学校王翠翠担任主编，由广州市旅游商务职业学校麦黛洁、济南电子机械工程学校谭菲、邯郸市职教中心杨世学、济南旅游学校郑晓燕担任副主编，英德市职业技术学校赖秋婷、山东省济南商贸学校李钰和宋雪曼、东莞理工学校雷露平、济南传媒学校李晗、天津财经大学王新玲、新道科技股份有限公司孙雪玲担任参编。具体分工为：任骁淼、王新玲、孙雪玲负责制定本书的大纲、选择与设计项目任务、策划思政内容、统稿，项目 1 由郑晓燕编写，项目 2 由李晗编写，项目 3 由杨世学编写，项目 4 由雷露平编写，项目 5 由谭菲编写，项目 6 由赖秋婷编写，项目 7 由李荣编写，项目 8 由李钰编写，项目 9 由宋雪曼编写，项目 10 由麦黛洁编写，项目 11 由王翠翠编写。附录由王新玲、孙雪玲编写。

由于编者水平有限，书中难免存在疏漏之处，敬请读者批评指正。

编　者

目 录

项目 1　系统管理　1

项目背景……………………………1
　任务1　登录/注销系统
　　　　　管理…………………1
　任务2　增加操作员……………2
　任务3　建立账套………………3
　任务4　设置操作员权限………6
　任务5　备份/恢复账套…………8
　任务6　修改账套………………9
通关测试……………………………10

项目 2　基础档案设置　12

项目背景……………………………12
　任务1　机构设置………………12
　任务2　往来单位设置…………15
　任务3　财务设置………………17
　任务4　收付结算设置…………25
　任务5　设置常用摘要…………27
通关测试……………………………28

项目 3　总账管理　29

项目背景……………………………29
　任务1　总账初始化……………29
　任务2　总账日常业务
　　　　　处理…………………34
　任务3　总账期末业务
　　　　　处理…………………57
通关测试……………………………65

项目 4　编制财务报表　67

项目背景……………………………67
　任务1　自定义报表……………67
　任务2　利用报表模板生成
　　　　　报表…………………74
通关测试……………………………77

项目 5　工资管理　78

项目背景……………………………78
　任务1　启用工资管理子
　　　　　系统…………………78
　任务2　建立工资账套…………79
　任务3　工资账套基础信息
　　　　　设置…………………80
　任务4　日常工资管理…………88
　任务5　月末处理………………93
通关测试……………………………93

项目 6　固定资产管理　95

项目背景……………………………95
　任务1　启用固定资产管理
　　　　　子系统………………95
　任务2　固定资产管理子系统
　　　　　初始化………………95
　任务3　固定资产基础
　　　　　设置…………………99
　任务4　固定资产日常业务
　　　　　处理…………………103
通关测试……………………………109

项目 7　购销存管理初始化　111

项目背景……………………………111
　任务1　启用购销存管理和核算
　　　　　管理子系统…………111
　任务2　基础档案设置…………112

任务3　设置核算科目……115
任务4　设置采购选项……119
任务5　期初数据输入……120
通关测试……………………125

项目8　采购管理　127

项目背景……………………127
任务1　普通采购业务
　　　　处理……………127
任务2　预付订金业务
　　　　处理……………132
任务3　采购现付业务
　　　　处理……………133
任务4　采购运费处理……135
任务5　暂估入库报销
　　　　处理……………138
通关测试……………………141

项目9　销售管理　142

项目背景……………………142
任务1　先发货后开票销售
　　　　业务处理…………142
任务2　销售现收业务
　　　　处理……………148
任务3　代垫费用处理……150
任务4　开票直接发货业务
　　　　处理……………151
任务5　预收冲应收业务
　　　　处理……………152
通关测试……………………154

项目10　库存管理　156

项目背景……………………156

任务1　材料领用出库业务
　　　　处理……………156
任务2　产成品入库业务
　　　　处理……………157
任务3　其他出库业务
　　　　处理……………159
任务4　盘点业务处理……160
任务5　调拨业务处理……161
通关测试……………………162

项目11　核算管理　163

项目背景……………………163
任务1　入库成本调整……163
任务2　暂估入库业务
　　　　处理……………165
任务3　购销存及核算管理
　　　　月末结账…………166
通关测试……………………168

附录　综合实训　169

实训1　系统管理……………169
实训2　基础档案设置………170
实训3　总账初始化…………173
实训4　总账日常业务处理…175
实训5　总账期末业务处理…177
实训6　编制财务报表………177
实训7　工资管理……………178
实训8　固定资产管理………181
实训9　购销存管理初始化…183
实训10　采购管理……………185
实训11　销售管理……………186
实训12　库存管理……………187
实训13　核算管理……………187

项目 1 系统管理

项目目标

1. 熟练掌握增加操作员及为操作员授权的操作。
2. 熟练掌握建立、备份及恢复账套的操作。
3. 了解修改账套的操作。
4. 培养学生始终秉持专业精神，勤于学习、锐意进取，持续提升会计专业能力；不断适应新形势新要求，与时俱进、守正创新，努力推动会计事业高质量发展。
5. 培养学生公正、诚信的社会主义核心价值观，强化责任意识、协作意识和创新意识，增强法律观念，形成遵纪守法的良好习惯。

思政小课堂

守正创新

项目背景

河北爱家家具有限公司（以下简称爱家家具）是一家集设计研发、生产制造、销售服务于一体的现代办公家具制造企业。主营：书柜、文件柜、电脑桌、办公桌。公司为增值税一般纳税人，执行《2007 年新会计准则》，增值税税率为 13%。

2023 年 3 月爱家家具选购了畅捷通 T3（以下简称 T3）的总账管理、财务报表、工资管理、固定资产管理、购销存管理和核算管理子系统，并定于 2023 年 4 月开始使用 T3 进行企业财务与业务管理。

任务 1 登录/注销系统管理

T3 包括总账管理、财务报表、工资管理、固定资产管理、购销存管理和核算管理等多个子系统，各个子系统服务于企业管理的不同层面。系统管理是 T3 为各个子系统提供的公共管理平台，用于对整个系统的公共任务进行统一管理。其主要功能包括账套管理、年度账管理、操作员及权限管理、系统安全管理。

任务 1.1 以系统管理员身份登录 T3 系统管理

首次使用 T3，必须以系统管理员的身份登录系统管理。

任务下达

以系统管理员的身份登录 T3 系统管理。

任务指引

步骤 1 选择"开始"|"所有程序"|"T3-企业管理信息化软件行业专版"|"T3"|"系统管理"命令或双击桌面上的"系统管理"图标，打开系统管理窗口。

步骤2　选择"系统"|"注册"命令,打开"注册〖控制台〗"对话框。

步骤3　在"用户名"文本框中输入T3默认的系统管理员"admin"(系统不区分大小写),系统管理员初始密码默认为空,如图1.1所示。

步骤4　单击"确定"按钮,以系统管理员的身份登录系统管理。系统管理窗口下方的状态栏中显示当前操作员为admin,如图1.2所示。

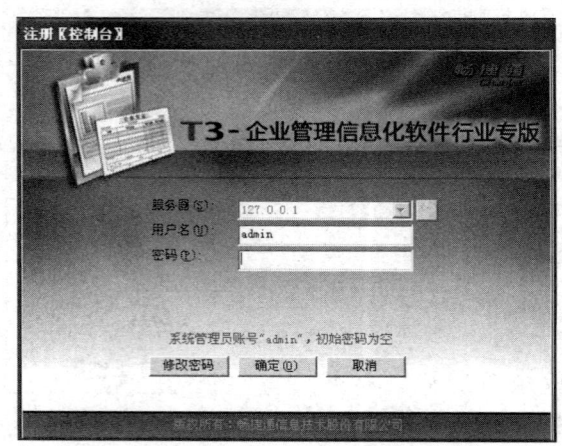

图1.1　以系统管理员的身份登录系统管理

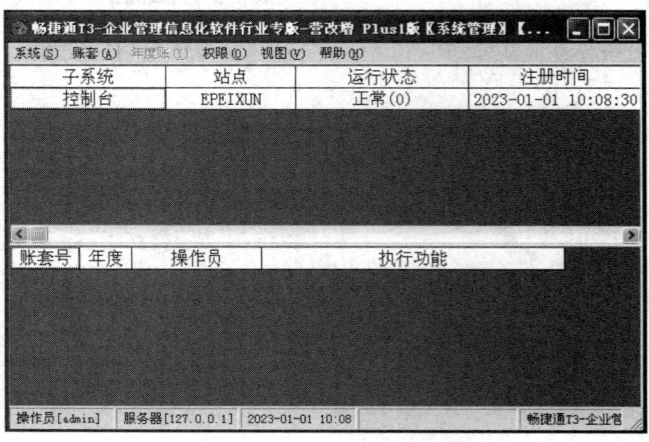

图1.2　系统管理员登录系统管理后的窗口

提示

① 只有系统管理员和账套主管才能登录系统管理。
② 系统管理员负责T3维护和数据安全。

任务1.2　注销系统管理

如果系统管理员有事离开服务器或需要以其他操作员身份登录系统管理时,需要注销当前操作员登录。

在系统管理窗口中,选择"系统"|"注销"命令,当前操作员即退出系统管理登录。

任务2　增加操作员

操作员是指有权登录系统,并对系统进行操作的人。T3中的操作员大致分为两类:一类是能登录T3系统管理的人员,包括系统管理员和账套主管;一类是能登录T3进行业务操作和财务核算的人员,主要是企业的财务人员和业务人员。

登录T3时需要提供用户名和密码,系统对操作员的身份进行识别,以避免无关人员对系统进行非法操作。因此,在开始使用T3之前,需要指定T3的操作人员,并对操作人员的使用权限进行明确限定。

操作员管理包括操作员的增加、修改和删除。

任务下达

以系统管理员的身份在T3中增加表1.1中的操作员。

表1.1　T3操作员

编　号	姓　名	口　令	所属部门
A01	高文	1	财务部
A02	刘畅	空	财务部
A03	王菲	空	财务部

任务指引

步骤1 以系统管理员的身份在系统管理窗口中选择"权限"|"操作员"命令，打开"操作员管理"窗口。窗口中已有的几个操作员是系统预置的。

步骤2 单击"增加"按钮，打开"增加操作员"对话框。输入编号"A01"、姓名"高文"、口令及确认口令"1"、所属部门"财务部"，如图1.3所示。

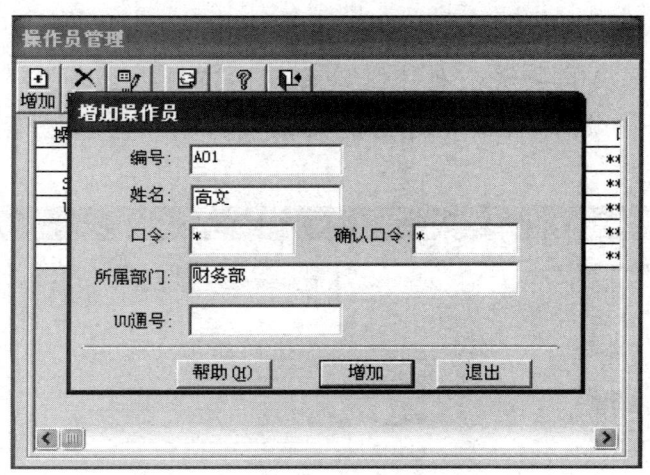

图1.3 增加操作员

步骤3 单击"增加"按钮保存当前操作员，可继续增加其他操作员；单击"退出"按钮则视为放弃本次操作。

步骤4 全部操作员增加完成后，单击"退出"按钮。

提示

① 只有系统管理员可以设置操作员。
② 操作员编号在系统中是唯一的。
③ 所设置的操作员一旦被引用，就不能被删除。
④ 已使用系统之后又调离企业的操作员可以通过"修改操作员"对话框中的"注销当前操作员"功能进行注销。该操作员此后不允许再登录系统。

任务3 建立账套

企业选购T3作为会计信息化应用平台之后，首先需要在系统中建立企业的基本信息、核算方法、编码规则等，称为建账。这里的"账"在T3中称为"账套"，账套中存放了企业全部的财务与业务数据。在T3中，可以为多个企业分别建账，各账套间相互独立、互不影响。

任务下达

以系统管理员的身份在系统管理中创建爱家家具企业账套。

① 账套信息：账套号101；账套名称"爱家家具"；启用会计期"2023年4月"。
② 单位信息：单位名称"河北爱家家具有限公司"；单位简称"爱家家具"；单位地址"河北省三河市瑶海区友谊路128号"；税号"911310227575666111"。
③ 核算类型：企业类型"工业"；记账本位币"人民币"；执行《2007年新会计准则》；账套主管"高文"。
④ 基础信息：企业有外币业务；对经济业务处理时，需要对客户和存货进行分类，无须

对供应商进行分类。

⑤ 业务流程采用标准流程。

⑥ 分类编码方案：科目 4222；客户和存货均为 122，其他采用系统默认设置。

⑦ 数据精度采用系统默认设置。

⑧ 建账完成后立即启用总账管理子系统，启用日期为"2023-04-01"。

任务指引

步骤1 以系统管理员的身份在系统管理窗口中选择"账套"|"建立"命令，打开"创建账套——账套信息"对话框，按任务要求输入账套信息，如图 1.4 所示。

建立账套

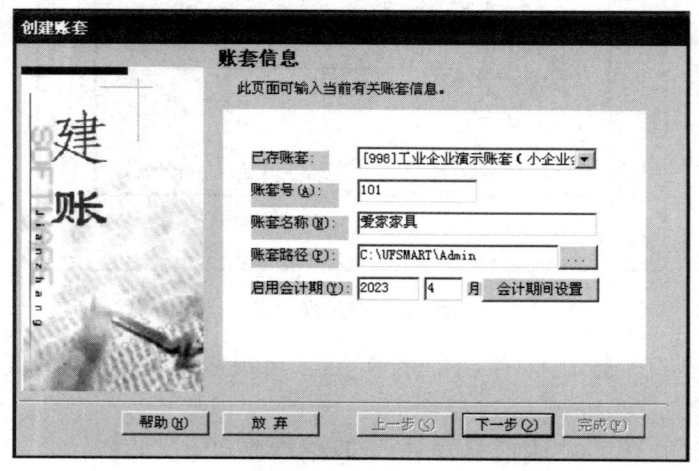

图 1.4 创建账套——账套信息

> **提示**
> ① 只有系统管理员可以创建企业账套。
> ② 账套号是企业账套的唯一标志。

步骤2 单击"下一步"按钮，打开"创建账套——单位信息"对话框，输入单位信息，如图 1.5 所示。

步骤3 单击"下一步"按钮，打开"创建账套——核算类型"对话框，输入核算类型，如图 1.6 所示。

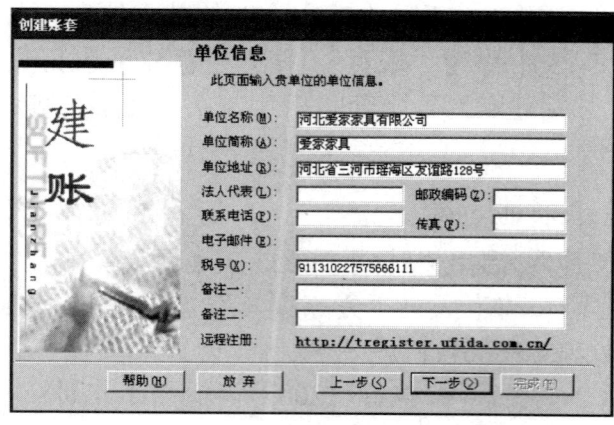

图 1.5 账套信息——单位信息

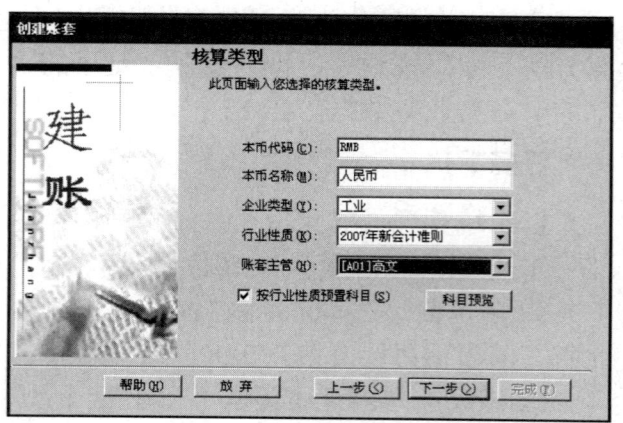

图 1.6 账套信息——核算类型

> **提示**
> ① 行业性质选择是系统提供科目和报表等基础数据的依据。
> ② 账套主管可以在此确定，也可以在操作员权限设置功能中进行设置。

步骤 4　单击"下一步"按钮，打开"创建账套——基础信息"对话框，输入基础信息，如图 1.7 所示。

步骤 5　单击"下一步"按钮，打开"创建账套——业务流程"对话框，采用系统默认设置。单击"完成"按钮，弹出系统提示"可以创建账套了么？"，如图 1.8 所示。

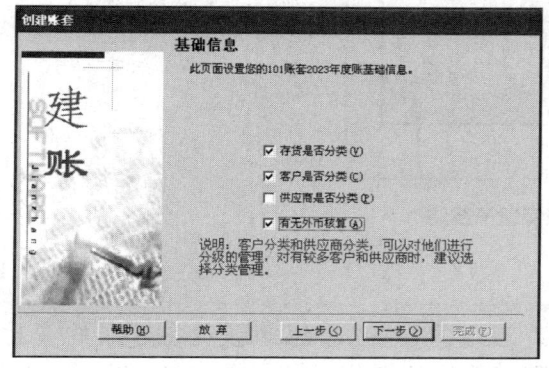
图 1.7　创建账套——基础信息

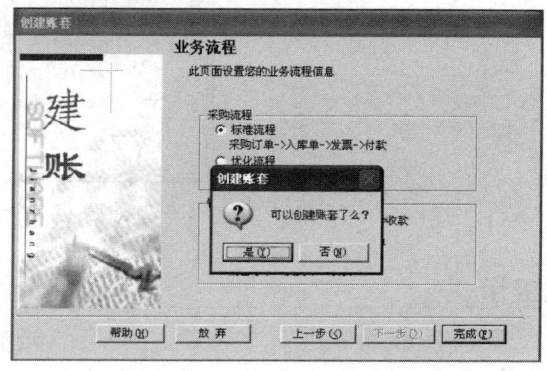
图 1.8　创建账套——业务流程

步骤 6　单击"是"按钮，稍后，系统按输入的信息建立企业数据库，完成后打开"分类编码方案"对话框。按要求设置编码方案，如图 1.9 所示。

> **提示**
> ① 科目编码级次的第 1 级级长根据"创建账套——核算类型"对话框中选择的行业性质决定，其他级次、级长可根据需要修改。
> ② 删除编码级次时，需要从后向前逐级删除。

步骤 7　单击"确认"按钮，打开"数据精度定义"对话框。

步骤 8　单击"确认"按钮，系统弹出"创建账套{爱家家具：[101]}成功。"信息提示框，如图 1.10 所示。

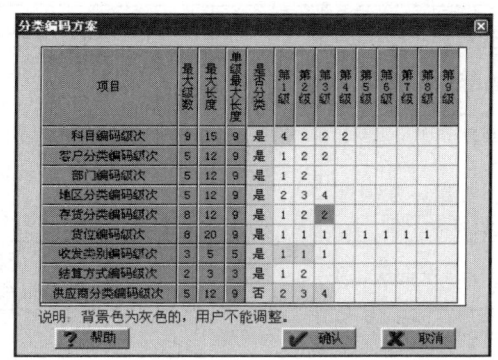
图 1.9　分类编码方案

图 1.10　创建账套成功

步骤 9　单击"确定"按钮，系统弹出"是否立即启用账套"信息提示框。单击"是"按钮，打开"系统启用"对话框。系统启用是指设定 T3 中各个子系统开始使用的日期，只有启用后的子系统才能登录。

步骤10　单击"总账"前的复选框，系统弹出"日历"对话框。选择"2023""四月""1日"，如图1.11所示。单击"确定"按钮，弹出信息提示框。选择"是"按钮，启用总账管理子系统。

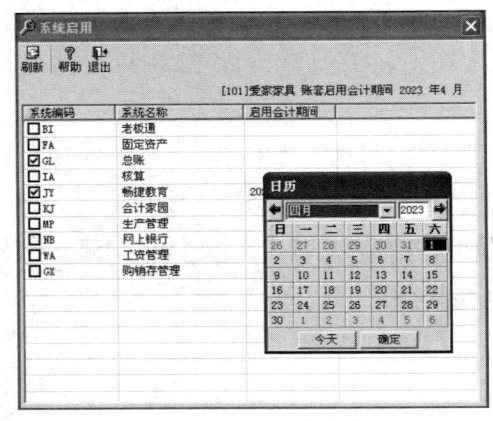

图1.11　启用总账管理子系统

> **提示**
> ① 只有系统管理员和账套主管有权进行系统启用的设置。系统管理员在建账的最后一个环节可以设置系统启用；建账完成后账套主管在系统管理窗口中选择"账套"|"启用"命令可以进行系统启用。
> ② 各系统的启用时间必须晚于或等于账套的启用会计期。

任务4　设置操作员权限

思政小课堂

不相容岗位

为了保证权责清晰和企业经营数据的安全性与保密性，按照企业内部控制的要求，需要对所有的操作员分配操作权限。操作员登录T3后只能看到自己有操作权限的功能菜单。

任务下达

以系统管理员的身份按照表1.2为操作员分配权限。

表1.2　操作员权限

操作员	岗　位	T3中权限	工作内容
A01 高文	财务部经理	账套主管（拥有所有子系统操作权限）	系统启用、基础档案设置、各子系统初始化、凭证审核、报表编制
A02 刘畅	会计	公用目录设置、往来、固定资产、总账（出纳签字、审核凭证除外）、项目管理、工资管理、应收管理、应付管理、采购管理、销售管理、库存管理及核算管理	各子系统的日常业务处理、账簿查询
A03 王菲	出纳	现金管理、总账（出纳签字、查询凭证）	对收付款凭证进行审核，管理现金日记账、银行日记账、资金日报和支票登记簿

任务指引

1. 设置/取消/查看账套主管

步骤1　以系统管理员的身份登录系统管理，选择"权限"|"权限"命令，打开"操作员权限"对话框。

步骤2　在账套下拉列表中选择"[101]爱家家具"选项，再在操作员列表框中

设置账套主管权限

选择"A01 高文",查看高文是否为 101 账套的账套主管,如图 1.12 所示。

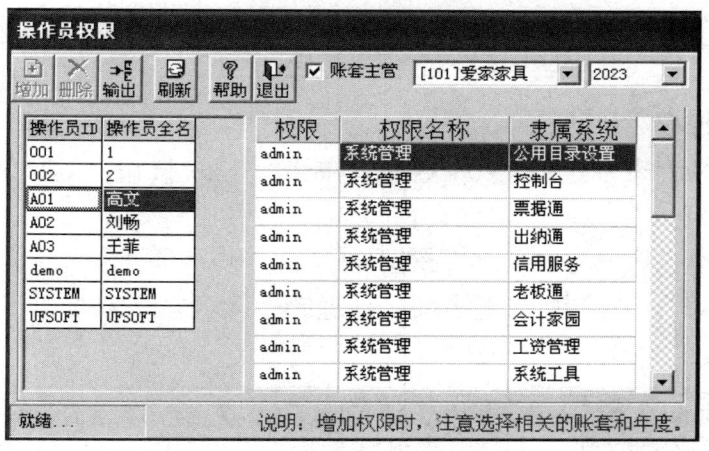

图 1.12　查看高文是否为 101 账套的账套主管

步骤 3　在操作员列表中选择"demo demo",选中"账套主管"复选框,系统弹出提示"设置操作员:[demo]账套主管权限吗?",单击"是"按钮,即将 demo 设置为 101 账套的账套主管。

步骤 4　再次单击"账套主管"复选框,系统弹出提示"取消操作员:[demo]账套主管权限吗?",单击"是"按钮,即取消 demo 为 101 账套的账套主管权限。

> 提示:
> ① 只有系统管理员有权指定或取消账套主管。
> ② 账套主管默认拥有 T3 中所有子系统的操作权限。
> ③ 一个账套可以设置多个账套主管。

2. 为 A02 刘畅授权

步骤 1　在操作员列表中选择"A02 刘畅",单击"增加"按钮,打开"增加权限——[A02]"对话框。

步骤 2　双击选择"产品分类选择"列表框中的"公用目录设置""往来""固定资产""项目管理""工资管理""应付管理""应收管理""核算""采购管理""销售管理""库存管理"。

步骤 3　双击"总账",在右侧的"明细权限选择"列表框中找到"出纳签字"和"审核凭证",双击取消这两项权限,如图 1.13 所示。单击"确定"按钮。

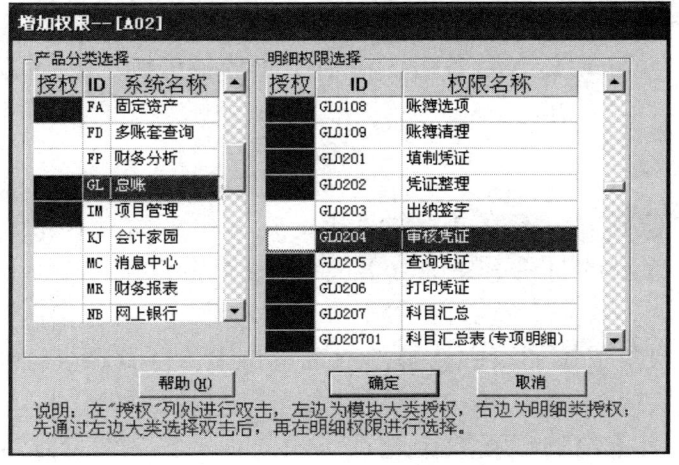

图 1.13　为 A02 刘畅授权

> 提示
> 账套主管也可以给操作员授权,但不能给操作员指定或取消账套主管。

3. 为A03王菲授权

步骤1 在操作员列表中选择"A03 王菲",单击"增加"按钮,打开"增加权限——[A03]"对话框。

步骤2 双击选择"产品分类选择"列表框中的"现金管理",再单击选择"产品分类选择"列表框中的"总账",在右侧的"明细权限选择"列表框中双击"出纳签字"和"查询凭证",如图1.14所示。

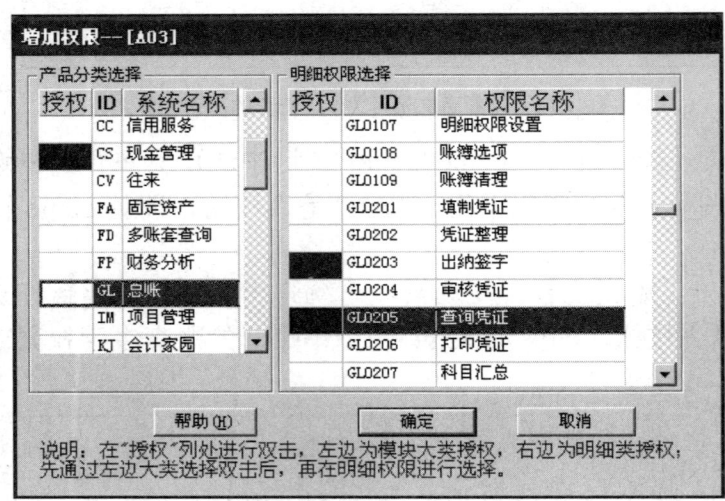

图1.14 为A03王菲授权

步骤3 单击"确定"按钮。

任务5 备份/恢复账套

任务5.1 备份账套

账套备份就是将T3中的账套数据备份到硬盘或其他存储介质。如果系统内的账套不需要再保留,也可以使用删除账套功能删除账套。

任务下达

由系统管理员进行爱家家具账套备份。将101账套备份到"E:\爱家家具\系统管理"文件夹中。

任务指引

步骤1 在E盘中建立"爱家家具"文件夹,在其中再建立"系统管理"文件夹。

步骤2 以系统管理员的身份登录系统管理,选择"账套"|"备份"命令,打开"账套输出"对话框。

步骤3 在"账套号"下拉列表中选择要输出的账套"[101]爱家家具",如图1.15所示。单击"确认"按钮。

步骤4 系统对所要备份的账套数据进行压缩处理,稍后系统压缩完成,打开"选择备份目标"对话框。

步骤 5　选择存放账套备份数据的文件夹"E:\账套备份\系统管理",如图 1.16 所示。

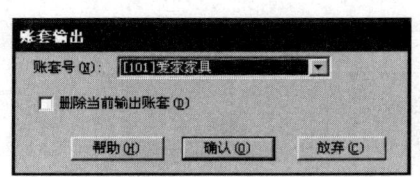

图 1.15　账套输出

图 1.16　选择备份目标

步骤 6　单击"确认"按钮,系统弹出"硬盘备份完毕!"信息提示框。单击"确定"按钮返回。

步骤 7　备份完成后,在"E:\爱家家具\系统管理"中输出了两个文件:UFDATA.BA_和 UF2KAct.Lst。

> **提示**
> ① 只有系统管理员有备份/恢复账套权限。备份账套前应关闭正在运行的所有子系统。
> ② 备份文件只有通过恢复账套功能还原到 T3 中才可以阅读。
> ③ 如果在"账套输出"对话框中选中"删除当前输出账套"复选框,则可以删除当前账套。

任务 5.2　恢复账套

账套恢复是指将硬盘或其他存储介质中的备份数据恢复到指定路径中。

任务下达

由系统管理员将 101 账套恢复到本机中。101 账套的存储路径为"E:\爱家家具\系统管理"。

任务指引

步骤 1　以系统管理员的身份登录系统管理,选择"账套"|"恢复"命令,打开"恢复账套数据"对话框。

步骤 2　选择指定路径下的 UF2KAct.Lst 文件后,单击"打开"按钮,系统弹出"此项操作将覆盖[101]账套当前所有的信息,继续吗?"信息提示框。

步骤 3　单击"是"按钮,系统进行账套数据的恢复,完成后提示"账套[101]恢复成功!"。单击"确定"按钮返回。

任务 6　修改账套

账套建立或经过一段时间的运行后,发现账套的某些信息需要修改或补充时,可以通过修改账套功能完成。

只有账套主管有权修改账套。

任务下达

由账套主管修改账套参数:供应商需要分类核算。

任务指引

1. 以账套主管的身份登录 T3 系统管理

步骤 1　如果已经以系统管理员的身份登录了系统管理,需要选择"系统"|"注销"命

令注销当前操作员。重新选择"系统"|"注册"命令，打开"注册〖控制台〗"对话框。

步骤2　输入用户名"A01"、密码"1"，在"账套"下拉列表中选择"[101]爱家家具"，如图1.17所示。

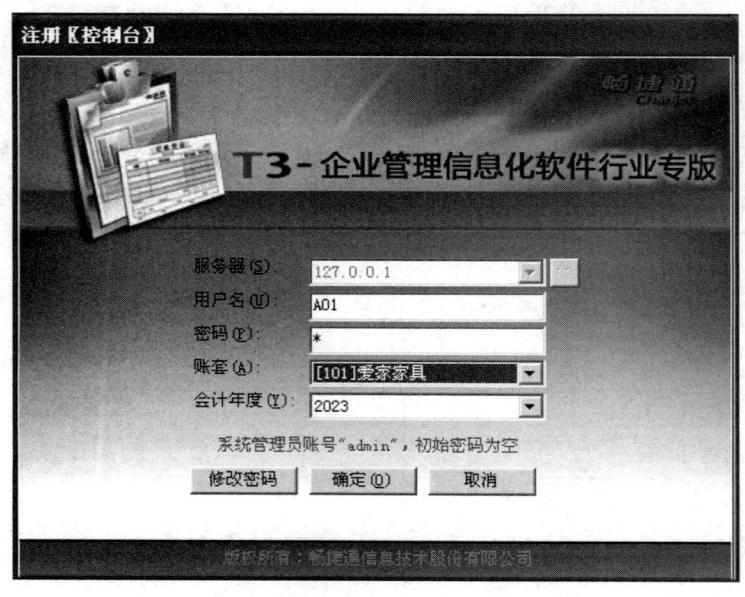

图1.17　以账套主管的身份登录系统管理

步骤3　单击"确定"按钮，以账套主管的身份登录系统管理。

2. 修改账套参数

步骤1　以账套主管的身份登录系统管理，选择"账套"|"修改"命令，打开"修改账套"对话框。

步骤2　单击"下一步"按钮，直至打开"创建账套——基础信息"对话框。从中选中"供应商是否分类"复选框，然后单击"完成"按钮，完成账套信息修改。

提示

① 只有账套主管才可以修改账套。
② 不是所有的账套信息都能修改，例如，账套号就不能修改。

通关测试

一、判断题

1. 只有以账套主管的身份登录系统管理才能进行创建账套的工作。　　　　　　（　　）
2. 从系统安全考虑，操作员应定期通过系统管理员更改自己的密码。　　　　　（　　）
3. 一个账套可以指定多个账套主管。　　　　　　　　　　　　　　　　　　　（　　）
4. 系统管理员和账套主管拥有T3中所有子系统的操作权限。　　　　　　　　（　　）
5. 只有设置了启用的子系统才可以进行登录。　　　　　　　　　　　　　　　（　　）

二、选择题

1. 系统管理员无权进行以下哪种操作？（　　）

　　A. 建立账套　　　　B. 修改账套　　　　C. 备份账套　　　　D. 恢复账套

2. 以下哪一项是区分不同账套的唯一标志？（　　）
   A. 账套号　　　　　B. 账套名称　　　　　C. 单位名称　　　　　D. 账套主管
3. 关于启用系统，以下说法正确的是（　　）。
   A. 只能由系统管理员启用系统
   B. 只能由账套主管启用系统
   C. 系统管理员和账套主管均可以启用系统
4. 关于账套主管，以下说法正确的是（　　）。
   A. 可以增加用户
   B. 可以为本账套的用户设置权限
   C. 自动拥有本账套所有子系统的操作权限
   D. 可以删除自己所管辖的账套
5. 如果要给王莉赋予账套主管的权限，以下哪种方法是可行的？（　　）
   A. 在增加操作员时由系统管理员指定王莉为账套主管
   B. 由王莉建立账套便自动成为该账套的账套主管
   C. 在建立账套时由系统管理员选择王莉为该账套的账套主管
   D. 在权限设置中由系统管理员指定王莉为该账套的账套主管

三、思考题

1. 谁可以使用系统管理？
2. 账套和年度账有何区别和联系？
3. 企业财务主管适合 T3 中的系统管理员身份还是账套主管身份？为什么？
4. T3 提供了哪些保障系统安全的手段？
5. 找一找 T3 中的上机日志在哪里，其中记载了哪些信息？

四、实训题

完成附录中的"实训 1　系统管理"。

项目 2
基础档案设置

项目目标

1. 了解业财一体化应用模式下企业需准备哪些基础档案。
2. 了解各项基础档案需要整理哪些内容。
3. 熟练掌握各类基础档案的输入方法。
4. 培养学生德智体美劳全面发展，树立"三坚三守"的会计人员职业精神和积极向上的职业态度，培育社会主义建设者和接班人。
5. 引导学生不仅将工作当作职业，更当作事业，树立起对职业敬畏、对工作执着、对岗位负责的态度，将一丝不苟、精益求精的职业精神融入工作的每一个环节，成为具有高度定力和魅力的"大国匠人"。

 **项目背景**

爱家家具在 T3 中建立 101 账套之后，只相当于准备了一套数据库文件空表，其中是不包括任何数据的。用 T3 处理企业日常业务需要用到大量的基础档案信息，如部门、会计科目、存货等，因此需要结合企业的实际情况和 T3 数据设置的基本要求做好基础档案的整理，并正确地输入系统，作为系统运行的基本条件。

本书采用循序渐进展开的策略，前面 6 个项目先介绍企业财务信息化基本应用，后面 6 个项目再扩展到业财一体化应用。本项目中，先进行与财务信息化相关的基础档案的整理，并将其输入 T3。

任务 1 机构设置

机构设置包含两项内容：部门档案和职员档案。必须先建立部门档案，再建立职员档案。

部门是指与企业财务核算或业务管理相关的职能单位，不一定与企业设置的现存部门一致。设置部门档案的作用在于：企业的收入、费用通常按部门进行归集、统计；企业购置的固定资产需要按部门进行管理。

职员是指与企业业务活动有关的企业员工，如采购员、销售员等。设置职员档案的作用在于：按职员记录借款还款情况；按职员统计销售业绩；追踪订单，等等。

任务 1.1 部门档案设置

任务下达

以系统管理员的身份在系统管理中恢复"系统管理"账套；以账套主管的身份登录 T3，进行部门档案设置。爱家家具部门档案如表 2.1 所示。

思政小课堂

三全育人

表 2.1 部门档案

部门编码	部门名称	负责人
1	企管办	杨少华
2	财务部	
3	采购部	
4	销售部	
5	仓储部	
6	生产部	
601	一车间	
602	二车间	

任务指引

1．以账套主管的身份登录 T3

步骤 1 选择"开始"|"所有程序"|"T3-企业管理信息化软件行业专版"|"T3"|"T3-企业管理信息化软件行业专版"命令，打开"注册〖控制台〗"对话框。

步骤 2 输入用户名 "A01"、密码 "1"，选择账套"[101]爱家家具"、操作日期"2023-04-01"，如图 2.1 所示。

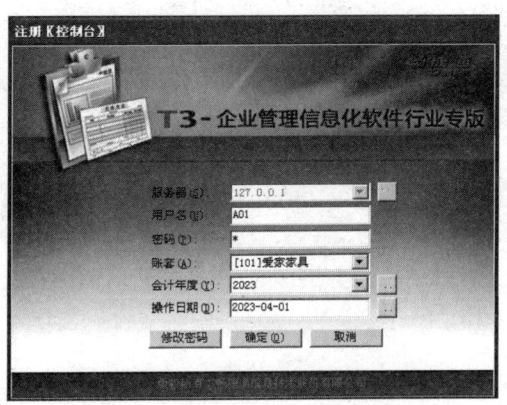

图 2.1 以账套主管的身份登录 T3

步骤 3 单击"确定"按钮，打开 T3 主界面，如图 2.2 所示。

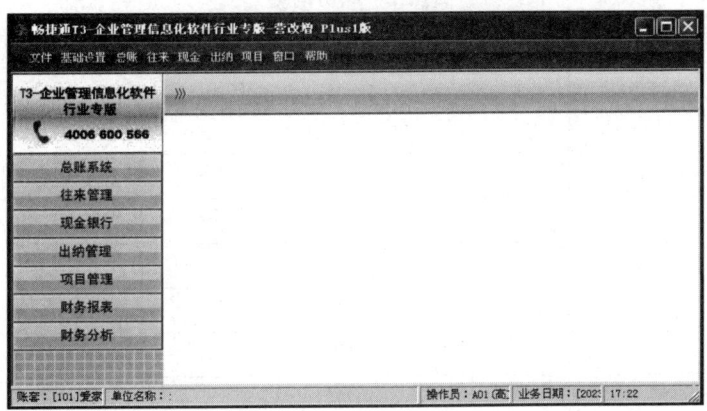

图 2.2 T3 主界面

提示：

为了安全起见，操作员应定期更换自己的登录密码，方法是在"注册〖控制台〗"对话框中单击"修改密码"按钮。

2. 输入部门档案

步骤1　选择"基础设置"|"机构设置"|"部门档案"命令，打开"部门档案"窗口。

步骤2　输入部门编码"1"、部门名称"企管办"，然后单击"保存"按钮。

步骤3　同理，输入其他部门档案。所有部门输入完成后，如图2.3所示。

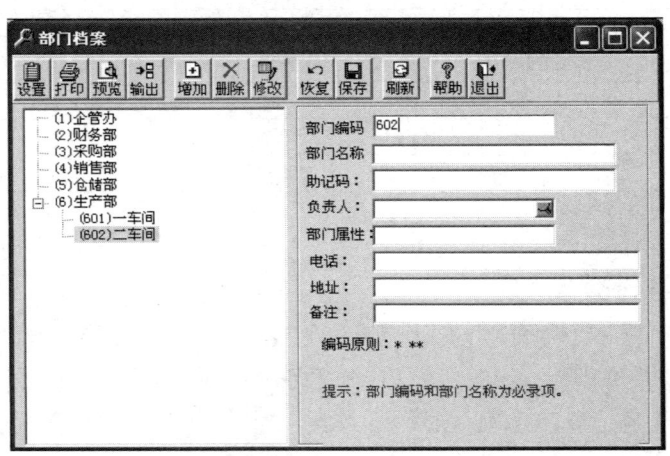

图2.3　部门档案

> **提示**
> ① 部门编码和部门名称为必录项。
> ② 部门编码必须符合编码原则。编码原则在部门下方展示。
> ③ 在建立职员档案前，不能输入负责人信息。可以在职员档案建立完成后，再回到"部门档案"窗口中通过"修改"按钮补充负责人信息。

任务1.2　职员档案设置

任务下达

以账套主管的身份进行职员档案设置。爱家家具职员档案如表2.2所示。

表2.2　职员档案

职员编号	职员名称	所属部门
101	杨少华	企管办
201	高文	财务部
202	刘畅	财务部
203	王菲	财务部
301	马杰	采购部
401	曹金	销售部
501	何伟	仓储部
601	江林	一车间
602	张庆庆	一车间
603	何明	二车间

任务指引

步骤1　选择"基础设置"|"机构设置"|"职员档案"命令，打开"职员档案"窗口。

步骤2 输入职员编号"101"、职员名称"杨少华"。双击所属部门，再单击（参照）按钮，打开"部门参照"对话框，从中选择"企管办"。

步骤3 单击"增加"按钮，输入其他职员信息。全部输入完成后，如图2.4所示。

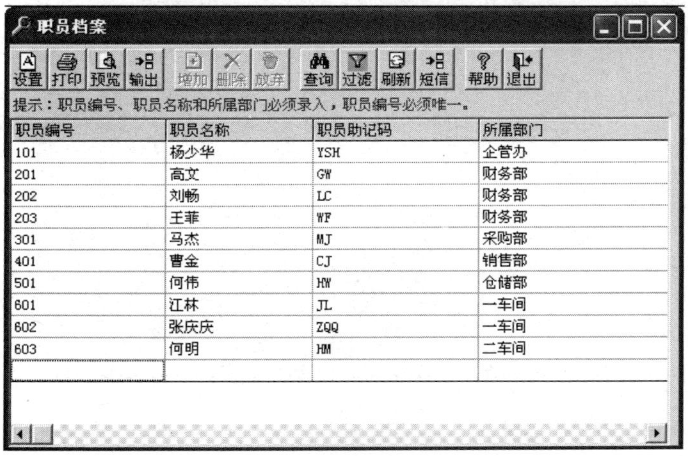

图2.4 职员档案

> **提示**
> ① 职员编号、职员名称和所属部门为必输项，职员编号必须唯一。
> ② 如果要保存已输入的内容，必须再单击"增加"按钮（或按回车键增加新的空白行后）才能保存。否则，在输入一行内容后直接单击"退出"按钮，便放弃对当前行的操作。
> ③ 职员档案资料一旦使用就不能被修改或删除。

任务2 往来单位设置

往来单位设置包括5项内容：客户、供应商和地区分类设置，以及客户和供应商档案设置。如果设置了分类，必须先建立分类，才能在分类下建立档案。

当企业客户和供应商较多时，可以按照一定的标准对客户和供应商进行分类，以便对业务数据进行统计和分析。

任务2.1 客户分类设置

任务下达

以账套主管的身份进行客户分类设置。爱家家具供应商不分类，客户分类如表2.3所示。

表2.3 客户分类

客户类别编码	客户类别名称
1	国内
2	国外

任务指引

步骤1 选择"基础设置"|"往来单位"|"客户分类"命令，打开"客户分类"窗口。

步骤2 单击"增加"按钮，在右侧窗格的"类别编码"文本框中输入"1"、"类别名称"文本框中输入"国内"，然后单击"保存"按钮。

步骤 3　按表 2.3 输入其他资料。完成后如图 2.5 所示。

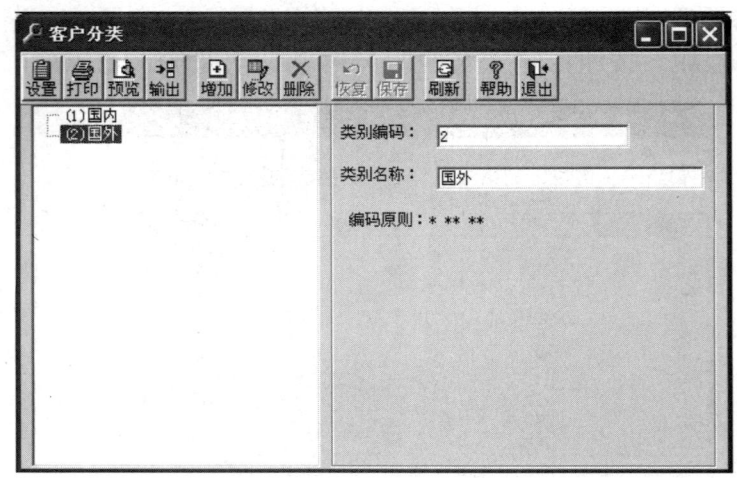

图 2.5　客户分类

任务 2.2　客户、供应商档案设置

任务下达

以账套主管的身份进行客户、供应商档案设置。客户档案如表 2.4 所示，供应商档案如表 2.5 所示。

思政小课堂

诚信

表 2.4　客户档案

编号	客户名称	简　称	所属分类码	税　号	开户银行	账　号	分管部门	专营业务员
001	山东银座家居有限公司	山东银座	1	91370105748984353W	中国工商银行济南支行	7859342686872997666	销售部	曹金
002	河北卓越家具有限公司	河北卓越	1	9101128124419881 11	中国工商银行三河支行	2878999778560900988	销售部	曹金
003	北京如意家具有限公司	北京如意	1	9101125687754332 22	中国建设银行通州支行	2210529903455621112	销售部	曹金

表 2.5　供应商档案

编号	供应商名称	简称	税　号	开户银行	账　号	分管部门	专营业务员
001	临沂安顺木业有限公司	临沂安顺	93713002280584893A	中国工商银行临沂支行	7859240596872632333	采购部	马杰
002	霸州光洋木制品有限公司	霸州光洋	91101128124498162B	中国工商银行霸州支行	2878900345609923321	采购部	马杰
003	光辉庆宇五金机电有限公司	光辉庆宇	91101281235598173C	中国建设银行三河支行	2878900259283560999	采购部	马杰

任务指引

1. 输入客户档案

步骤 1　选择"基础设置"|"往来单位"|"客户档案"命令，打开"客户档案"窗口。

步骤 2　在左侧列表框中选择客户分类"1 国内"，然后单击"增加"按钮，打开"客户档案卡片"对话框。按表 2.4 输入客户档案信息，基本信息如图 2.6 所示，其他信息如图 2.7 所示。

步骤 3　输入完成后单击"保存"按钮。

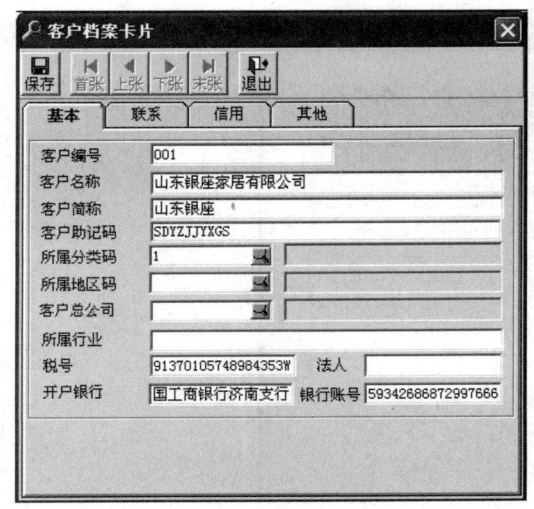

图 2.6 客户档案——基本

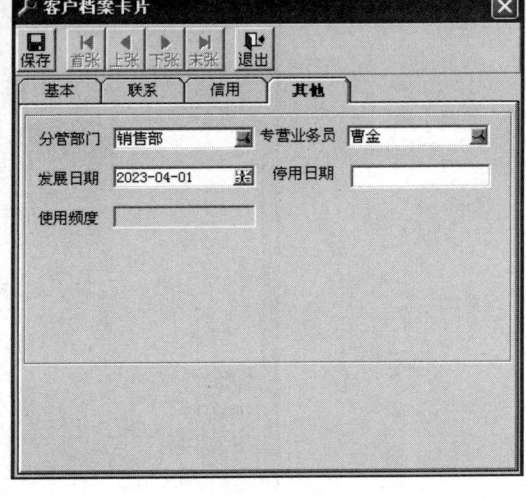

图 2.7 客户档案——其他

> **提示**
> ① 客户编号为必输项，且一经输入就不得修改。
> ② 客户名称一般用于销售发票的打印。可以是汉字或英文字母，不能为空。
> ③ 客户简称用于业务单据和账表的屏幕显示。可以是汉字或英文字母，不能为空。
> ④ 税号用于销售发票纳税人识别号栏内容的屏幕显示和打印输出。不输入税号将无法为该客户开具销售专用发票。
> ⑤ 设置分管部门和专营业务员便于统计部门或业务员的销售业绩。

2. 输入供应商档案

步骤1 选择"基础设置"|"往来单位"|"供应商档案"命令，打开"供应商档案"窗口。

步骤2 在左侧列表框中选择"00 无分类"，然后单击"增加"按钮，打开"供应商档案卡片"对话框。

步骤3 按表 2.6 输入供应商档案信息。

任务3 财务设置

财务设置包括外币设置、会计科目设置、凭证类别设置和项目目录设置。

任务3.1 外币设置

任务下达

爱家家具采用固定汇率核算外币，外币只涉及美元一种，美元币符为$，2023年4月初汇率为6.325 00。以账套主管的身份进行外币设置。

任务指引

步骤1 选择"基础设置"|"财务"|"外币种类"命令，打开"外币设置"窗口。

步骤2 输入币符"$"、币名"美元"，其他项目采用默认值，然后单击"确认"按钮。

步骤3 输入 2023 年 4 月初的记账汇率"6.32500"，按回车键确认，如图 2.8 所示。单击"退出"按钮，完成外币设置。

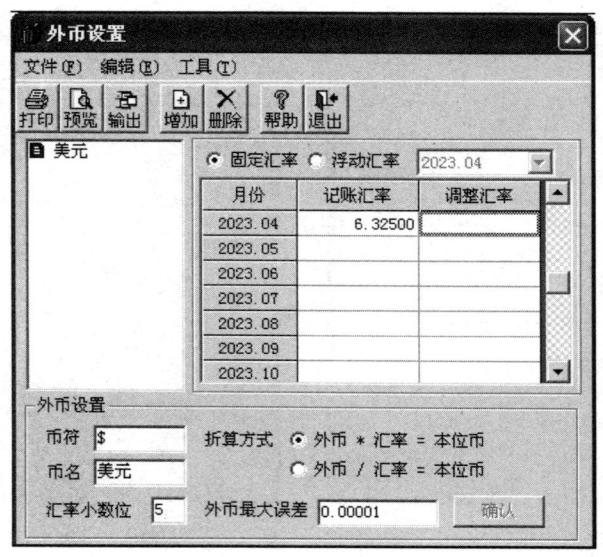

图 2.8　外币设置

> **提示**
> ① 对于使用固定汇率作为记账汇率的企业，每月月初先在此输入该月的记账汇率，每月月末在计算汇兑损益时再输入调整汇率；对于使用浮动汇率作为记账汇率的企业，应每日输入当天的记账汇率。
> ② 此处仅提供输入汇率的功能。对于制单时使用固定汇率还是浮动汇率，则取决于总账选项的设置。

任务 3.2　会计科目设置

会计科目设置包括增加会计科目、成批复制会计科目、修改会计科目、指定会计科目等。

思政小课堂

精益求精

1. 增加会计科目

任务下达

由账套主管按照表 2.6 增加常用会计科目。

表 2.6　增加常用会计科目

科目编码	科目名称	余额方向	辅助项
100201	工行存款	借	日记账、银行账
10020101	人民币户	借	日记账、银行账
10020102	美元户	借	外币核算（外币：美元）日记账、银行账
122101	备用金	借	部门核算
122102	应收个人款	借	个人往来
140301	三聚氰胺板	借	数量核算（单位：张）
140302	大芯板	借	数量核算（单位：张）
140303	进口五金	借	数量核算（单位：组）
140304	五金套组	借	数量核算（单位：组）
220201	应付货款	贷	供应商往来
220202	暂估应付款	贷	

（续表）

科目编码	科目名称	余额方向	辅助项
221101	工资	贷	
221102	职工福利	贷	
221103	社会保险	贷	
221104	住房公积金	贷	
221105	工会经费	贷	
221106	职工教育经费	贷	
222101	应交增值税	贷	
22210101	进项税额	借	
22210102	进项税额转出	借	
22210103	销项税额	贷	
22210104	转出未交增值税	贷	
222102	未交增值税	贷	
222103	应交企业所得税	贷	
222104	应交个人所得税	贷	
410401	提取法定盈余公积	贷	
410415	未分配利润	贷	
500101	直接材料	借	项目核算
500102	直接人工	借	
500103	制造费用	借	
510101	工资	借	
510102	折旧	借	
510103	其他	借	
660201	招待费	借	部门核算
660202	差旅费	借	部门核算
660203	工资	借	部门核算
660204	福利	借	部门核算
660205	折旧	借	部门核算
660206	社会保险费	借	部门核算
660207	工会经费	借	部门核算
660108	职工教育经费	借	部门核算
660301	利息	借	
660302	汇兑损益	借	
660203	现金折扣	借	

任务指引

步骤 1　选择"基础设置"|"财务"|"会计科目"命令，打开"会计科目"窗口。

步骤 2　单击"增加"按钮，打开"会计科目_新增"对话框。

步骤 3　输入科目编码 100201、科目中文名称"工行存款"，然后选中"日记账"和"银行账"复选框，如图 2.9 所示。单击"确定"按钮保存。

步骤4　增加外币核算科目"10020102 美元户"时，需要选中"外币核算"复选框，并从"币种"下拉列表中选择币种"美元$"，如图2.10所示。单击"确定"按钮保存。

图2.9　增加会计科目——一般明细科目

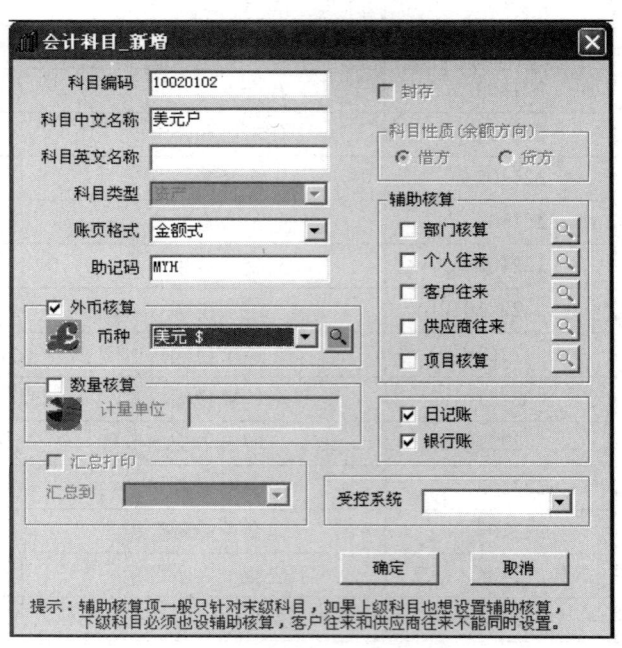

图2.10　增加会计科目——外币核算科目

步骤5　增加数量核算科目"140301 三聚氰胺板"时，需要选中"数量核算"复选框，并输入计量单位"张"，如图2.11所示。单击"确定"按钮保存。

步骤6　增加设置了辅助核算的科目时，需要选中相应的辅助核算复选框。如增加"122102 应收个人款"时，需要选中"个人往来"复选框，如图2.12所示。单击"确定"按钮保存。

图2.11　增加会计科目——数量核算科目

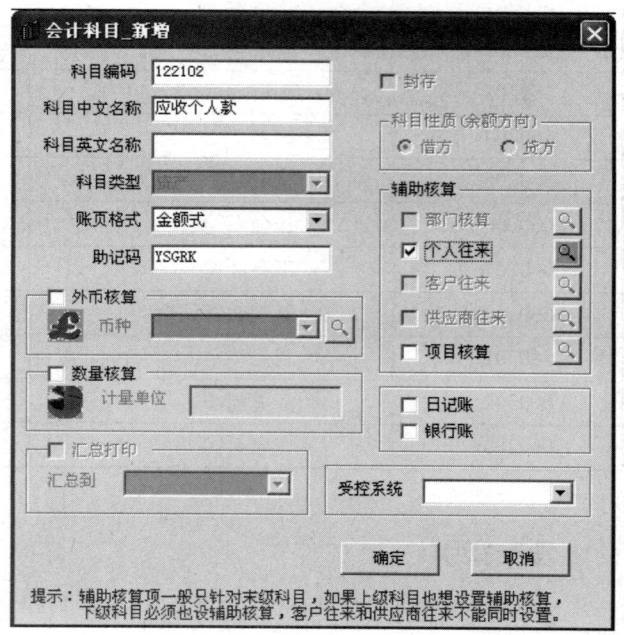

图2.12　增加会计科目——个人往来辅助核算科目

步骤7　按表2.6提供的资料增加其他明细会计科目。

> **提示**
> ① 增加会计科目时，要遵循先建上级科目再建下级科目的原则。
> ② 新增明细科目的"科目类型"与"科目性质"自动与上级科目保持一致，不可修改。
> ③ "汇总打印"和"封存"在修改科目时才能激活。

2. 成批复制会计科目

任务下达

由账套主管将6602下级科目复制到6601下级科目。

任务指引

步骤1　在"会计科目"窗口中，选择"编辑"|"成批复制"命令，打开"成批复制"对话框。

步骤2　将科目6602的所有下级科目复制为科目6601的下级科目，如图2.13所示。

步骤3　单击"确认"按钮，将6602的下级科目复制为6601的下级科目，辅助核算没有复制。

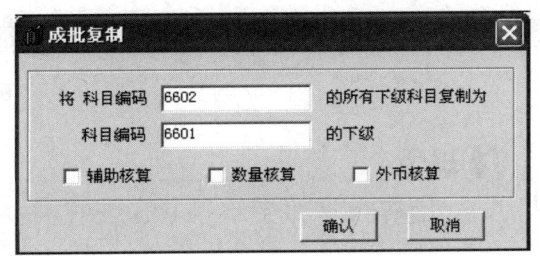

图2.13　成批复制会计科目

3. 修改会计科目

任务下达

由账套主管按照表2.7修改会计科目。

表2.7　修改会计科目

科目编码	科目名称	余额方向	辅助项	受控系统
1001	库存现金	借	日记账	
1002	银行存款	借	日记账、银行账	
1121	应收票据	借	客户往来	应收系统
1122	应收账款	借	客户往来	应收系统
1123	预付账款	借	供应商往来	应付系统
1405	库存商品	借	项目核算	
2201	应付票据	贷	供应商往来	应付系统
2203	预收账款	贷	客户往来	应收系统
6001	主营业务收入	贷	项目核算	
6401	主营业务成本	借	项目核算	

任务指引

步骤1　在"会计科目"窗口中，选中需要修改的科目"1001 库存现金"，然后单击"修改"按钮，或者直接双击需要修改的科目"1001 库存现金"，打开"会计科目_修改"对话框。

步骤2　选中"日记账"复选框，如图2.14所示。

步骤3　单击"确定"按钮保存。

步骤4　按表2.7修改其他会计科目。

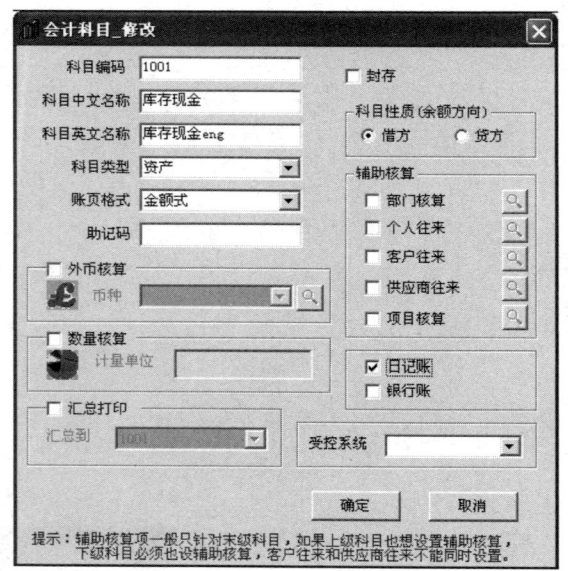

图2.14 修改会计科目

提示

已有数据的会计科目，应先将该科目及其下级科目余额清零后再修改。

4. 指定会计科目

任务下达

由账套主管指定"1001 库存现金"为现金总账科目、"1002 银行存款"为银行总账科目。

任务指引

步骤1 在"会计科目"窗口中，选择"编辑"|"指定科目"命令，打开"指定科目"对话框。

步骤2 选中"现金总账科目"单选按钮，从"待选科目"列表框中选择"1001 库存现金"科目。单击">"按钮，将所选科目添加到"已选科目"列表框中。

步骤3 将"1002 银行存款"科目设置为银行总账科目，如图2.15所示。

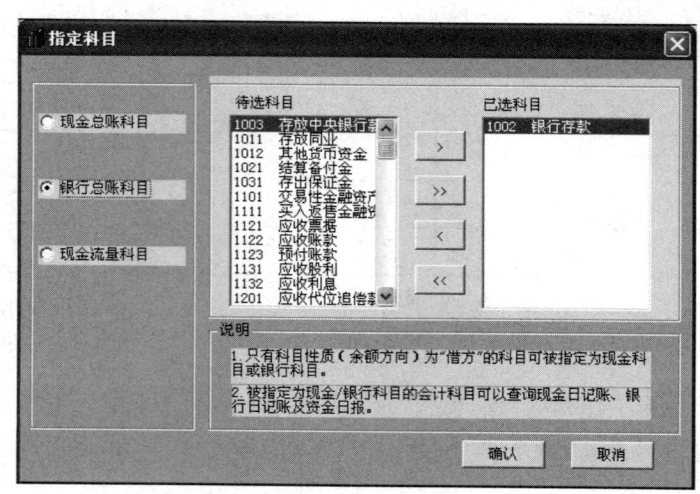

图2.15 指定科目

步骤4 单击"确认"按钮保存。

> **提示**
> ① 指定会计科目就是指定出纳的专管科目。指定会计科目后，才能执行出纳签字，查看现金、银行存款日记账。
> ② 指定会计科目后，被指定为现金总账科目和银行总账科目的会计科目被自动设置"日记账"和"银行账"属性。

任务 3.3 凭证类别设置

任务下达

由账套主管按照表 2.8 设置凭证类别。

表 2.8 凭证类别

凭证类别	限制类型	限制科目
收款凭证	借方必有	1001,1002
付款凭证	贷方必有	1001,1002
转账凭证	凭证必无	1001,1002

任务指引

步骤 1　选择"基础设置"|"财务"|"凭证类别"命令，打开"凭证类别预置"对话框。
步骤 2　选中"收款凭证 付款凭证 转账凭证"单选按钮，如图 2.16 所示。
步骤 3　单击"确定"按钮，打开"凭证类别"窗口。
步骤 4　双击收款凭证的限制类型，从下拉列表中选择"借方必有"，在限制科目中输入"1001,1002"。
步骤 5　同理设置其他凭证类别的限制类型和限制科目。完成后如图 2.17 所示。

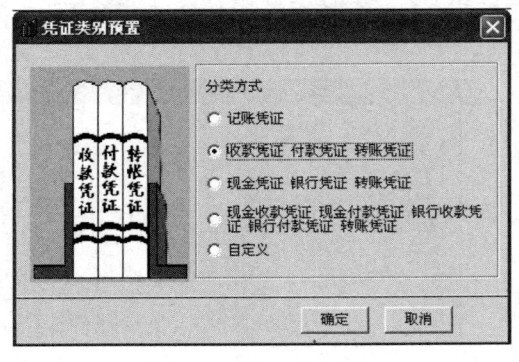

图 2.16　凭证类别预置

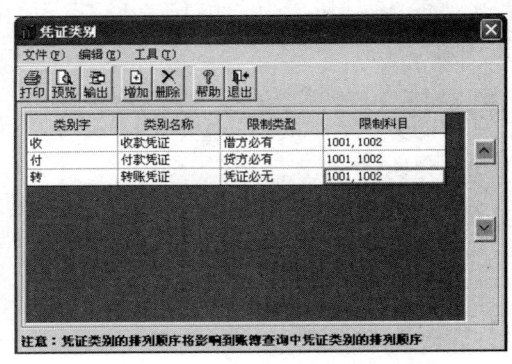

图 2.17　限制类型和限制科目设置

> **提示**
> ① 如果限制类型为无限制，无须设置限制科目，否则必须设置限制科目。
> ② 限制科目之间必须用英文半角符号","分隔。可以直接输入，也可以参照选择。
> ③ 限制科目可以是末级科目也可以是非末级科目，如果是非末级科目，则其所有下级科目都将受到同样的限制。
> ④ 图 2.17 列表右侧的箭头按钮可以用来调整凭证类别的先后顺序。该顺序决定了明细账中凭证的排列顺序。

任务 3.4 项目目录设置

企业可以把需要单独计算成本或收入的对象作为项目进行管理。具有相同特性的一类项目可以定义为一个项目大类。每个项目大类还可以进行明细分类，在最末级明细分类下建立具体的项目档案。为了在业务发生时将数据准确归入对应的项目，需要在项目大类和已设置为项目核算的科目间建立对应关系。

任务下达

由账套主管按照表 2.9 设置项目目录。

表 2.9 项目目录

项目大类	产　品
项目分类	1　书柜 2　电脑桌
项目目录	101　整体书柜　所属分类　1 201　实用电脑桌　所属分类　2
核算科目	1405　库存商品 500101　直接材料 6001　主营业务收入 6401　主营业务成本

任务指引

步骤 1　选择"基础设置"|"财务"|"项目目录"命令，打开"项目档案"窗口。

步骤 2　单击"增加"按钮，打开"项目大类定义_增加"对话框。

步骤 3　输入新项目大类名称"产品"，选中新增项目大类的属性"普通项目"，如图 2.18 所示。

步骤 4　单击"下一步"按钮，打开"定义项目级次"对话框，设定项目级次"一级 1"，如图 2.19 所示。

设置项目目录

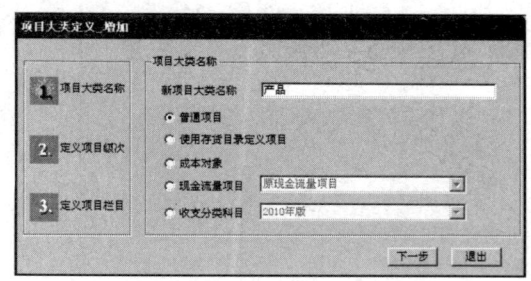

图 2.18 新增项目大类

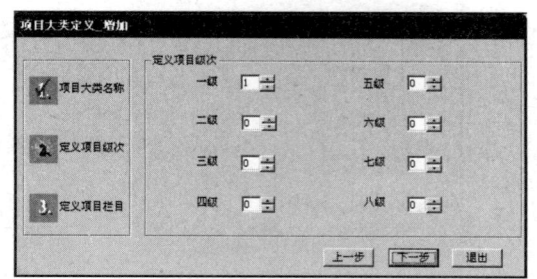

图 2.19 定义项目级次

步骤 5　单击"下一步"按钮，打开"定义项目栏目"对话框。使用系统默认设置，不做修改。

步骤 6　单击"完成"按钮，返回"项目档案"窗口。

步骤 7　从"项目大类"下拉列表框中选择"产品"选项，选中"核算科目"单选按钮，单击▼按钮将全部待选科目选择为按产品项目大类核算的科目，如图 2.20 所示。单击"确定"按钮保存。

步骤 8　选中"项目分类定义"单选按钮，输入分类编码"1"、分类名称"书柜"，单击"确定"按钮，然后输入第 2 个分类，完成后如图 2.21 所示。

项目 2　基础档案设置

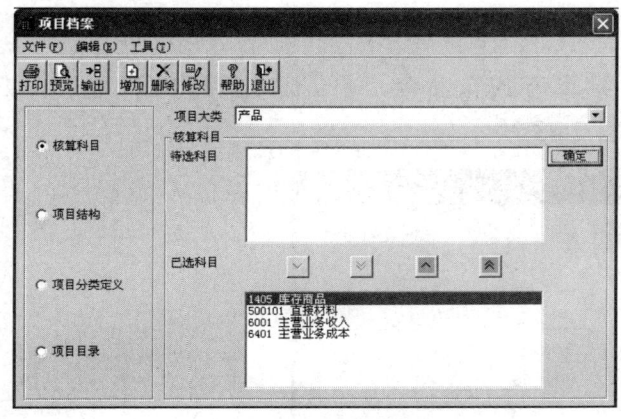

图 2.20　选择项目核算科目

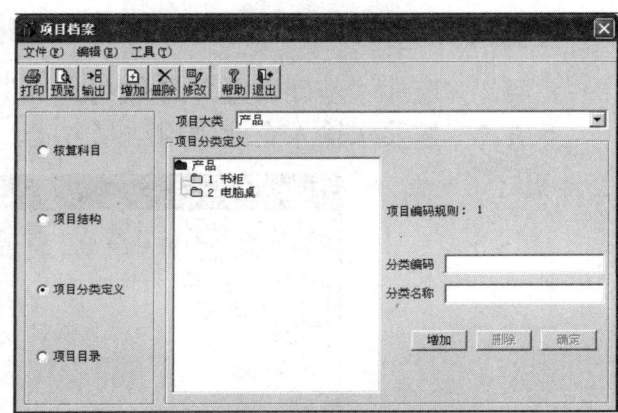

图 2.21　项目分类定义

步骤 9　选中"项目目录"单选按钮，再单击"维护"按钮，打开"项目目录维护"窗口。单击"增加"按钮，按要求输入项目目录，如图 2.22 所示。单击"确定"按钮。

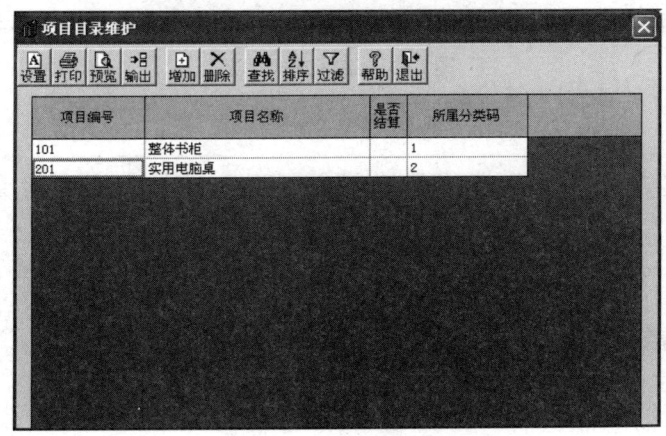

图 2.22　项目目录维护

任务4　收付结算设置

收付结算设置包括结算方式、付款条件和开户银行设置 3 项内容。

任务4.1　结算方式设置

任务下达

爱家家具常用结算方式如表 2.10 所示，以账套主管身份进行结算方式设置。

表2.10　结算方式

结算方式编码	结算方式名称	票据管理
1	现金结算	否
2	支票结算	否
201	现金支票	是
202	转账支票	是
3	商业汇票	否
301	商业承兑汇票	否
302	银行承兑汇票	否
4	电汇	否
5	网银	否
6	委托收款	否

任务指引

步骤1　选择"基础设置"|"收付结算"|"结算方式"命令,打开"结算方式"窗口。

步骤2　按要求输入企业常用结算方式,如图2.23所示。

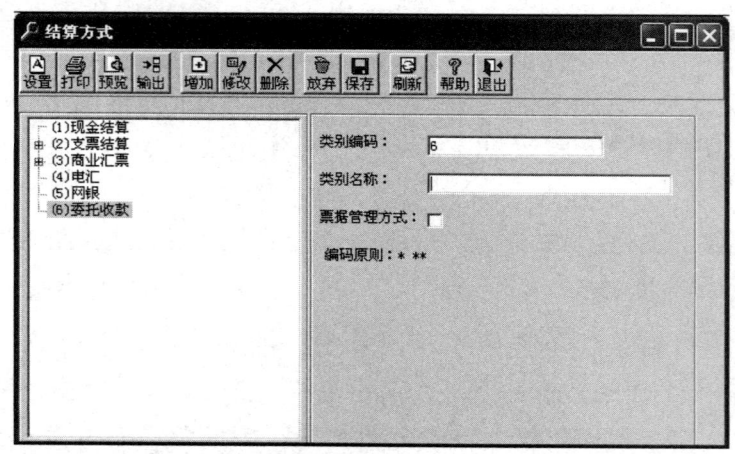

图2.23　结算方式定义

> **提示**
>
> 选中"票据管理方式"复选框,则填制凭证用到该结算公式时系统提供支票登记及报销。

任务4.2　付款条件设置

任务下达

以账套主管的身份按照表2.11进行付款条件设置。

表2.11　付款条件

编码	信用天数/天	优惠天数1/天	优惠率1/%	优惠天数2/天	优惠率2/%	优惠天数3/天	优惠率3/%
01	30	5	4	20	2		
02	60	5	4	15	2	30	1
03	90	5	4	20	2	45	1

任务指引

步骤1　选择"基础设置"|"收付结算"|"付款条件"命令,打开"付款条件"窗口。

步骤2　按表2.11输入付款条件信息,然后单击"增加"按钮或按回车键至下一行保存,如图2.24所示。

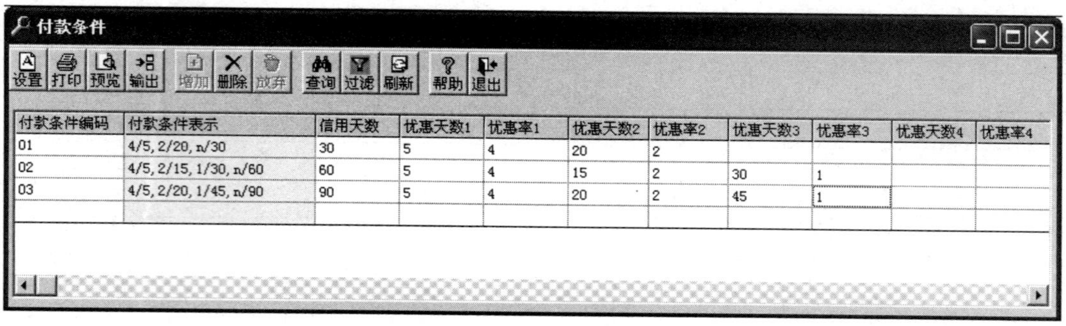

图2.24　设置付款条件

> **提示**
> ① 付款条件也叫现金折扣，是指企业为了鼓励客户提前偿还货款而允诺在一定期限内给予的折扣优惠。系统最多同时支持 4 个时间段的折扣。
> ② 折扣条件通常可表示为"5/10,2/20,n/30"，意思是客户在 10 天内偿还货款，可得到 5%的折扣；在 20 天内偿还货款，可得到 2%的折扣；在 30 天内偿还货款，则须按全额支付货款。
> ③ 单击"刷新"按钮，可即时显示已保存的付款条件。

任务 4.3　开户银行设置

任务下达

以账套主管的身份按表 2.12 进行开户银行设置。

表 2.12　本单位开户银行

编　码	开户银行	银行账号	暂封标志
01	中国工商银行三河支行	131024009094	否

任务指引

步骤 1　选择"基础设置"|"收付结算"|"开户银行"命令，打开"开户银行"窗口。
步骤 2　按要求输入开户银行信息，然后单击"增加"按钮保存。完成后如图 2.25 所示。

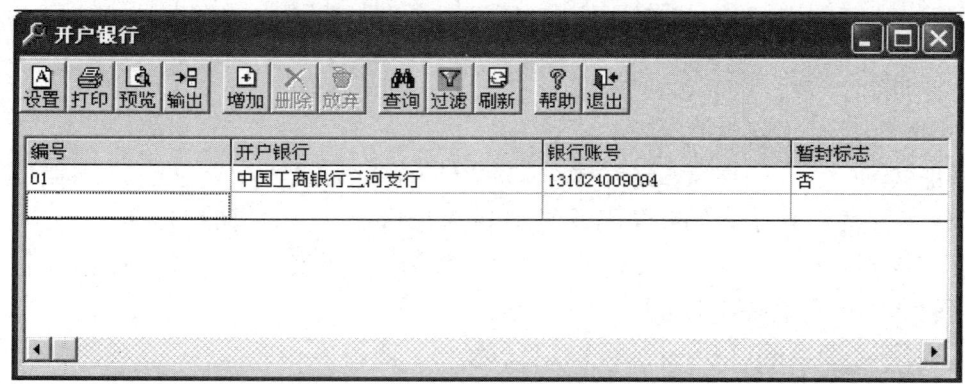

图 2.25　开户银行

任务 5　设置常用摘要

摘要是对经济业务的简要说明，对于企业经常发生的经济业务，可以设置为常用摘要，以备填制凭证时调用。这样既可以加快输入速度，又可以提高业务处理的规范性。

任务下达

以账套主管的身份设置常用摘要。

常用摘要编码为 01；常用摘要正文为"从工行人民币户提现金"；相关科目为 1001（库存现金）。

任务指引

步骤 1　选择"基础设置"|"常用摘要"命令，打开"常用摘要"窗口。

步骤2　按资料输入常用摘要各项内容，如图2.26所示。

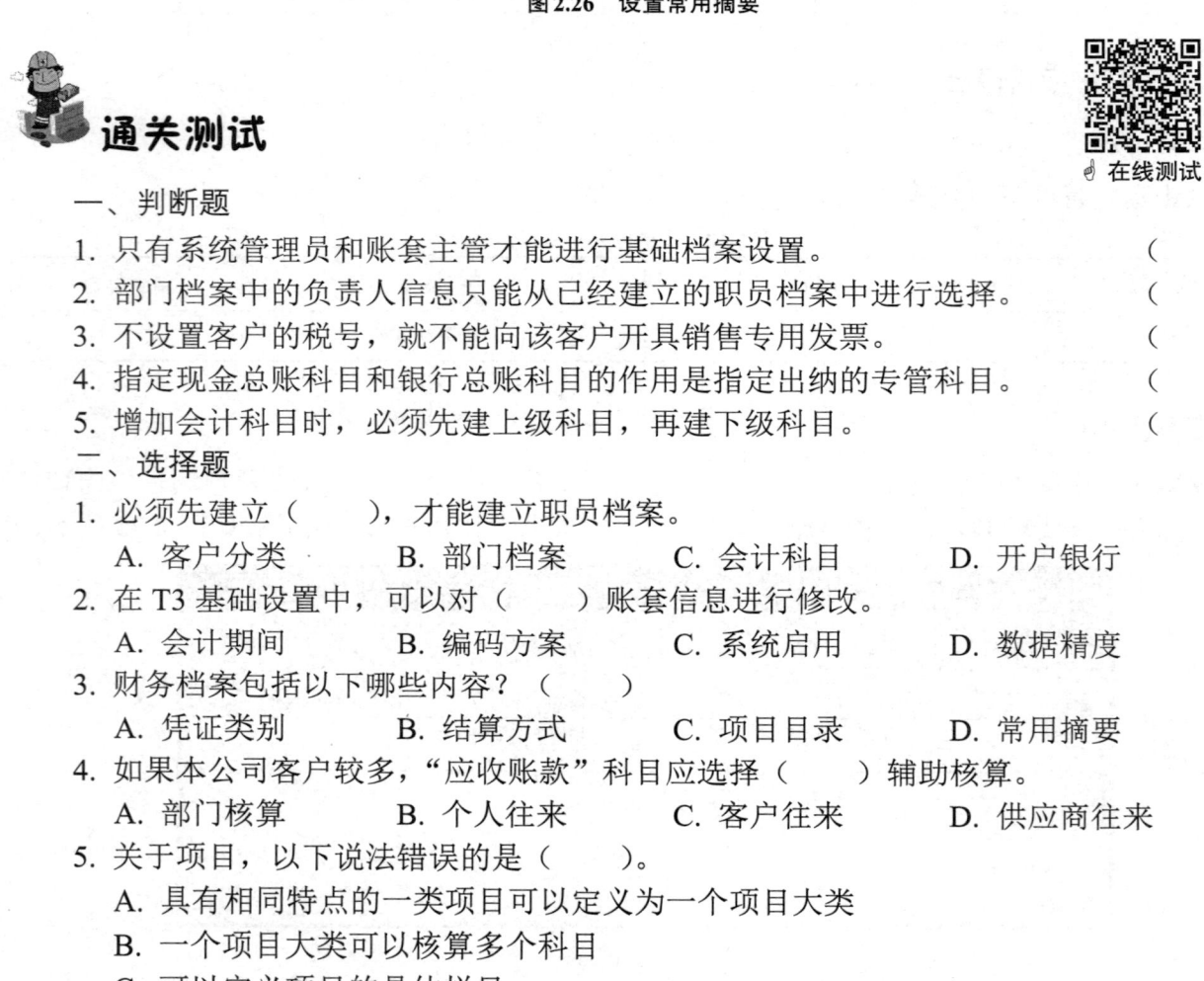

图2.26　设置常用摘要

通关测试

一、判断题

1. 只有系统管理员和账套主管才能进行基础档案设置。　　　　　　　　（　　）
2. 部门档案中的负责人信息只能从已经建立的职员档案中进行选择。　　（　　）
3. 不设置客户的税号，就不能向该客户开具销售专用发票。　　　　　　（　　）
4. 指定现金总账科目和银行总账科目的作用是指定出纳的专管科目。　　（　　）
5. 增加会计科目时，必须先建上级科目，再建下级科目。　　　　　　　（　　）

二、选择题

1. 必须先建立（　　），才能建立职员档案。
   A. 客户分类　　　　B. 部门档案　　　　C. 会计科目　　　　D. 开户银行
2. 在T3基础设置中，可以对（　　）账套信息进行修改。
   A. 会计期间　　　　B. 编码方案　　　　C. 系统启用　　　　D. 数据精度
3. 财务档案包括以下哪些内容？（　　）
   A. 凭证类别　　　　B. 结算方式　　　　C. 项目目录　　　　D. 常用摘要
4. 如果本公司客户较多，"应收账款"科目应选择（　　）辅助核算。
   A. 部门核算　　　　B. 个人往来　　　　C. 客户往来　　　　D. 供应商往来
5. 关于项目，以下说法错误的是（　　）。
   A. 具有相同特点的一类项目可以定义为一个项目大类
   B. 一个项目大类可以核算多个科目
   C. 可以定义项目的具体栏目
   D. 一个科目也可以对应到不同的项目大类

三、思考题

1. 基础档案的输入有无先后顺序？
2. 哪些科目适合设置为部门核算？
3. 客户全称和客户简称各自适用什么场景？
4. 举例说明项目核算的用法。
5. 操作员如何定期修改自己的密码？试一试？

四、实训题

完成附录中的"实训2　基础档案设置"。

项目 3 总账管理

项目目标

1. 了解总账管理子系统的基本功能。
2. 掌握总账选项设置、期初余额输入的操作。
3. 熟练掌握凭证处理、账簿查询的操作。
4. 熟练掌握现金管理的操作。
5. 熟练掌握自定义转账、转账生成和结账的操作。
6. 引导学生传承工匠精神,养成细心、负责任、有担当等良好的职业素养和职业道德。
7. 启发学生在公司业务核算中,创新发展,提升核心竞争力,踏踏实实做学问,为祖国崛起而奋斗。
8. 培养学生"诚实、公正、敬业"的职业态度与职业责任感。

 **项目背景**

在 T3 中已经输入财务信息化所需要的各项基础档案,接下来就开始学习总账管理子系统的应用。总账管理子系统是 T3 最核心的子系统,是企业会计信息化的起点。

本项目我们分为 3 个任务来介绍总账管理,即总账初始化、总账日常业务处理和总账期末处理。

任务1 总账初始化

在进行日常业务处理之前,需要根据企业自身的需要,对总账管理子系统进行初始化,目的是将 T3 设置得更适合企业实际需要。

总账初始化的主要工作内容包括总账选项设置和总账期初余额输入。

思政小课堂

工匠精神

任务 1.1 总账选项设置

任务下达

以系统管理员的身份在系统管理中恢复"基础档案设置"账套;以账套主管的身份登录 T3,进行总账选项的设置。爱家家具总账选项如表 3.1 所示。

表 3.1 总账选项

选项卡	选项设置
凭证	制单序时控制 支票控制 资金及往来赤字控制 不允许修改、作废他人填制的凭证

(续表)

选项卡	选项设置
凭证	允许查看他人填制的凭证 可以使用其他系统受控科目 打印凭证页脚姓名 出纳凭证必须经由出纳签字 凭证编号方式采用系统编号 外币核算采用固定汇率 其他采用系统默认设置
账簿	采用系统默认设置
会计日历	采用系统默认设置
其他	数量小数位和单价小数位设为2位 部门、个人、项目按编码方式排序

任务指引

步骤1 以账套主管的身份登录T3，选择"总账"|"设置"|"选项"命令，打开"选项"对话框。

步骤2 打开"凭证"选项卡，按表3.1进行相应的设置。

图3.1 支票控制提示信息

步骤3 在选择支票控制时，系统提示如图3.1所示。单击"确定"按钮返回。

步骤4 设置完成后如图3.2所示。

步骤5 打开"账簿"选项卡，查看系统默认设置内容。

步骤6 打开"其他"选项卡，按表3.1进行相应的设置。设置完成后如图3.3所示。单击"确定"按钮返回。

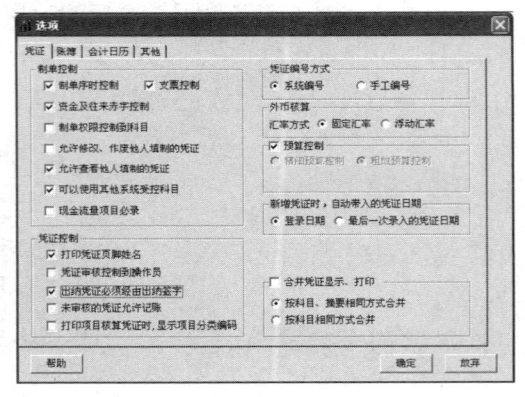

图3.2 "凭证"选项卡

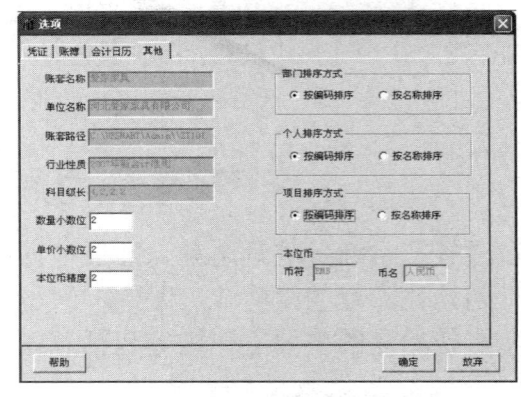

图3.3 "其他"选项卡

任务1.2 总账期初余额输入

为保持会计业务处理的连续性，需要将截至T3启用前的科目余额输入T3中。如果是1月启用T3，只需要输入各账户上年末的余额作为新年度的期初余额；如果是年中某月建账，则不但要准备各账户启用会计期间上一期的期末余额作为启用期的期初余额，而且还要整理自本年度开始截至启用期的各账户累计发生数据。例如，2023年4月建账，需要准备2023年3月底的期末余额作为T3期初余额，以及1—3月各账户累计借方发生额和累计贷方发生额。

任务下达

以账套主管的身份输入2023年4月爱家家具各科目期初余额，如表3.2所示。（为简化

操作，本例只需输入各账户期初余额）

表3.2　会计科目期初余额　　　　　　　　　　　　　　　　　　　　　　　　　　　　　　　元

科目编码及名称	辅助核算	方向	币别/计量	期初余额	备注
库存现金（1001）	日记账	借		20 000	输入
银行存款（1002）	日记账、银行账	借		1 831 900	自动汇总
工行存款（100201）	日记账、银行账	借		1 831 900	自动汇总
人民币户（10020101）	日记账、银行账	借		1 528 300	输入
美元户（10020102）	日记账、银行账	借		303 600 人民币 48 000 美元	
其他货币资金（1012）		借		556 448	输入
应收账款（1122）	客户往来	借		147 400	见表3.3
其他应收款（1221）		借		7 000	自动汇总
备用金（122101）	部门核算	借		2 000	企管办2 000
应收个人款（122102）	个人往来	借		5 000	见表3.4
原材料（1403）		借		232 000	自动汇总
三聚氰胺板（140301）	数量核算	借	600张	138 000	先输金额再输数量
大芯板（140302）	数量核算	借	800张	64 000	先输金额再输数量
进口五金（140303）	数量核算	借	1 000组	20 000	先输金额再输数量
五金套组（140304）	数量核算	借	1 000组	10 000	先输金额再输数量
库存商品（1405）		借		778 000	整体书柜700 000 实用电脑桌78 000
固定资产（1601）		借		918 200	输入
累计折旧（1602）		贷		265 000	输入
短期借款（2001）		贷		560 000	输入
应付账款（2202）		贷		11 300	
应付货款（220201）	供应商往来	贷		11 300	见表3.5
暂估应付款（220202）		贷		16 000	
应付职工薪酬（2211）		贷		184 982	自动汇总
工资（221101）		贷		123 900	输入
社会保险（221103）		贷		40 640	输入
住房公积金（221104）		贷		14 868	输入
工会经费（221105）		贷		2 478	输入
职工教育经费（221106）		贷		3 098	输入
应交税费（2221）		贷		436 265	自动生成
未交增值税（222102）		贷		232 000	输入
应交企业所得税（222103）		贷		164 725	输入
应交个人所得税（222104）		贷		23 540	输入
其他应付款（2241）		贷		27 505	输入
长期借款（2501）		贷		500 000	输入
实收资本（4001）		贷		2 000 000	输入
利润分配（4104）		贷		505 896	自动汇总
未分配利润（410415）		贷		505 896	输入

辅助账明细如表3.3至表3.5所示。

表3.3　"应收账款"辅助账明细　　　　　　　　　　　　　　　　　　　　　　　　　　　元

日　期	客　户	摘　要	方　向	金　额	业务员
2023-02-25	山东银座家居有限公司	期初	借	90 400	曹金
2023-03-10	河北卓越家具有限公司	期初	借	57 000	曹金

表 3.4 "其他应收款/应收个人款"辅助账明细   元

日期	部门	个人	摘要	方向	金额
2023-03-29	企管办	杨少华	出差借款	借	5 000

表 3.5 "应付账款/应付货款"辅助账明细   元

日期	供应商	摘要	方向	金额	业务员
2023-02-22	光辉庆宇	期初	贷	11 300	马杰

任务指引

1. 输入末级科目期初余额（末级科目底色为白色）

步骤 1 以账套主管的身份登录 T3，选择"总账"|"设置"|"期初余额"命令，打开"期初余额录入"窗口。

步骤 2 在 1001（库存现金）科目"期初余额"栏中输入金额"20000"，然后按回车键。末级科目余额输入完成后，上级科目余额自动汇总生成。

步骤 3 在"期初余额录入"窗口中，外币辅助核算科目 10020102 显示为 2 行：首先在第 1 行中输入人民币期初余额"303600"，然后在第 2 行中输入美元期初余额"48000"，如图 3.4 所示。

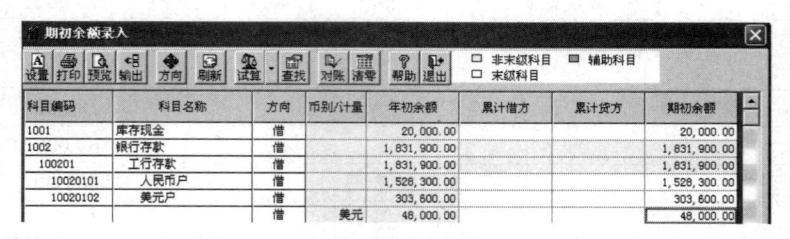

图 3.4 输入外币辅助核算科目期初余额

步骤 4 数量辅助核算科目 140301 也显示为 2 行：首先在第 1 行中输入人民币期初余额"60000"，然后在第 2 行中输入数量期初余额"600"。同理，输入 1403 科目下级明细科目期初余额后，"原材料"科目自动汇总，如图 3.5 所示。

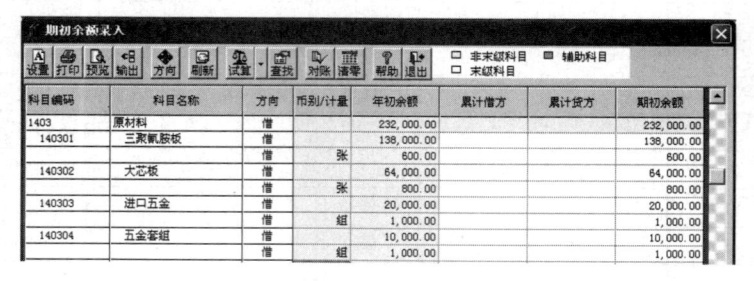

图 3.5 输入数量辅助核算科目期初余额

步骤 5 按表 3.2 输入其他末级科目期初余额。

提示

① 末级科目期初余额可直接输入，非末级科目期初余额自动生成。

② 如果科目设置了外币核算，在"期初余额录入"窗口中显示为 2 行，第 1 行输入本币余额，第 2 行输入外币余额，且必须先输入本币余额。

③ 如果科目设置了数量核算，在"期初余额录入"窗口中显示为 2 行，第 1 行输入本币余额，第 2 行输入数量余额，且必须先输入本币余额。

④ 如果期初余额与科目借贷方向不一致，输入负数即可。

2. 输入项目辅助核算科目期初余额

步骤 1 在"期初余额录入"窗口中，双击"1405 库存商品"科目的"期初余额"栏，打开"项目核算期初"窗口。

步骤 2 单击"增加"按钮，选择项目"整体书柜"，输入期初余额"700000"；再次单击"增加"按钮，选择项目"实用电脑桌"，输入期初余额"78000"，如图 3.6 所示。

步骤 3 单击"退出"按钮，"1405 库存商品"期初余额栏显示 778000。

步骤 4 同理，输入部门辅助核算科目"122101 备用金"期初余额。

3. 输入客户往来辅助核算科目期初余额

步骤 1 双击"1122 应收账款"科目的"期初余额"栏，打开"客户往来期初"窗口。

步骤 2 单击"增加"按钮，按表 3.3 输入资料，如图 3.7 所示。

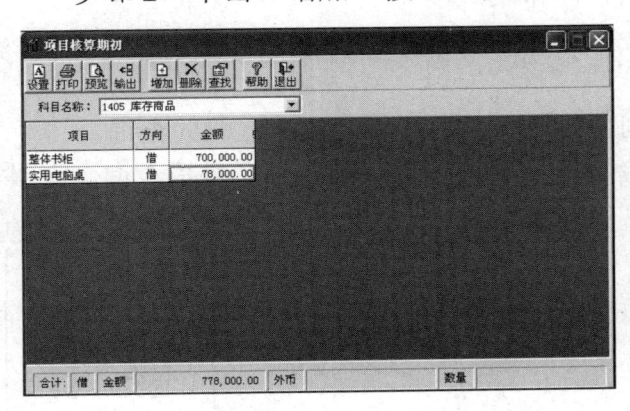

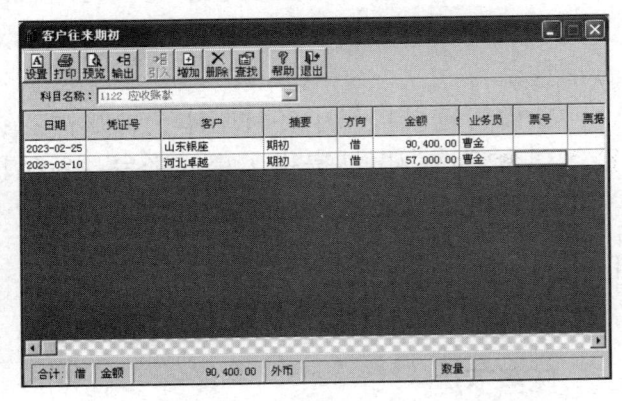

图 3.6　输入项目辅助核算科目期初余额

图 3.7　输入客户往来辅助核算科目期初余额

步骤 3 完成后单击"退出"按钮，辅助账期初余额自动带到总账。

步骤 4 同理，输入"122102 其他应收款/应收个人款""222101 应付账款/应付货款"科目期初余额。

> **提示**
> ① 辅助核算科目的底色显示为蓝色，期初余额的输入要在相应的辅助账中进行。
> ② 累计借方和累计贷方可直接输入。
> ③ 按键盘左上角 Esc 键可退出当前行的编辑。

4. 进行期初试算平衡

步骤 1 期初余额输入完成，单击"试算"按钮，打开"期初试算平衡表"对话框，如图 3.8 所示。

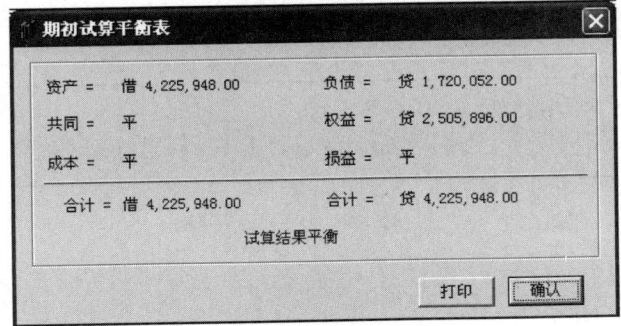

图 3.8　期初试算平衡

步骤2　单击"确定"按钮。
步骤3　期初余额试算平衡后，备份账套至"总账初始化"文件夹中。

> **提示**
> ① 期初余额试算不平衡时，可以进行填制凭证、审核凭证等操作，但不能记账。
> ② 凭证记账之后，期初余额输入窗口显示"浏览、只读"，不能再修改。
> ③ 只有启用会计期需要输入期初数据，之后各会计期期初数据在上期结账后自动结转生成。

任务2　总账日常业务处理

总账日常业务处理主要包括凭证处理、出纳管理和账簿查询。

凭证处理包括填制凭证、审核凭证、修改凭证、出纳签字、记账、红字冲销、删除凭证、查询凭证等。

账簿管理既提供了各种基本会计账簿的查询，也提供了各种辅助核算账簿的查询。

现金管理为出纳提供了集成平台，包括现金日记账、银行日记账、资金日报查询，支票登记簿管理，以及银行对账。

任务2.1　凭证处理

1. 填制凭证

任务下达

以系统管理员的身份在系统管理中恢复"总账初始化"账套；以A02 刘畅的身份登录T3，根据下列爱家家具2023年4月发生的经济业务，在T3中填制凭证。

1）2023年4月1日，签发现金支票，从工行人民币户提取现金，如图3.9所示。

```
中国工商银行
现金支票存根
10203310
07521678
附加信息
_____
_____
出票日期2023年4月1日
收款人：河北爱家家具有限公司
金　额：¥8000.00
用　途：备用金
单位主管：（略）　　会计：（略）
```

付款凭证：借：1001 库存现金　　　　　　　　　　　　　　8 000
　　　　　贷：10020101 银行存款/工行存款/人民币户　　8 000

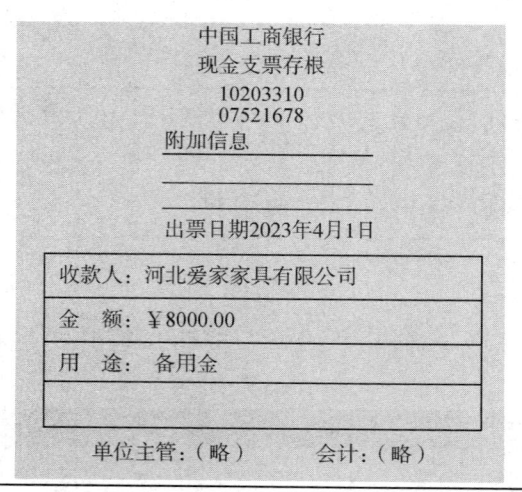

图3.9　现金支票存根

2）2023年4月1日，企管办报销招待费2 120元，用转账支票支付。与业务相关的原始单据如图3.10、图3.11所示。

1310231130	河北增值税专用发票 No 92348911	1310231130 92348911
机器编号：320032874511		开票日期：2023年04月01日

购买方	名　　　称：河北爱家家具有限公司 纳税人识别号：911310227575666111 地址、电话：河北省三河市瑶海区友谊路 128 号　0316-87826668 开户行及账号：中国工商银行三河支行 131024009094	密码区	897098+*2><618//*4646416114564 1/*-+4154><6758/*-46></--454654 90/*-5267812345/*980--><-9807*9 014/-*/98-+2+2><12345&908777908/-*

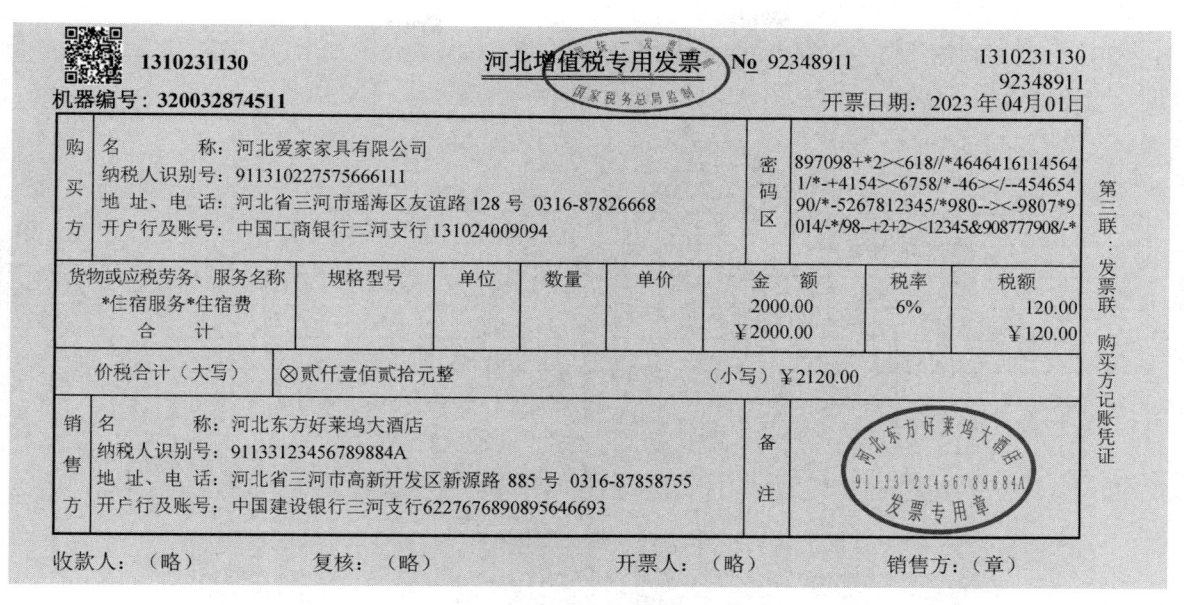

货物或应税劳务、服务名称	规格型号	单位	数量	单价	金额	税率	税额
*住宿服务*住宿费					2000.00	6%	120.00
合　　计					￥2000.00		￥120.00

价税合计（大写）	⊗ 贰仟壹佰贰拾元整	（小写）￥2120.00

销售方	名　　　称：河北东方好莱坞大酒店 纳税人识别号：91133123456789884A 地址、电话：河北省三河市高新开发区新源路 885 号　0316-87858755 开户行及账号：中国建设银行三河支行 6227676890895646693	备注	（河北东方好莱坞大酒店 91133123456789884A 发票专用章）

收款人：（略）　　复核：（略）　　开票人：（略）　　销售方：（章）

图 3.10　招待费发票

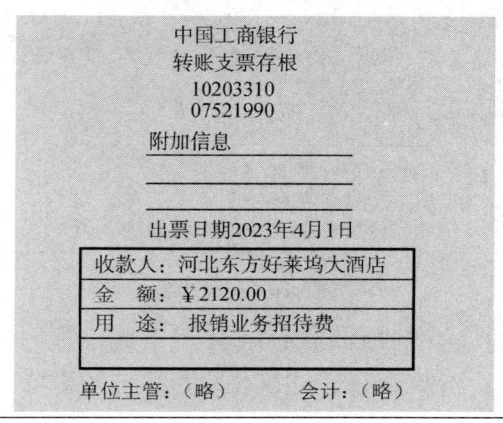

```
中国工商银行
转账支票存根
10203310
07521990

附加信息_____
_____

出票日期2023年4月1日
```

收款人：河北东方好莱坞大酒店
金　额：￥2120.00
用　途：报销业务招待费

单位主管：（略）　　会计：（略）

付款凭证：借：660201 管理费用/招待费　　　　　　　　　　2 000
　　　　　　　22210101 应交税费/应交增值税/进项税额　　　120
　　　　　　贷：10020101 银行存款/工行存款/人民币户　　 2 120

图 3.11　转账支票存根

3）2023 年 4 月 3 日，收到美国投资者盖茨先生的 100 000 美元投资款。电汇进账单如图 3.12 所示。（投资协议略）

中国工商银行进账单（电汇）

2023 年 4 月 3 日　　　　　　第 000100 号

单位名称：河北爱家家具有限公司		账号：131024010027	
户名	账号	用途	金额
盖茨	1086777810	投资款	USD100000.00
上列存款，已存入你单位 131024010027 账号	转讫 （工商银行盖章）	科目（贷）： 对方科目（借）： 复核：（略）　记账：（略）	

（中国工商银行三河支行 2023.04.03）

收款凭证：借：10020102 银行存款/工行存款/美元户　　632 500
　　　　　贷：4001 实收资本　　　　　　　　　　　　632 500

图 3.12　电汇进账单

4）2023年4月3日，企管办杨少华报销差旅费6 069元，抵销其出差借款5 000元外，另付现金1 069元。原始单据如图3.13、图3.14所示。

差旅费报销单

部门：企管办　　　　　　　　　填报日期：2023年4月3日　　　　　　　　　元

姓名	杨少华		出差事由		外出调研		出差日期		3月29日—4月3日	
起讫时间及地点			车船票		夜间乘车补助		出差补助费		住宿费	其他
月 日 起	月 日 讫	类别	金额	时间	标准	日数	标准	金额	金额	摘要 金额
3 29 三河	3 29 南通	飞机	2077	小时		6	300	1800		订票费 15
4 3 南通	4 3 三河	飞机	2147	小时						行李费 30
小计			¥4224					¥1800		¥45
总计金额（大写）人民币　陆仟零陆拾玖 元整				预支¥5000元		核销¥6069元			退补¥1069元	

主管：（略）　　记账：（略）　　审核：（略）　　制表：（略）

图3.13　差旅费报销单

付款单据

时间：2023年4月3日

收款单位　企管办杨少华　　　　付款事由　出差补齐款

人民币（大写）　壹仟零陆拾玖元整　　（小写）¥ 1069.00 元

记账：（略）　审核：（略）　出纳：（略）　经办：（略）

付款凭证：	借：660202 管理费用/差旅费	6 069
	贷：1001 库存现金	1 069
	122102 其他应收款/应收个人款	5 000

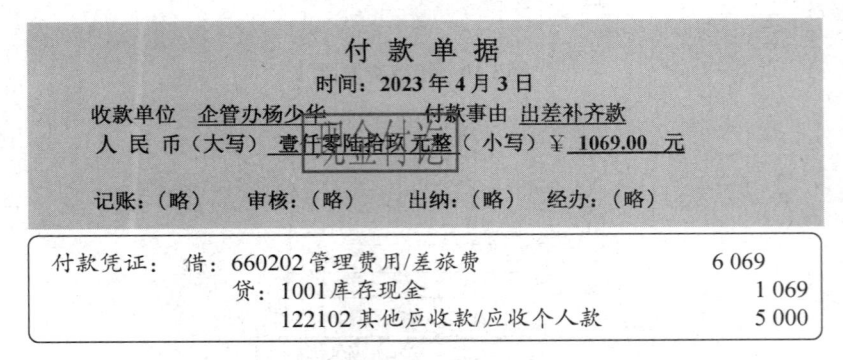

图3.14　付款单据

5）2023年4月5日，到临沂安顺木业有限公司采购三聚氰胺板400张，单价230元/张；大芯板500张，单价80元/张；价款合计132 000元，增值税款17 160元。原始单据如图3.15所示。货款未付。

山东增值税专用发票　No 00668800

3728231130　　　　　　　　　　　　　3728231130000668800

机器编号：540194657276　　　　　　　开票日期：2023年04月05日

购买方	名　称：河北爱家家具有限公司 纳税人识别号：911310227575666111 地　址、电话：河北省三河市瑶海区友谊路128号 0316-87826668 开户行及账号：中国工商银行三河支行 131024009094	密码区	0010895645+*2><618/*4646416 1145641/*-+4164><6758/*-46 </--45487690/-5267812345/*98 0-><-9807*90></--100989700

货物或应税劳务、服务名称	规格型号	单位	数量	单价	金额	税率	税额
*木制品*三聚氰胺板		张	400	230	92000.00	13%	11960.00
*木制品*大芯板		张	500	80	40000.00		5200.00
合　计					¥132000.00		¥17160.00
价税合计（大写）		⊗壹拾肆万玖仟壹佰陆拾元整				（小写）¥149160.00	

销售方	名　称：临沂安顺木业有限公司 纳税人识别号：93713002280584893A 地　址、电话：山东省临沂市兰山区朱保工业园 0539-8553588 开户行及账号：中国工商银行临沂支行 78592405968726323334	备注	

收款人：（略）　复核：（略）　开票人：（略）　销售方：（章）

转账凭证：	借：140301 原材料/三聚氰胺板	92 000
	140302 原材料/大芯板	40 000
	22210101 应交税费/应交增值税/进项税额	17 160
	贷：220201 应付账款/应付货款	149 160

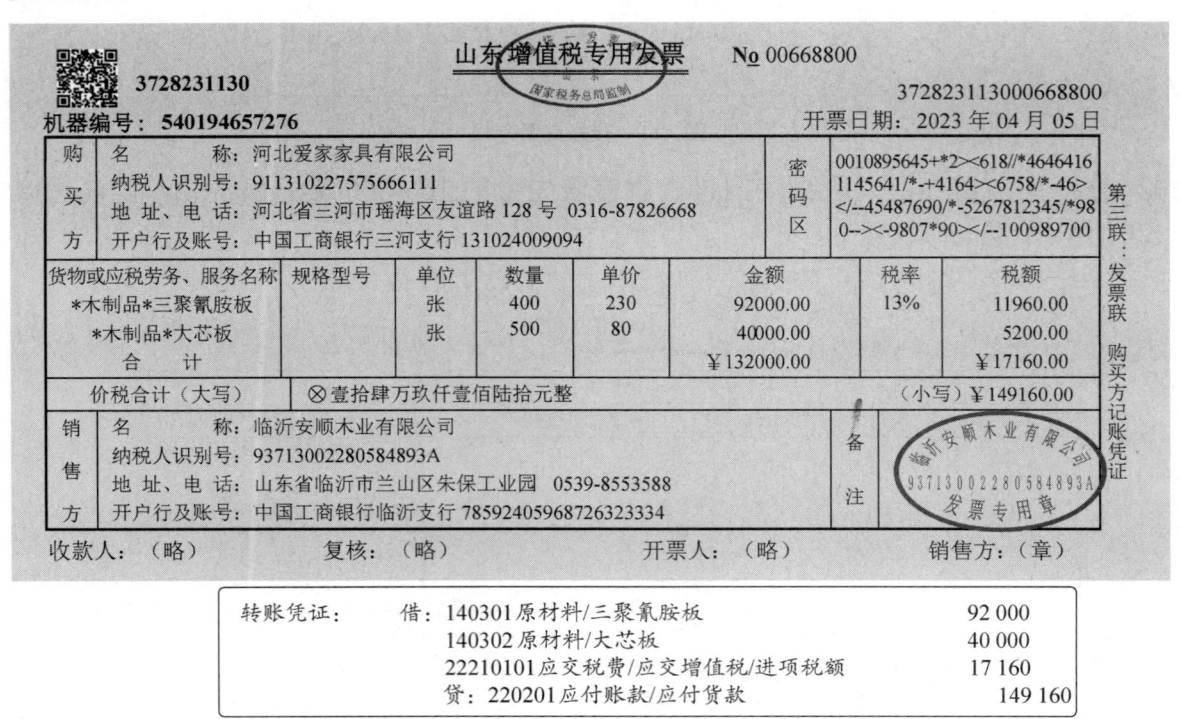

图3.15　增值税专用发票

6）2023 年 4 月 8 日，向山东银座家居有限公司销售 300 组实用电脑桌，单价 500 元/组，价款 150 000 元，税款 19 500 元，货款尚未收到，商品已经发出。开具增值税专用发票如图 3.16 所示。

1310231130	河北增值税专用发票	No 0000111245	1310231130
机器编码：140194657226			0000111245
			开票日期：2023 年 04 月 08 日

购买方	名　　　称：山东银座家居有限公司 纳税人识别号：91370105748984353W 地　址、电　话：济南市天桥区北园大街 408 号 0531-87826699 开户行及账号：中国工商银行济南支行 7859342686872997666	密码区	2210895645+*2><618//*46464161 145641/*-+4164><6758/*-46></-- 45487690/*-5267812345/*980->< -9807*90</--100989789

货物或应税劳务、服务名称	规格型号	单位	数量	单价	金额	税率	税额
*木制品*实用电脑桌		组	300	500	150 000.00	13%	19 500.00
合　计					￥150 000.00		￥19 500.00

价税合计（大写）	⊗壹拾陆万玖仟伍佰元整	（小写）￥169 500.00

销售方	名　　　称：河北爱家家具有限公司 纳税人识别号：911310227575666111 地　址、电　话：河北省三河市瑶海区友谊路 128 号 0316-87826668 开户行及账号：中国工商银行三河支行 131024009094	备注	（销售方发票专用章）

收款人：（略）　　复核：（略）　　开票人：（略）　　销售方：（章）

第一联：记账联　销售方记账凭证

```
转账凭证：    借：1122 应收账款                              169 500
              贷：6001 主营业务收入                          150 000
                  22210103 应交税费/应交增值税/销项税额       19 500
```

图 3.16　增值税专用发票

7）2023 年 4 月 8 日，车间领用原材料。发料凭证汇总表如表 3.6 所示。

表 3.6　发料凭证汇总表

2023 年 4 月 8 日　　　　　　　　　　　　　　　　　　　　　　　　　　　　　　　元

会计科目	用途	三聚氰胺板			进口五金		
		数量/组	单价/（元/组）	金额	数量/组	单价/（元/组）	金额
生产成本	整体书柜	400	230	92 000	800	20	16 000
合计		400	230	92 000	800	20	16 000

```
转账凭证：    借：500101 生产成本/直接材料                   108 000
              贷：140301 原材料/三聚氰胺板                    92 000
                  140303 原材料/进口五金                      16 000
```

8）2023 年 4 月 10 日，收到车间用电费发票。原始单据如图 3.17、图 3.18 所示。

```
1310237630                 河北增值税专用发票    No 11129087              1310237630
机器编码：140194657236                                                     11129087
                                                         开票日期：2023 年 04 月 10 日
```

购买方	名　　　称：河北爱家家具有限公司 纳税人识别号：911310227575666111 地 址、电 话：河北省三河市瑶海区友谊路 128 号　0316-87826668 开户行及账号：中国工商银行三河支行 131024009094	密码区	1000895645+*2><618//*4646416 1145641/*-+4164><6758/*-46></ --45487690/*-5267812345/*980-- ><-9807*90></--100989789

货物或应税劳务、服务名称	规格型号	单位	数量	单价	金额	税率	税额
*售电*电费					5000.00	13%	650.00
合　　计					¥5000.00		¥650.00

价税合计（大写）	⊗伍仟陆佰伍拾元整	（小写）¥5650.00

销售方	名　　　称：河北省电力公司 纳税人识别号：91140103789256478A 地 址、电 话：河北省三河工业园西座　0316-86962998 开户行及账号：中国建行三河支行 6227156789098256767	备注	（河北省电力公司发票专用章）

收款人：（略）　　　复核：（略）　　　开票人：（略）　　　销售方：（章）

图 3.17　增值税专用发票

中国建设银行委托收款凭证（回单）

No 88906671

日期：2023 年 4 月 10 日

收款人	河北省电力公司	汇款人	河北爱家家具有限公司
账号或地址	中国建设银行三河支行6227156789098256767	账号或地址	中国工商银行三河支行131024009094
兑付地点	河北省三河市	兑付行	中国工商银行三河市支行	汇款用途	电费
汇款金额	人民币（大写）	伍仟陆佰伍拾元整	千 百 十 万 千 百 十 元 角 分 　　　　¥ 5 6 5 0 0 0

```
付款凭证：   借：510103 制造费用/其他                      5 000
                22210101 应交税费/应交增值税/进项税额      650
            贷：10020101 银行存款/工行存款/人民币户       5 650
```

图 3.18　委托收款凭证

9）2023 年 4 月 10 日，预收北京如意家具有限公司电汇新品订金 3 000 元。

项目 3　总账管理

中国工商银行电汇凭证（收账通知）

No 88907989

日期：2023年4月10日

收款人	河北爱家家具有限公司		汇款人	北京如意家具有限公司									
账号或地址	中国工商银行三河支行 131024009094		账号或地址	中国建设银行通州支行 2210529903455621112									
兑付地点	河北省三河市	兑付行	中国工商银行三河支行	汇款用途	订金								
					千	百	十	万	千	百	十	元	角	分
汇款金额	人民币（大写）		叁万叁仟元整				¥	3	3	0	0	0	0	0

收款人：（略）　　复核：（略）　　开票人：（略）

```
收款凭证：    借：10020101 银行存款/工行存款/人民币户    30 000
              贷：1231 预收账款                          30 000
```

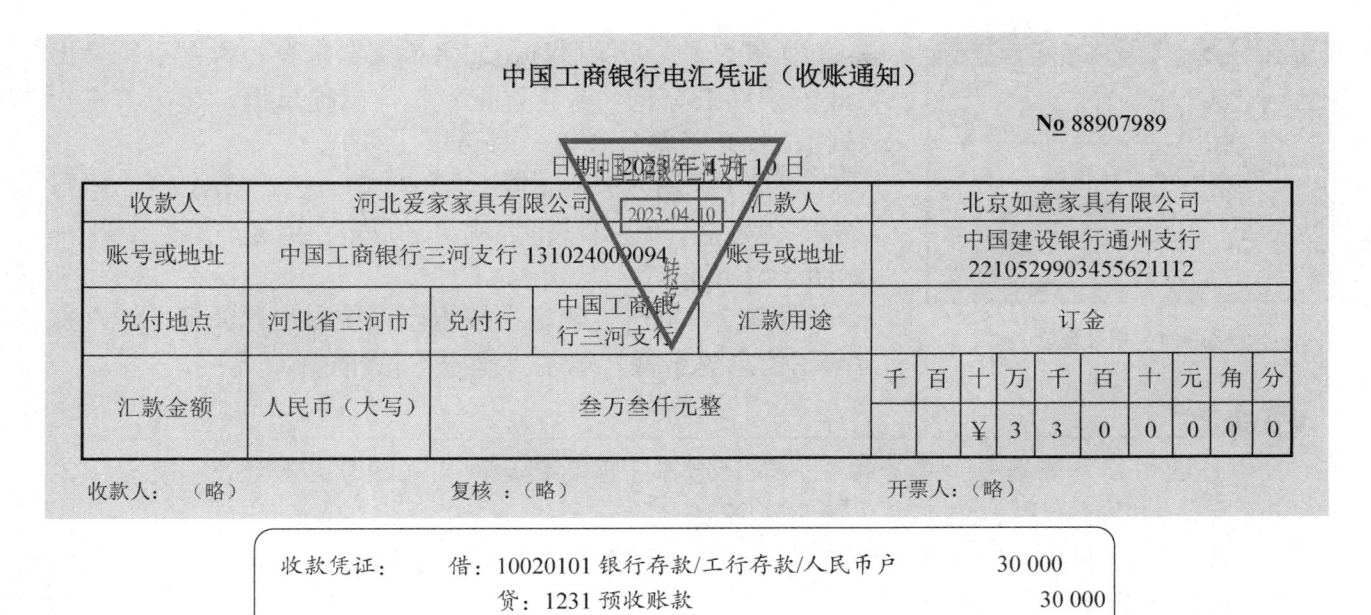

图 3.19　电汇凭证

任务指引

以 A02 刘畅的身份登录 T3，T3 主界面中显示设置了系统启用且当前操作员有权限操作的菜单项。

（1）第 1 笔业务处理

知识点：①调用常用摘要；②分录中包含选择了"银行账"的科目，需要登记银行账信息；③使用了"票据管理标志"结算方式，需要登记支票登记簿。

步骤 1　选择"总账"|"凭证"|"填制凭证"命令，打开"填制凭证"窗口。

步骤 2　单击"增加"按钮，系统自动增加一张空白收款凭证。在凭证左上角单击"参照"按钮，选择凭证类型"付　付款凭证"，输入制单日期"2023.04.01"、附单据数"1"。

步骤 3　输入摘要时，单击"参照"按钮，选择预先设置的常用摘要"从工行人民币户提现金"，系统自动带出借方科目"1001"，输入借方金额"8000"。按回车键，摘要自动带到第 2 行。

步骤 4　输入完贷方科目编码"10020101"后，打开"辅助项"对话框。选择结算方式"201"、票号"07521678"、发生日期"2023.04.01"，如图 3.20 所示。单击"确认"按钮。

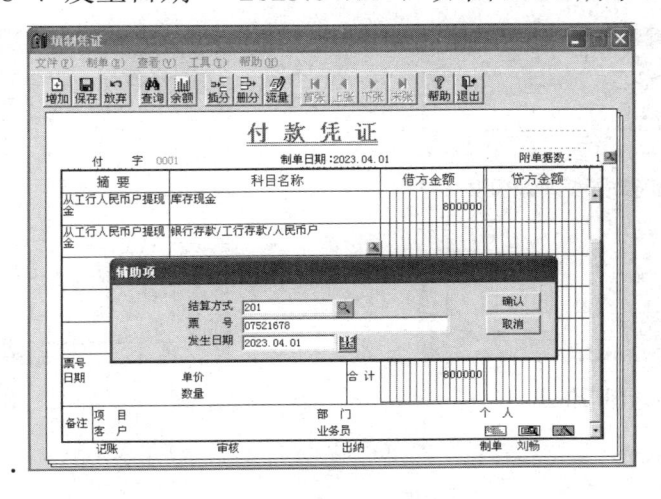

图 3.20　输入银行账信息

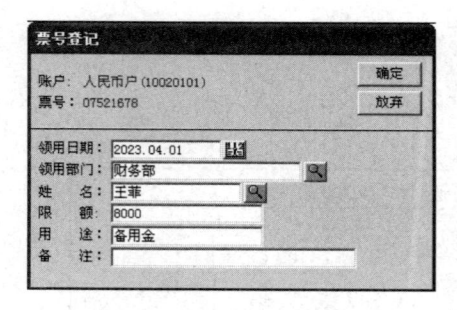

图 3.21 票号登记

步骤 5　凭证保存时，如果该支票未登记，则系统弹出"此支票尚未登记，是否登记？"信息提示框。单击"是"按钮，打开"票号登记"对话框。

步骤 6　输入领用日期"2023.04.01"、领用部门"财务部"、姓名"王菲"、限额"8000"、用途"备用金"，如图 3.21 所示。

步骤 7　单击"确定"按钮，系统弹出"凭证已成功保存！"信息提示框。单击"确定"按钮返回。

提示

① 选中"系统编号"单选按钮，那么选择凭证类别后，凭证编号自动给出。凭证一旦保存，其凭证类别、凭证编号就不能修改。

② 选中"制单序时控制"复选框，那么后面凭证的制单日期不能早于前一张同类别凭证的制单日期。

③ 正文中不同行的摘要可以相同也可以不同，但不能为空。

④ 科目编码必须是末级的科目编码。可以直接输入，也可以参照选择输入。

⑤ 金额不能为 0；红字以"—"号表示。

⑥ 可按"＝"键，系统自动计算当前凭证借贷方金额的差额，并放置于当前光标位置。

⑦ 单击"增加"按钮，可在保存凭证的同时增加一张新凭证。

⑧ 按键盘上的空格键可将借方金额调整至贷方，再按一次调整回借方。

（2）第 2 笔业务处理

知识点：①"660201 管理费用/招待费"设置了部门核算，需要输入部门信息；②分录中包含选择了"银行账"的科目，需要登记银行账信息；③使用了"票据管理标志"结算方式，需要登记支票登记簿。

输入部门信息时，如图 3.22 所示。

（3）第 3 笔业务处理

知识点："10020102 银行存款/工行存款/美元户"设置了外币核算，需要输入外币信息。系统自动计算：外币×汇率＝本位币。

输入外币信息时，如图 3.23 所示。

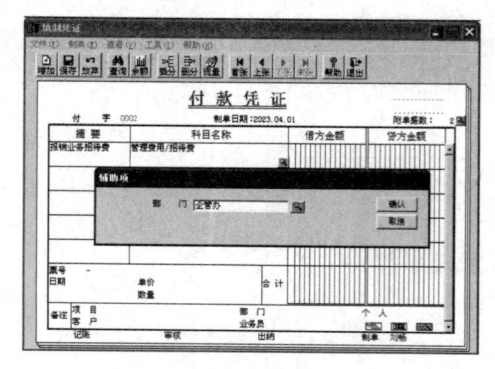

图 3.22　输入部门信息

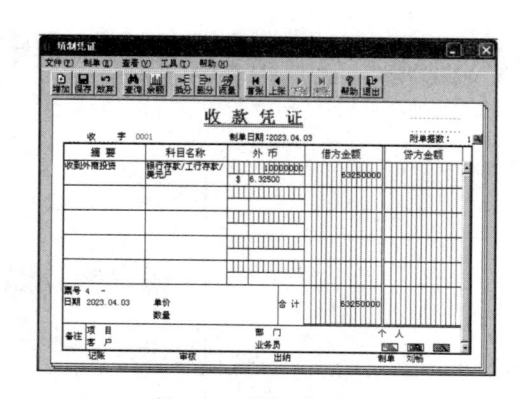

图 3.23　输入外币信息

（4）第 4 笔业务处理

知识点：①"660202 管理费用/差旅费"科目设置了部门核算，需要输入部门信息；②"122102

其他应收款/应收个人款"科目设置了个人往来核算，需要输入个人信息。

输入个人信息时，如图 3.24 所示。

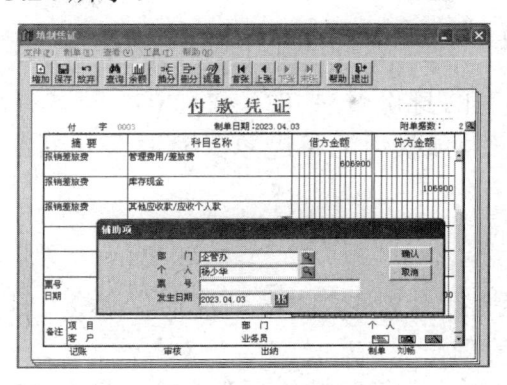

图 3.24 输入个人信息

（5）第 5 笔业务处理

知识点：①"140301 原材料/三聚氰胺板"科目设置了数量核算，需要输入数量和单价，系统自动计算金额；②"220201 应付账款/应付货款"科目设置了供应商往来核算，需要输入供应商信息。

输入数量和单价信息，如图 3.25 所示。输入供应商信息，如图 3.26 所示。

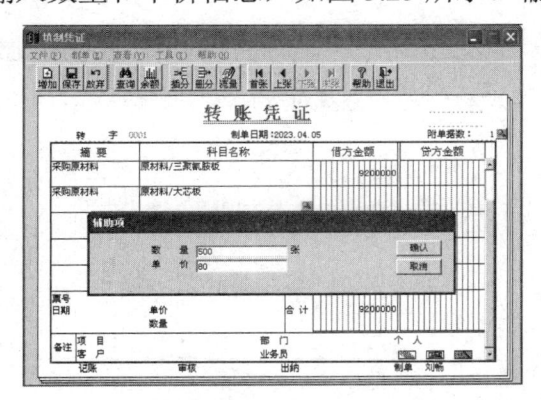

图 3.25 输入数量和单价信息　　　　　　图 3.26 输入供应商信息

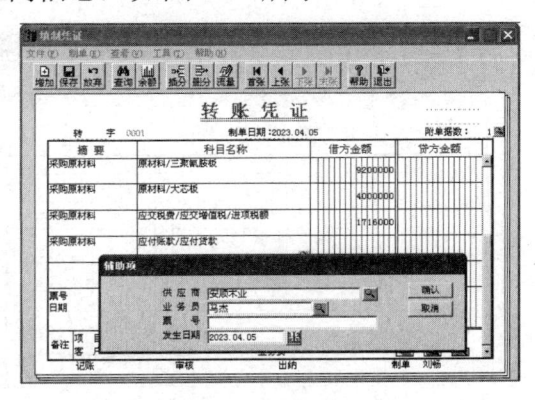

（6）第 6 笔业务处理

知识点：①"1122 应收账款"科目设置了客户往来核算，需要输入客户信息；②"6001 主营业务收入"科目设置了项目核算，需要输入项目信息。

输入客户信息，如图 3.27 所示。输入项目信息，如图 3.28 所示。

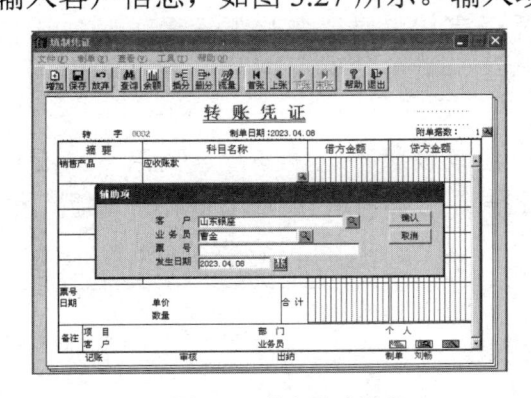

图 3.27 输入客户信息　　　　　　图 3.28 输入项目信息

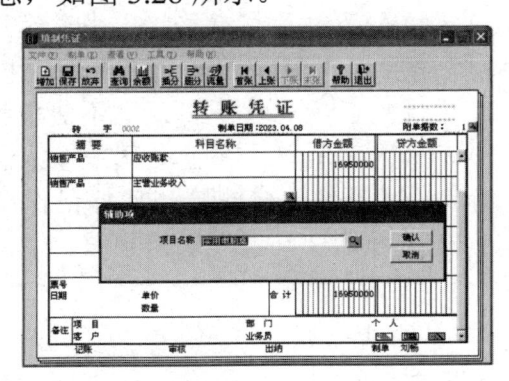

第7~9笔业务请同学们自行输入。

2. 审核凭证

任务下达

以账套主管"A01 高文"的身份登录T3，对2023年4月的凭证进行审核。审核时发现"收-0002"凭证有误（应为预收河北卓越家具有限公司新品订金33 000元），对错误凭证进行标错处理。

任务指引

步骤1　在T3主界面中选择"文件"|"重新注册"命令，打开"登录"对话框。以"A01高文"的身份重新进入总账管理子系统。

步骤2　选择"总账"|"凭证"|"审核凭证"命令，打开"凭证审核"查询条件对话框。输入查询条件，单击"确认"按钮，打开"凭证审核"凭证列表对话框。

步骤3　双击要审核的凭证或单击"确定"按钮，打开凭证审核的"审核凭证"窗口。

步骤4　检查要审核的凭证，无误后单击"审核"按钮，凭证底部的"审核"处自动签上审核人姓名，如图3.29所示。审核完成系统自动翻页到下一张凭证。

步骤5　发现"收-0002"凭证错误，可单击"标错"按钮，系统会在凭证上标识"有错"字样，如图3.30所示。

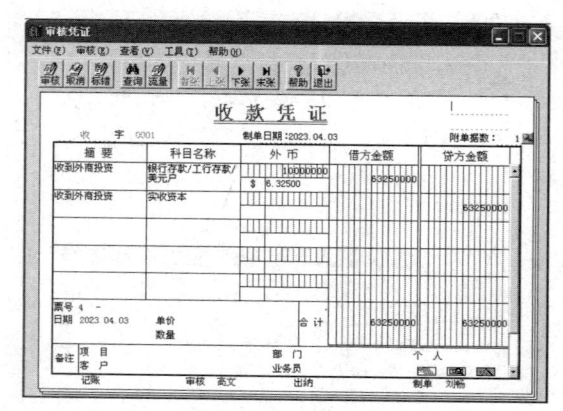

图3.29　凭证审核　　　　　　　　　　**图3.30　凭证标错**

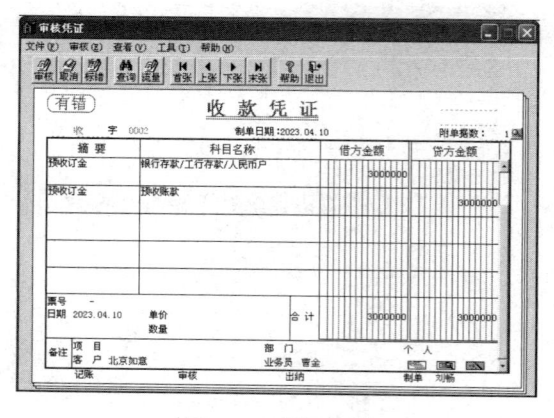

步骤6　单击"下张"按钮，对其他凭证审核。也可以先过目，完成后选择"审核"|"成批审核凭证"命令进行成批审核处理。完成后，单击"退出"按钮。

> **提示**
>
> ① 审核人必须具有审核权。当通过选中"凭证审核权限"复选框设置了明细审核权限时，还需要有对制单人所制凭证的审核权。
> ② 作废凭证不能被审核，也不能被标错。
> ③ 审核人和制单人不能是同一个人，凭证一经审核就不能被修改、删除，只有取消审核签字后才可修改或删除；已标记作废的凭证需要先取消"作废"标记后才能审核。
> ④ 只能由审核人本人取消审核。

3. 修改凭证

任务下达

以A02刘畅的身份对"收-0002"凭证进行修改。修改金额为33 000元。

任务指引

步骤 1　由 A02 刘畅登录 T3，选择"总账"|"凭证"|"填制凭证"命令，打开"填制凭证"窗口。

步骤 2　单击 [首张 上张 下张 末张] 按钮，找到要修改的"收-0002"凭证。

步骤 3　将光标放置于借方金额处，直接修改金额为"33000"，并同步修改贷方金额。

步骤 4　单击"保存"按钮保存凭证，"有错"字样即不再显示。

步骤 5　由 A01 高文对修改后的"收–0002"凭证进行审核。

提示

① 未经审核的错误凭证可通过填制凭证功能直接修改；已审核的凭证应先取消审核，再进行修改。

② 如果已采用制单序时控制，则在修改制单日期时，修改的日期不能早于上一张凭证的制单日期。

③ 如果选中了"不允许修改、作废他人填制的凭证"复选框，则不能修改或作废他人填制的凭证。

④ 如果涉及银行科目的分录已输入支票信息，并对该支票做过报销处理，则修改操作将不会影响支票登记簿中的内容。

⑤ 对于凭证上的基本项目，如金额，将光标放在要修改的地方直接修改；如果要修改凭证的辅助项信息，则首先选中辅助核算科目行，然后将光标置于"备注"栏辅助项，待鼠标指针变为 时双击，打开"辅助项"对话框，在对话框中修改相关的信息。

4. 出纳签字

任务下达

以 A03 王菲的身份对出纳凭证进行出纳签字。

任务指引

步骤 1　选择"文件"|"重新注册"命令，打开"注册〖控制台〗"对话框。以 A03 王菲的身份重新进入 T3。

步骤 2　选择"总账"|"凭证"|"出纳签字"命令，打开"出纳签字"查询条件对话框。单击"确认"按钮，打开"出纳签字"凭证列表对话框，如图 3.31 所示。

步骤 3　双击某一要签字的凭证或单击"确定"按钮，打开"出纳签字"窗口。

步骤 4　审核无误后，单击"签字"按钮，凭证底部的"出纳"处自动签上出纳人姓名，如图 3.32 所示。

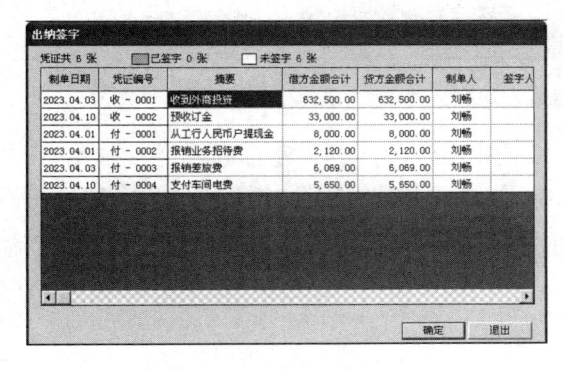

图 3.31　出纳签字凭证列表　　　　　　图 3.32　出纳签字

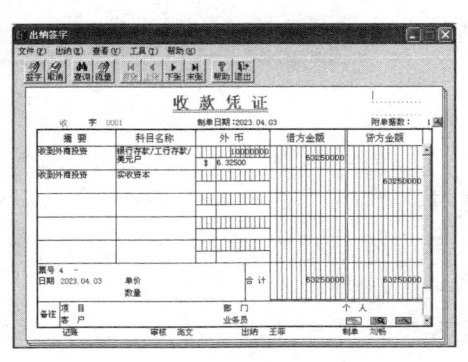

步骤 5　单击"下张"按钮，对其他凭证签字。也可以全部审核完成后选择"出纳"|"成批出纳签字"命令，对所有的凭证进行签字确认。完成后，单击"退出"按钮。

> **提示**
> ① 凭证填制人和出纳签字人既可以为不同的人，也可以为同一个人。
> ② 在进行出纳签字和审核之前，通常需要先更换操作员。
> ③ 涉及指定为现金科目和银行科目的凭证才需要出纳签字。没有指定现金科目和银行科目无法进行出纳签字。
> ④ 凭证一经签字，就不能被修改、删除，只有取消签字后才可以被修改或删除。取消签字只能由出纳自己进行。
> ⑤ 凭证签字并非审核凭证的必要步骤。如果在设置总账选项时不选中"出纳凭证必须经由出纳签字"复选框，则可以不执行出纳签字功能。
> ⑥ 出纳签字和审核凭证不分先后顺序。

5. 记账

任务下达

以 A02 刘畅的身份对全部已审核凭证进行记账。

任务指引

步骤 1　以 A02 刘畅的身份登录 T3，选择"总账"|"凭证"|"记账"命令，打开"记账"对话框。

步骤 2　选择要进行记账的凭证范围。本例单击"全选"按钮选择所有凭证，如图 3.33 所示。

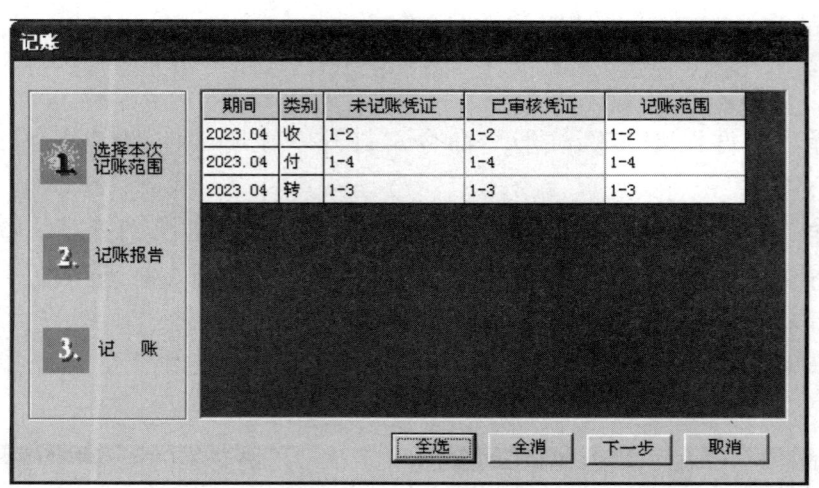

图 3.33　选择本次记账范围

步骤 3　单击"下一步"按钮，系统显示预记账报告，可以进行查看。

步骤 4　单击"下一步"按钮进行记账。单击"记账"按钮，打开"期初试算平衡表"对话框。单击"确认"按钮，系统开始登记有关的总账和明细账、辅助账。登记完后，弹出"记账完毕！"信息提示框。

步骤 5　单击"确定"按钮，记账完毕。

> **提示**
>
> ① 未审核的凭证不能记账，且记账范围应小于或等于已审核范围。
> ② 作废凭证不需要审核即可直接记账。
> ③ 系统提供反记账功能，已结账月份的数据不能取消记账。只有账套主管才有权限恢复记账前状态。反记账的操作是：首先，选择"总账"|"期末"|"对账"命令，在打开的"对账"对话框中按 Ctrl+H 组合键，系统弹出"恢复记账前状态功能已被激活"信息提示框，单击"确定"按钮返回，再单击"退出"按钮退出"对账"对话框；然后，选择"总账"|"凭证"|"恢复记账前状态"命令，打开"恢复记账前状态"对话框，选中"最近一次记账前状态"单选按钮，单击"确定"按钮，打开"输入"对话框；之后，输入主管口令，单击"确认"按钮，稍候系统弹出"恢复记账完毕！"信息提示框；最后，单击"确定"按钮完成反记账。

6. 红字冲销

任务下达

以 A02 刘畅的身份冲销"付-0001"凭证。

任务指引

步骤 1　以 A02 刘畅的身份登录 T3，选择"总账"|"凭证"|"填制凭证"命令，打开"填制凭证"窗口。

步骤 2　选择"制单"|"冲销凭证"命令，打开"冲销凭证"对话框。选择凭证类别"付　付款凭证"，输入凭证号"0001"，如图 3.34 所示。

图 3.34　冲销凭证

步骤 3　单击"确定"按钮，系统自动生成一张红字冲销凭证，如图 3.35 所示。

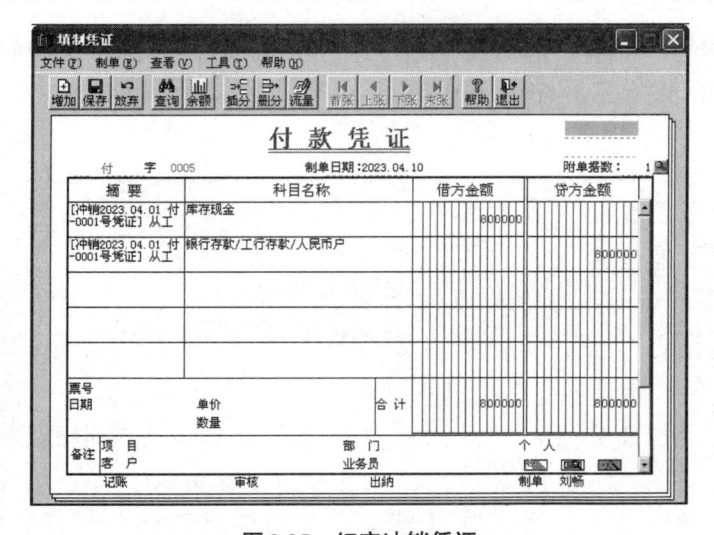

图 3.35　红字冲销凭证

> **提示**
>
> ① 只能对未结账月份的已记账凭证进行红字冲销。
> ② 可以手工填制红字冲销凭证，红字金额用"-"表示。
> ③ 生成的红字冲销凭证仍需要经过审核、记账处理，才能冲抵对应的业务数据。本例暂不进行处理。

7. 删除凭证

任务下达

以A02刘畅的身份删除"付-0005"红字冲销凭证。

任务指引

步骤1 以A02刘畅的身份登录T3，选择"总账"|"凭证"|"填制凭证"命令，打开"填制凭证"窗口。

步骤2 找到要删除的凭证，选择"制单"|"作废/恢复"命令，凭证的左上角显示"作废"字样，表示该凭证已作废，如图3.36所示。

步骤3 选择"制单"|"整理凭证"命令，打开选择凭证期间对话框。选择要整理的月份"2023.04"，然后单击"确定"按钮，打开"作废凭证表"对话框。双击选择需要删除的作废凭证或单击"全选"按钮，如图3.37所示。

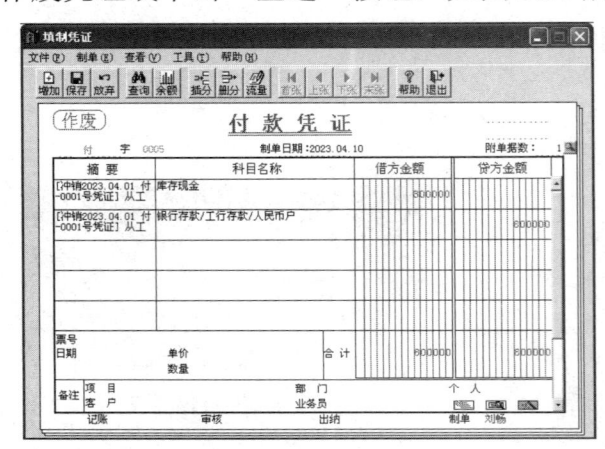

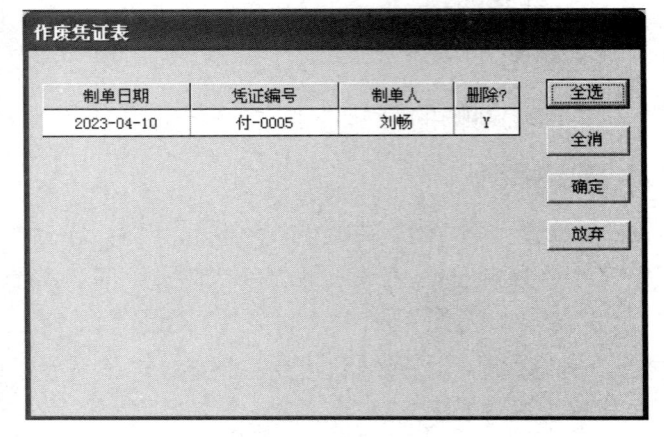

图3.36 作废凭证　　　　　　　　图3.37 选择作废凭证

步骤4 单击"确定"按钮，系统弹出"是否还需整理凭证断号"信息提示框。单击"是"按钮，系统将这些凭证从数据库中删除并对剩下的凭证重新编号。

> **提示**
>
> ① 作废凭证仍保留凭证内容和编号，只显示"作废"字样。
> ② 作废凭证既不能被修改，也不能被审核。
> ③ 查询账簿时，查不到作废凭证的数据。
> ④ 如果当前凭证已作废，可选择"制单"|"作废/恢复"命令，取消作废标志，并将当前凭证恢复为有效凭证。
> ⑤ 如果不想保留作废凭证，则可以通过整理凭证功能将其彻底删除，并对未记账凭证重新编号。
> ⑥ 只能对未记账作废凭证进行凭证整理。如果要对已记账凭证做凭证整理，则应先恢复本月月初的记账前状态，再做凭证整理。

8. 查询凭证

任务下达

以账套主管的身份登录，查询2023年4月用库存现金支出的大于1 000元以上的凭证。

任务指引

步骤 1　选择"总账"|"凭证"|"查询凭证"命令,打开"凭证查询"对话框。

步骤 2　单击"辅助条件"按钮,输入科目"库存现金"、金额"1000",选择方向"贷方",如图 3.38 所示。

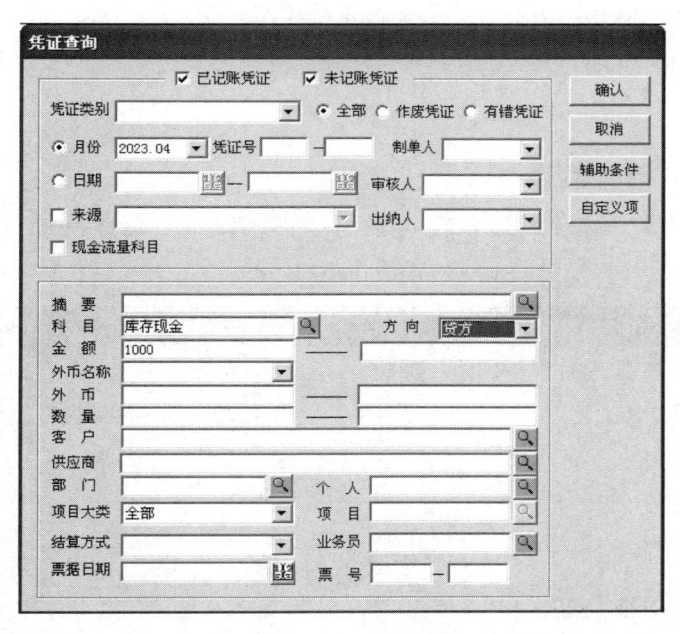

图 3.38　查询凭证

步骤 3　单击"确认"按钮,打开"查询凭证"对话框,如图 3.39 所示。

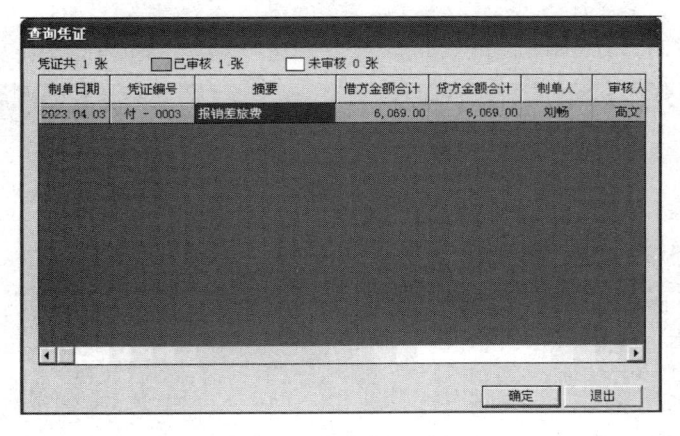

图 3.39　查询凭证列表

步骤 4　双击记录行,打开"查询凭证"窗口查看详细情况。

任务 2.2　账簿管理

基本会计账簿就是手工处理方式下的总账、发生额余额表、明细账、序时账、日记账、多栏账等。

辅助核算账簿在手工处理方式下一般作为备查账存在。T3 中的辅助账包括个人往来核算、部门核算、项目核算、客户往来和供应商往来核算。

任务下达

1 月 31 日,以账套主管"A01 高文"的身份进行账簿查询。

1)查询 2023 年 4 月余额表。

2）查询 2023 年 4 月三聚氰胺板数量金额明细账。

3）定义并查询 2023 年 4 月管理费用多栏账。

4）查询杨少华 2023 年 4 月个人往来清理情况。

5）查询 2023 年 4 月各部门收支分析表。

6）进行供应商往来账龄分析。

7）查询"整体书柜"项目明细账。

任务指引

1. 查询 2023 年 4 月余额表

步骤 1　以 A01 高文的身份进入 T3，选择"总账"|"账簿查询"|"余额表"命令，打开"发生额及余额查询条件"对话框，如图 3.40 所示。

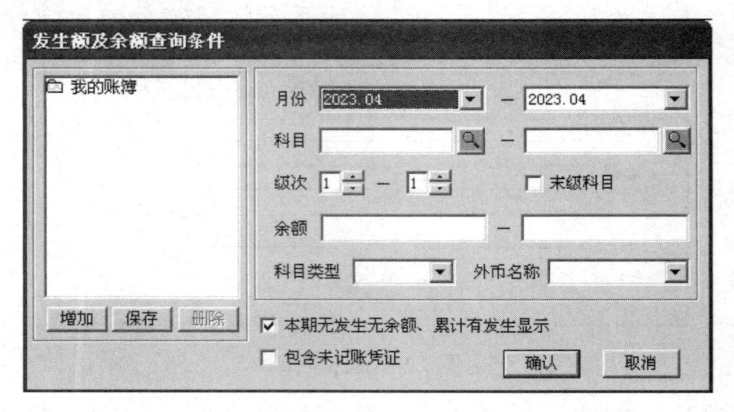

图 3.40　发生额及余额查询条件

步骤 2　单击"确认"按钮，打开"发生额及余额表"窗口，如图 3.41 所示。

图 4.41　发生额及余额表

步骤3　单击"累计"按钮，系统自动增加"借方累计发生额""贷方发生额"两个栏目。

> **提示**
> ① 可以设定查询月份，可以只查询本月或某一期间，如 2023.01 至 2023.04。
> ② 科目为空时，默认查询所有科目。
> ③ 可以选择科目级次，如"1"—"3"级。选中"末级科目"复选框则查询展开到末级科目。
> ④ 可以设定余额范围作为查询条件。
> ⑤ 可以选择科目类型或外币名称作为查询条件。
> ⑥ 选中"包含未记账凭证"复选框，则即使凭证尚未记账，数据也会包括在查询的账簿中。
> ⑦ 除"库存现金"和"银行存款"科目外，双击"发生额及余额表"中的任何一行，都会跳转到科目明细账。

2. 查询 2023 年 4 月三聚氰胺板数量金额明细账

步骤1　选择"总账"|"账簿查询"|"明细账"命令，打开"明细账查询条件"对话框。选择查询科目"140301—140301"，如图 3.42 所示。

步骤2　单击"确认"按钮，打开"明细账"窗口。选择"数量金额式"选项，"明细账"窗口如图 3.43 所示。

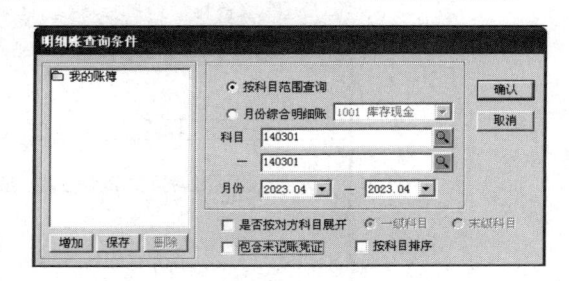

图 3.42　明细账查询条件

图 3.43　数量金额式明细账

> **提示**
> ① 窗口上方显示目前账页形式。系统提供了金额式、数量金额式、外币金额式和数量外币式 4 种账页形式，根据指定的查询科目提供可选择的账页形式。
> ② 选定某记录行，单击"总账"按钮可以查询科目总账，单击"凭证"按钮可联查凭证。

3. 定义并查询 2023 年 4 月管理费用多栏账

步骤1　选择"总账"|"账簿查询"|"多栏账"命令，打开"多栏账"对话框。

步骤2　单击"增加"按钮，打开"多栏账定义"对话框。选择核算科目"6602 管理费用"，单击"自动编制"按钮，系统自动将管理费用下的明细科目作为多栏账的栏目，如图 3.44 所示。

图3.44 多栏账定义

步骤3　单击"确定"按钮，完成管理费用多栏账的定义。

步骤4　单击"查询"按钮，打开"多栏账查询"对话框。单击"确定"按钮，显示管理费用多栏账，如图3.45所示。

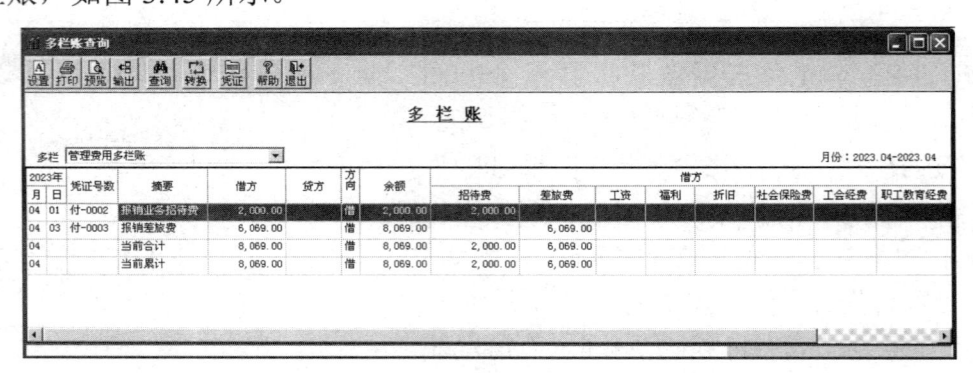

图3.45 管理费用多栏账

> **提示**
> ① 多栏账需要先定义，再查询。
> ② 多栏账定义是一次性工作。

4. 查询杨少华2023年4月个人往来清理情况

步骤1　选择"总账"|"辅助查询"|"个人往来清理"命令，打开"个人往来两清条件"对话框。

步骤2　选择部门"企管办"、个人"杨少华"，选中"显示已两清"复选框，如图3.46所示。

步骤3　单击"确认"按钮，打开"个人往来两清"窗口。单击"勾对"按钮，系统自动将已达账项打上已结清的标志，如图3.47所示。

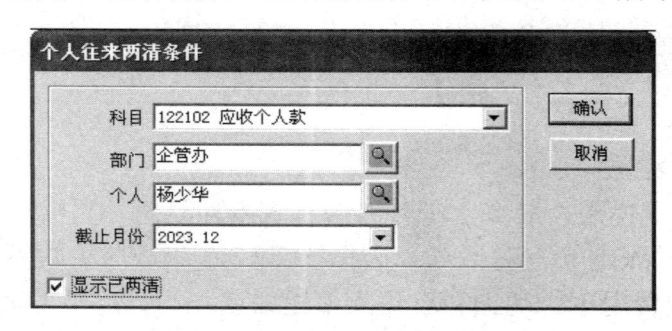

图3.46 个人往来两清条件　　　　图3.47 个人往来两清

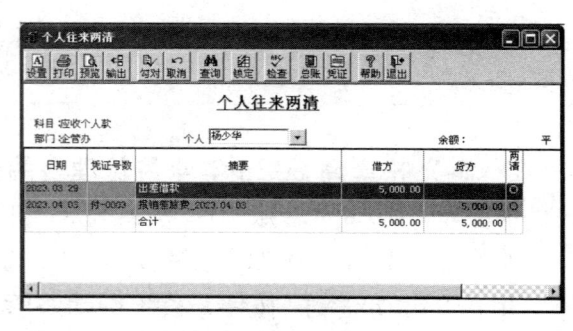

5. 查询2023年4月各部门收支分析表

步骤1　选择"总账"|"辅助查询"|"部门收支分析"命令，打开"部门收支分析条件"对话框。

步骤2　选择管理费用下的明细科目作为分析科目，如图3.48所示。

步骤3　单击"下一步"按钮。选择企管办、财务部和采购部作为分析部门，如图3.49所示。

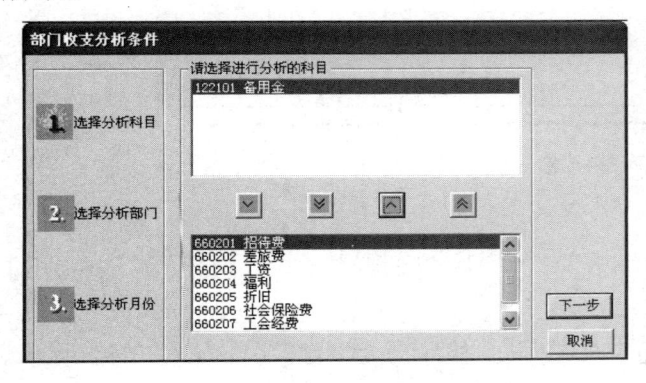

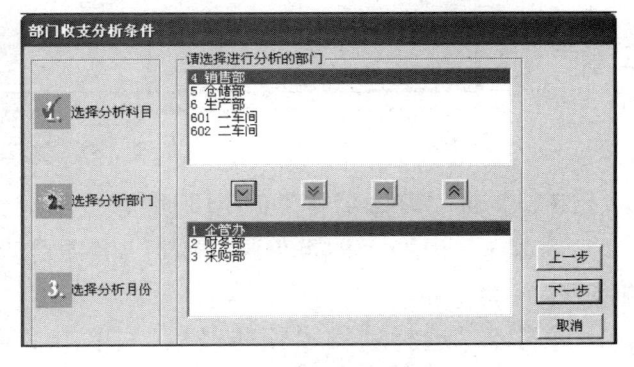

图3.48　选择分析科目

图3.49　选择分析部门

步骤4　单击"下一步"按钮。选择"2023.04"作为分析月份，然后单击"完成"按钮，系统显示部门收支分析表，如图3.50所示。

图3.50　部门收支分析表

6. 进行供应商往来账龄分析

步骤1　选择"往来"|"账簿"|"往来管理"|"供应商往来账龄分析"命令，打开"供应商往来账龄"对话框。

步骤2　选择查询科目"220201 应付货款"。单击"确定"按钮，打开"供应商往来账龄"窗口，其中显示了供应商往来账龄分析情况，如图3.51所示。

图3.51 供应商往来账龄分析

7. 查询"整体书柜"项目明细账

步骤1 选择"项目"|"账簿"|"项目明细账"|"项目明细账"命令，打开"项目明细账条件"对话框。

步骤2 选择项目"整体书柜"，单击"确定"按钮，显示项目明细账，如图3.52所示。

图3.52 项目明细账

任务2.3 现金管理

现金管理是总账管理子系统为出纳人员提供的一套管理工具和工作平台，包括现金和银行存款日记账的查询打印、资金日报、支票登记簿和银行对账。

任务下达

以出纳"W03 王菲"的身份完成以下工作：

1）查询现金日记账。

2）查询2023.04.10资金日报表。

3）登记支票登记簿。

12日，采购部马杰借转账支票一张采购大芯板，票号90768916，预计金额36 000元。

4）银行对账。

爱家家具银行账的启用日期为2023.04.01，工行人民币户企业日记账调整前余额为1 224 699.5元，银行对账单调整前余额为1 256 699.5元，未达账项一笔，系2023.03.28银行已收企业未收款32 000元（转账支票）。

2023 年 4 月"10020101 人民币户"银行对账单如表 3.7 所示。

表 3.7　2023 年 4 月银行对账单　　　　　　　　　　　　　　　　　　　　　元

日　　期	结算方式	票　号	借方金额	贷方金额
2023.04.01	201	05721678		8 000
2023.04.01	202	90768903		2 120
2023.04.08	4	88907989	33 000	

任务指引

1. 查询现金日记账

步骤 1　以 A03 王菲的身份登录 T3，选择"现金"|"现金管理"|"日记账"|"现金日记账"命令，打开"现金日记账查询条件"对话框。

步骤 2　选择科目"1001 库存现金"、默认月份"2023.04"，单击"确认"按钮，打开"现金日记账"窗口，如图 3.53 所示。

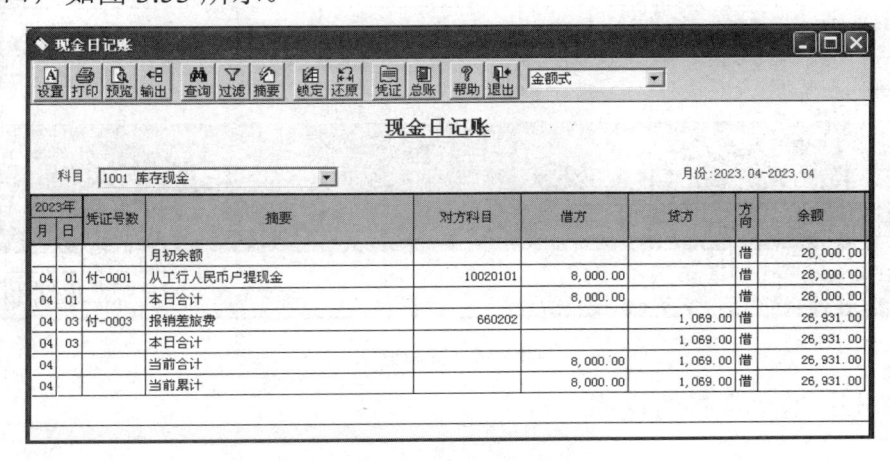

图 3.53　现金日记账

步骤 3　双击某行或将光标定在某行后再单击"凭证"按钮，可查看相应的凭证。单击"总账"按钮，可查看此科目的三栏式总账。单击"退出"按钮。

2. 查询 2023.04.10 资金日报表

步骤 1　选择"现金"|"现金管理"|"日记账"|"资金日报"命令，打开"资金日报表查询条件"对话框。

步骤 2　输入查询日期"2023.04.10"，选中"有余额无发生也显示"复选框，如图 3.54 所示。

步骤 3　单击"确认"按钮，打开"资金日报表"窗口，如图 3.55 所示。

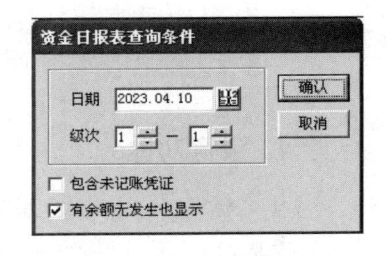

图 3.54　资金日报表查询条件

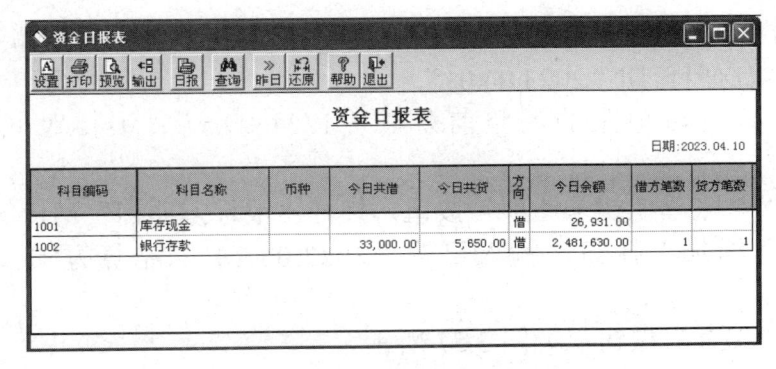

图 3.55　资金日报表

步骤4　单击"日报"按钮，可以查看日报单。

3. 登记支票登记簿

步骤1　选择"现金"|"票据管理"|"支票登记簿"命令，打开"银行科目选择"对话框。

步骤2　选择科目"人民币户（10020101）"，然后单击"确定"按钮，打开"支票登记"窗口。

步骤3　单击"增加"按钮，输入领用日期"2023.04.19"、领用部门"采购部"、领用人"马杰"、支票号"90768916"、预计金额"36000"、用途"采购大芯板"，单击"保存"按钮，如图3.56所示。

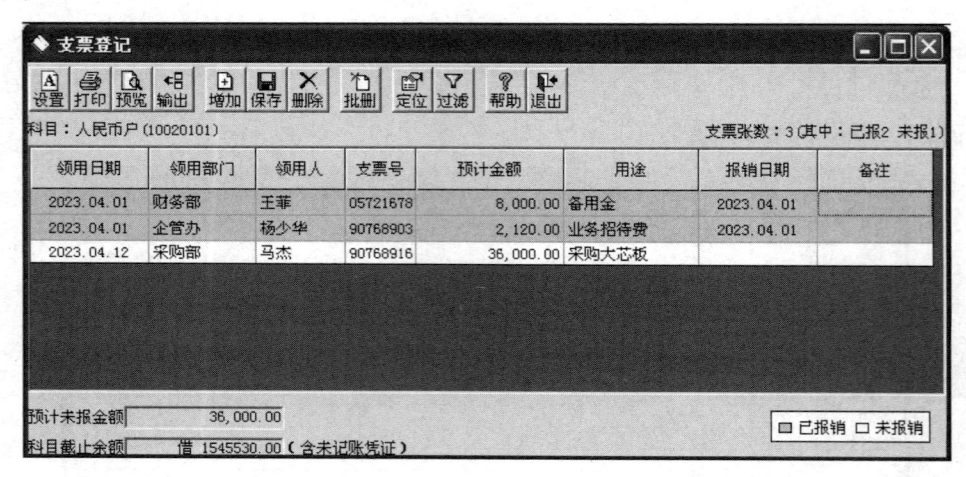

图3.56　支票登记

步骤4　单击"退出"按钮返回。

> **提示**
> ① 只有在结算方式设置中选中"票据管理标志"复选框才能在此选择登记。
> ② 领用日期和支票号必须输入，其他内容可输可不输。
> ③ 报销日期不能早于领用日期。
> ④ 已报销的支票可成批删除。

4. 银行对账

（1）输入银行对账期初数据

步骤1　在总账管理子系统中，选择"现金"|"设置"|"银行期初录入"命令，打开"银行科目选择"对话框。

步骤2　选择科目"人民币户（10020101）"，然后单击"确定"按钮，打开"银行对账期初"对话框。确定启用日期"2023.04.01"。

步骤3　输入单位日记账的调整前余额"1224699.5"、银行对账单的调整前余额"1256699.5"。

步骤4　单击"对账单期初未达项"按钮，打开"银行方期初"窗口。

步骤5　单击"增加"按钮，输入日期"2023.03.28"、结算方式"202"、借方金额"32000"。

步骤6　单击"保存"按钮，如图3.57所示。

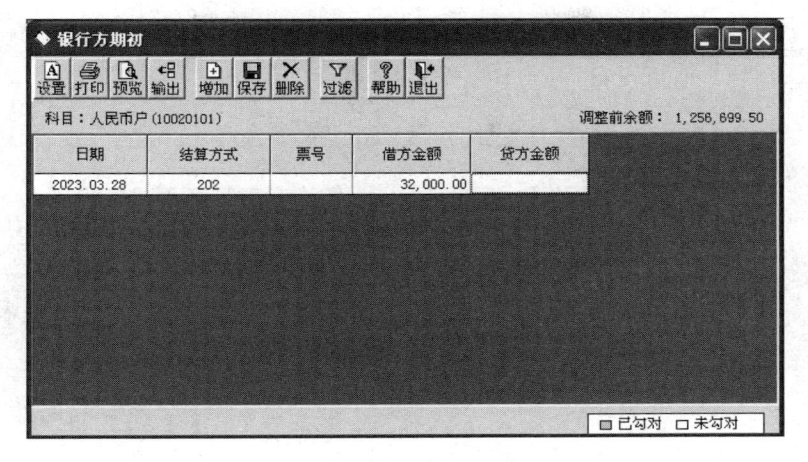

图3.57　输入银行方期初数据

步骤7　单击"退出"按钮，返回"银行对账期初"窗口，如图3.58所示。

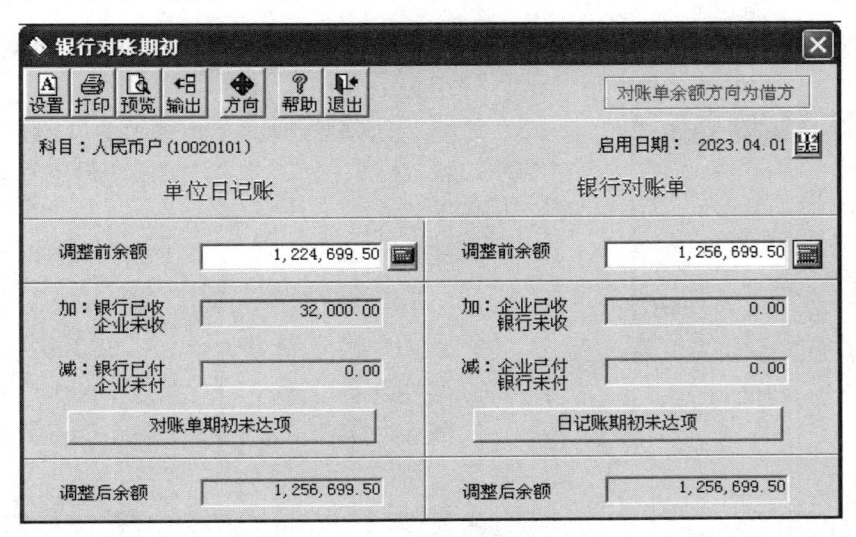

图3.58　银行对账期初

步骤8　单击"退出"按钮返回。

> **提示**
> ① 在第1次使用银行对账功能前，系统会要求输入单位日记账和银行对账单期初未达账项。
> ② 在输入单位日记账、银行对账单期初未达账项后，不要随意调整启用日期，尤其是向前调，这样可能会造成启用日期后的期初数据不能再参与对账。

（2）输入银行对账单

步骤1　选择"现金"|"现金管理"|"银行账"|"银行对账单"命令，打开"银行科目选择"对话框。

步骤2　选择科目"人民币户（10020101）"、月份"2023.04-2023.04"，如图3.59所示。单击"确定"按钮，打开"银行对账单"窗口。

步骤3　单击"增加"按钮，输入银行对账单数据，再单击"保存"按钮，如图3.60所示。单击"退出"按钮返回。

图3.59　银行对账单条件

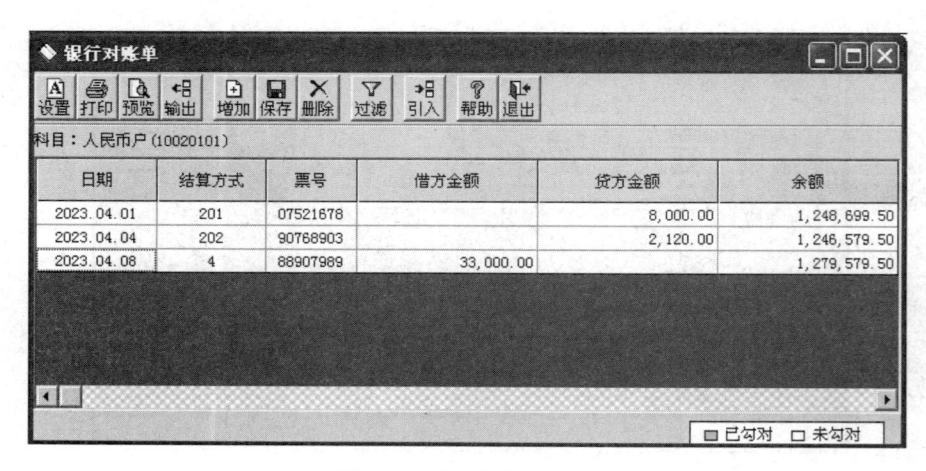

图3.60 输入银行对账单

（3）自动对账

步骤1　选择"现金"|"现金管理"|"银行账"|"银行对账"命令，打开"银行科目选择"对话框。

步骤2　选择科目"人民币户（10020101）"、月份"2023.04-2023.04"，然后单击"确定"按钮，打开"银行对账"窗口。

步骤3　单击"对账"按钮，打开"自动对账"对话框。

步骤4　输入截止日期"2023-04-30"，默认系统提供的其他对账条件，如图3.61所示。

步骤5　单击"确定"按钮，显示自动对账结果，如图3.62所示。

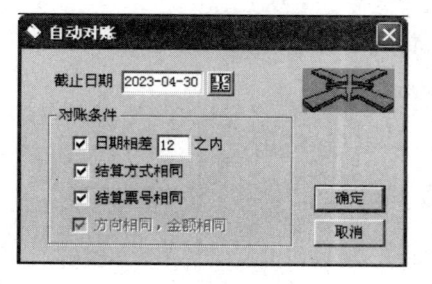

图3.61 自动对账条件

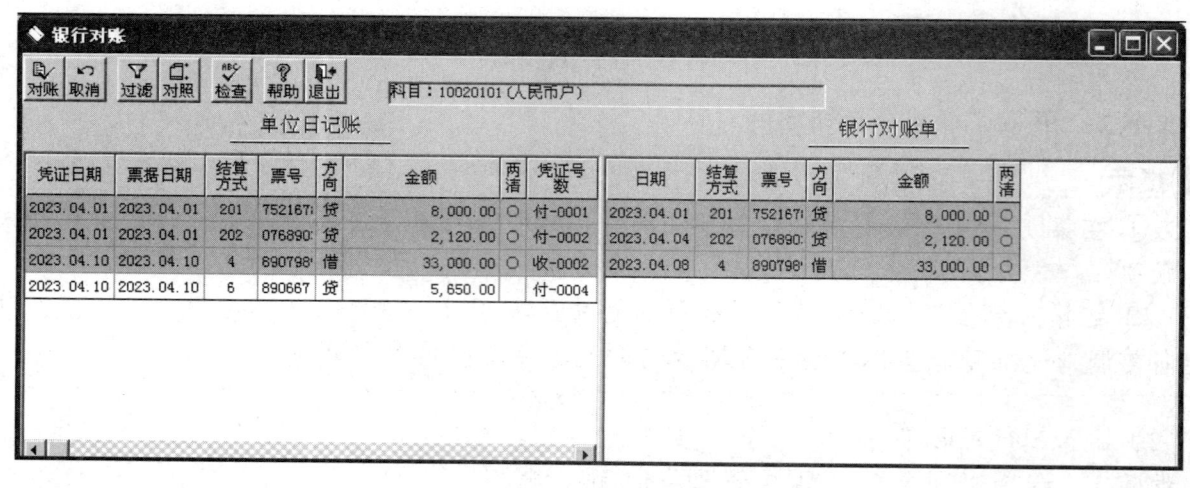

图3.62 银行对账

> **提示**
> ① "自动对账"对话框中"对账条件"选项组中的"方向相同，金额相同"是必选条件，对账截止日期既可输入，也可不输入。
> ② 对于已达账项，系统自动在银行存款单位日记账和银行对账单双方的"两清"栏中打上圆圈标志。

（4）手工对账

步骤 1　在"银行对账"窗口中，对于一些应勾对而未勾对上的账项，可分别双击"两清"栏，直接进行手工调整。手工对账的标志为 Y，以区别于自动对账标志。

步骤 2　对账完毕，单击"检查"按钮，检查结果是否平衡。单击"确定"按钮。

> **提示**
> 在自动对账不能完全对上的情况下，可采用手工对账。

（5）查看余额调节表

步骤 1　选择"现金"|"现金管理"|"银行账"|"余额调节表查询"命令，打开"银行存款余额调节表"窗口。

步骤 2　选中科目"人民币户（10020101）"。

步骤 3　单击"查看"按钮或双击该行，就会显示该银行账户的银行存款余额调节表。

全部完成后，将账套备份至"总账日常业务"。

任务3　总账期末业务处理

每个会计期间结束，都要完成一些特定的工作，主要包括自动转账、对账及试算平衡、月末结账。

任务 3.1　转账定义

T3 提供了 5 种类型的转账定义，包括自定义转账、对应结转、销售成本结转、汇兑损益结转和期间损益结转。

转账定义只需要定义一次即可，各月不必重复定义，直接进行转账生成即可。

1. 自定义转账

任务下达

以 A02 刘畅的身份进行自定义转账设置。

按短期借款期初余额的 6% 计提短期借款利息。

借：财务费用/利息（660301）　　　用 JG( ) 取对方科目计算结果
　贷：应付利息（2231）　　　　　　"短期借款（2001）"科目的期初余额×0.06÷12

任务指引

步骤 1　以 A02 刘畅的身份进入 T3，选择"总账"|"期末"|"转账定义"|"自定义转账"命令，打开"自动转账设置"窗口。

步骤 2　单击"增加"按钮，打开"转账目录"对话框。

步骤 3　输入转账序号"0001"、转账说明"计提短期借款利息"，选择凭证类别"转 转账凭证"，如图 3.63 所示。

步骤 4　单击"确定"按钮，继续定义转账凭证分录信息。确定分录的借方信息：选择科目编码"660301"、方向"借"，输入金额公式"JG( )"。

步骤 5　单击"增行"按钮。确定分录的贷方信

图 3.63　转账目录定义

息：选择科目编码"2231"、方向"贷"；在"金额公式"栏中单击"参照"按钮，打开"公式向导"对话框，选择"期初余额""QC( )"，如图3.64所示。

步骤6　单击"下一步"按钮，选择科目"2001"，如图3.65所示。

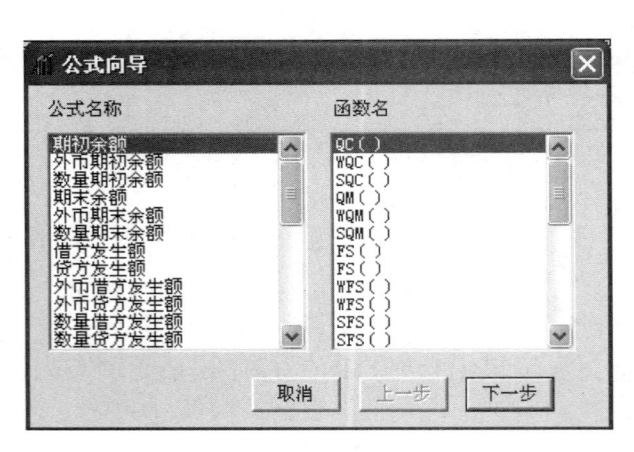

图3.64　公式向导——选择公式

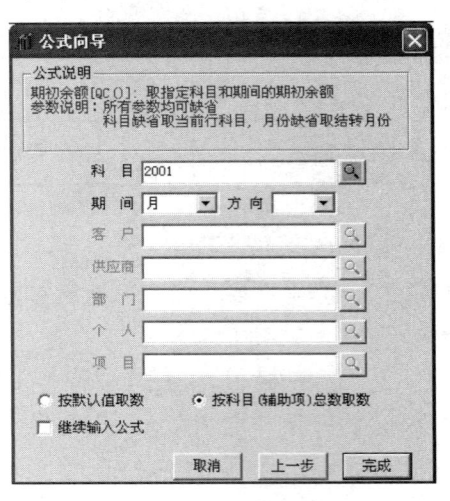

图3.65　公式向导——选择内容

步骤7　单击"完成"按钮，返回"自动转账设置"窗口。在"金额公式"栏中输入"*0.06/12"，如图3.66所示。单击"保存"按钮。

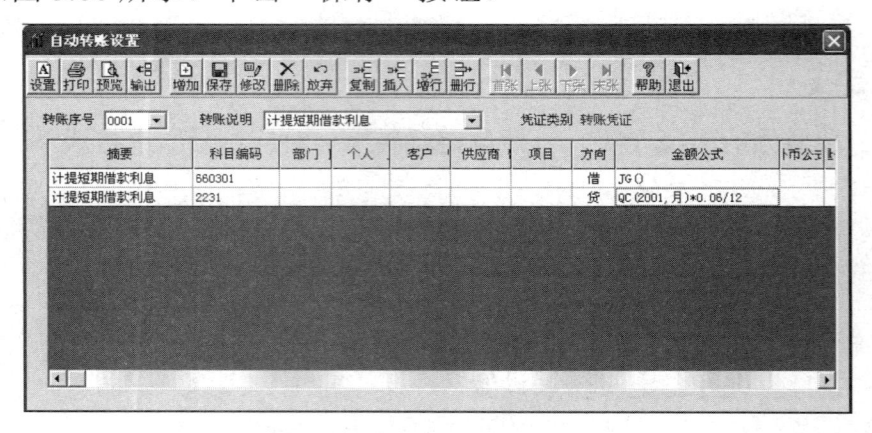

图3.66　自动转账设置

提示

① 转账科目可以为非末级科目，部门可为空，表示所有部门。

② 输入转账计算公式有两种方法：一是直接输入计算公式，二是用引导方式输入公式。

③ JG()的功能为取对方科目的计算结果，其中的"()"必须为英文符号，否则系统会提示"金额公式不合法：未知函数名"。

④ 所有类型的转账定义都可以利用自定义转账功能实现。

2. 对应结转设置

任务下达

以A02刘畅的身份进行对应结转设置。

① 将"510103 制造费用/其他"结转到"500103 生产成本/制造费用"。

② 将"4103 本年利润"结转到"410515 未分配利润"。

任务指引

步骤1　选择"总账"|"期末"|"转账定义"|"对应结转"命令，打开"对应结转设置"窗口。

步骤2　输入编号"0001"，选择凭证类别"转　转账凭证"、摘要"结转制造费用"、转出科目编码"510103"。

步骤3　单击"增行"按钮，选择转入科目编码"500103"，输入结转系数"1"，如图3.67所示。单击"保存"按钮。

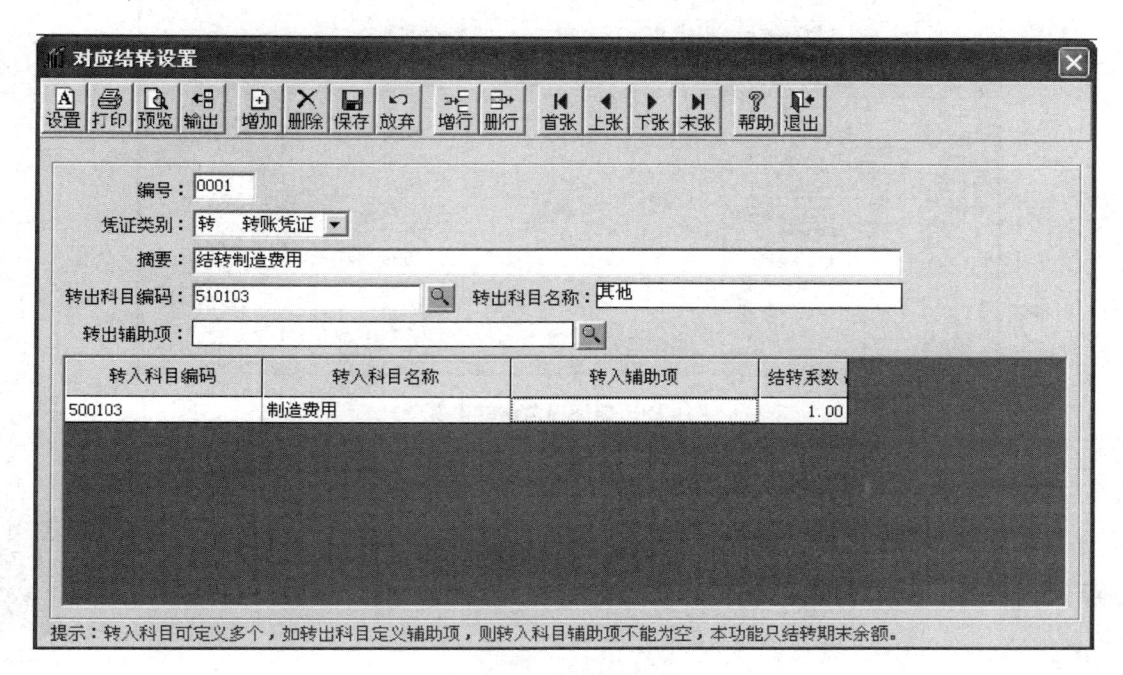

图3.67　对应结转设置

步骤4　单击"增加"按钮，继续定义编号0002结转本年利润凭证。

3. 汇兑损益结转设置

任务下达

以A02刘畅的身份进行汇兑损益结转设置。

任务指引

步骤1　选择"总账"|"期末"|"转账定义"|"汇兑损益"命令，打开"汇兑损益结转设置"对话框。

步骤2　选择汇兑损益入账科目"660302"，然后在美元户"是否计算汇兑损益"栏双击，使该栏出现Y标志。

步骤3　单击"确定"按钮，定义完成。

4. 期间损益结转设置

任务下达

以A02刘畅的身份进行期间损益结转设置。

任务指引

步骤1　选择"总账"|"期末"|"转账定义"|"期间损益"命令，打开"期间损益结转设置"对话框。

步骤2　选择凭证类别"转 转账凭证"、本年利润科目"4103"，如图3.68所示。单击"确定"按钮。

图3.68　期间损益结转设置

任务3.2　转账生成

1. 生成自定义转账凭证

任务下达

以A02刘畅的身份生成自定义转账凭证。

任务指引

步骤1　以A02刘畅的身份登录T3，选择"总账"|"期末"|"转账生成"命令，打开"转账生成"对话框。

步骤2　选中"自定义转账"单选按钮，然后单击"全选"按钮，如图3.69所示。

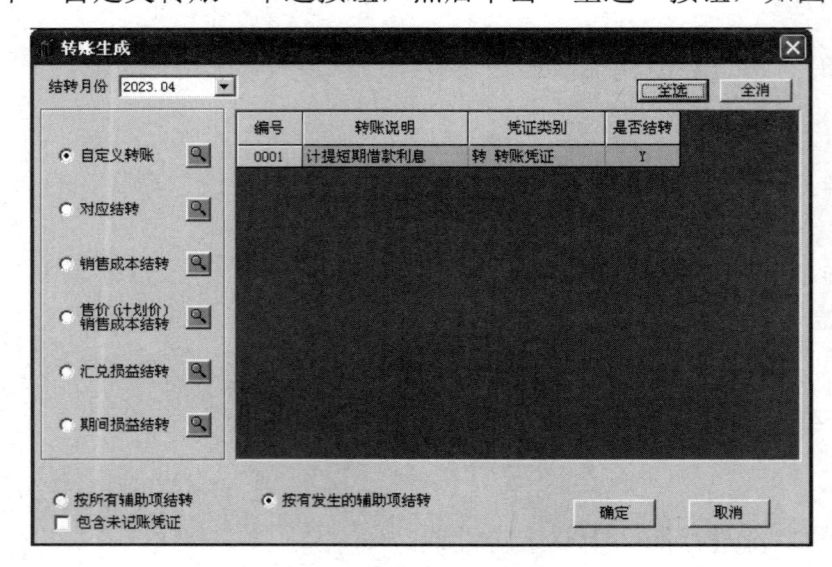

图3.69　自定义转账凭证生成

步骤 3　单击"确定"按钮，系统生成转账凭证。

步骤 4　单击"保存"按钮，系统自动将当前凭证追加到未记账凭证中，凭证左上角出现"已生成"字样，如图 3.70 所示。

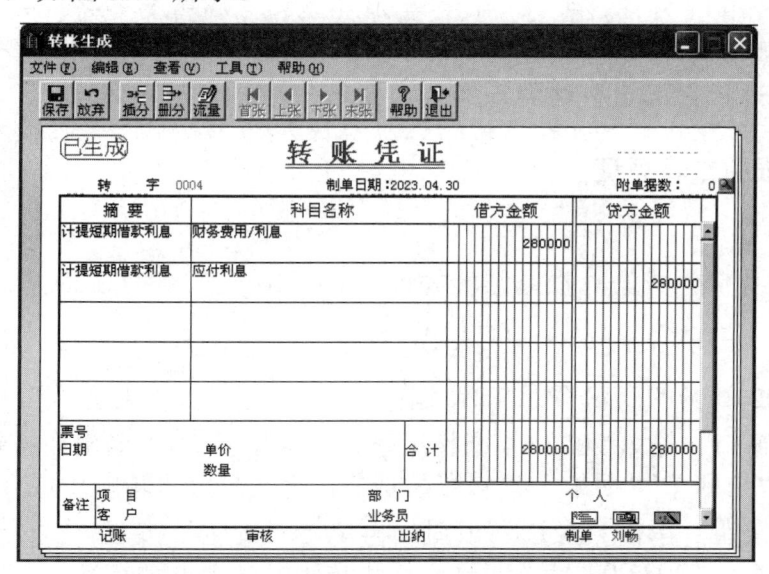

图 3.70　转账凭证生成

2. 生成对应结转凭证

任务下达

以 A02 刘畅的身份生成"0001 结转制造费用"对应结转凭证。

任务指引

步骤 1　以 A02 刘畅的身份登录 T3，选择"总账"|"期末"|"转账生成"命令，打开"转账生成"对话框。

步骤 2　选中"对应结转"单选按钮，然后双击选中"0001 结转制造费用"。单击"确定"按钮。

步骤 3　系统提示"2023.04 月之前有未记账凭证，是否继续结转？"，单击"是"按钮，生成对应结转凭证。单击"保存"按钮，结果如图 3.71 所示。

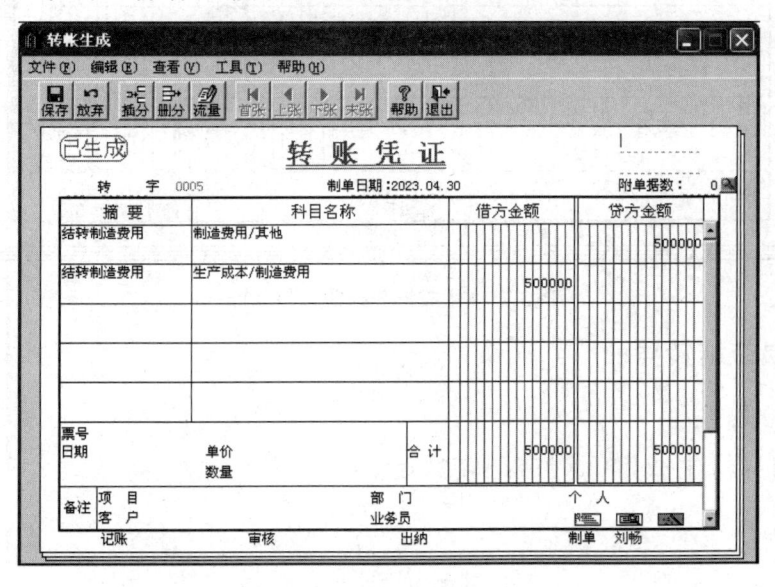

图 3.71　对应结转凭证

> **提示**
> ① 系统提示本月有未记账凭证时，需要判断将要生成的凭证与未记账凭证是否存在逻辑关系，如果不存在关系，可忽略提示生成凭证，否则需要先将相关凭证记账才能生成当前凭证，否则数据会发生错漏。
> ② 目前尚未进行期间损益结转生成，因此不能结转本年利润。

3. 生成汇兑损益结转凭证

任务下达

以 A02 刘畅的身份生成汇兑损益结转凭证。4 月 30 日汇率为 6.28。

任务指引

步骤 1　以 A02 刘畅的身份登录 T3，选择"基础设置"|"财务"|"外币种类"命令，打开"外币设置"窗口。输入 2023.04 调整汇率"6.28"，单击"退出"按钮。

步骤 2　选择"总账"|"期末"|"转账生成"命令，打开"转账生成"对话框。选中"汇兑损益结转"单选按钮，单击"全选"按钮，再单击"确定"按钮。

步骤 3　系统提示"2023.04 月之前有未记账凭证，是否继续结转？"，单击"是"按钮，打开"汇兑损益试算表"对话框。

步骤 4　单击"确定"按钮，打开"转账生成"窗口。选择凭证类别"付　付款凭证"，单击"保存"按钮，结果如图 3.72 所示。

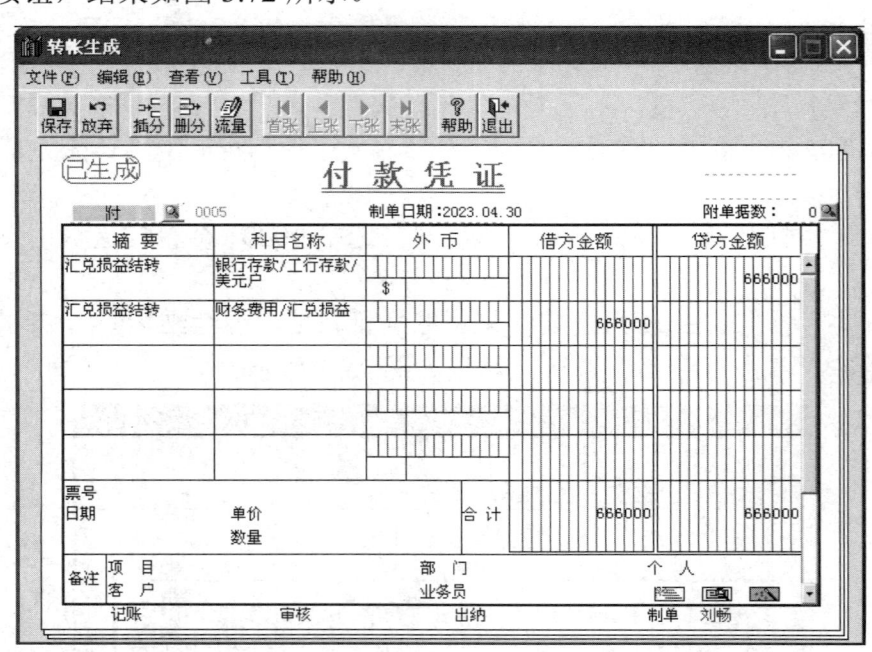

图 3.72　生成汇兑损益结转凭证

4. 生成期间损益结转凭证

任务下达

以 A02 刘畅的身份生成期间损益结转凭证。

任务指引

步骤 1　以 A01 高文的身份，对本月未记账凭证进行审核、记账。

步骤 2　以 A02 刘畅的身份登录 T3，选择"总账"|"期末"|"转账生成"命令，打开"转账生成"对话框。

步骤 3　选中"期间损益结转"单选按钮，然后单击"全选"按钮。

步骤 4　单击"确定"按钮，生成期间损益结转凭证。单击"保存"按钮，结果如图 3.73 所示。

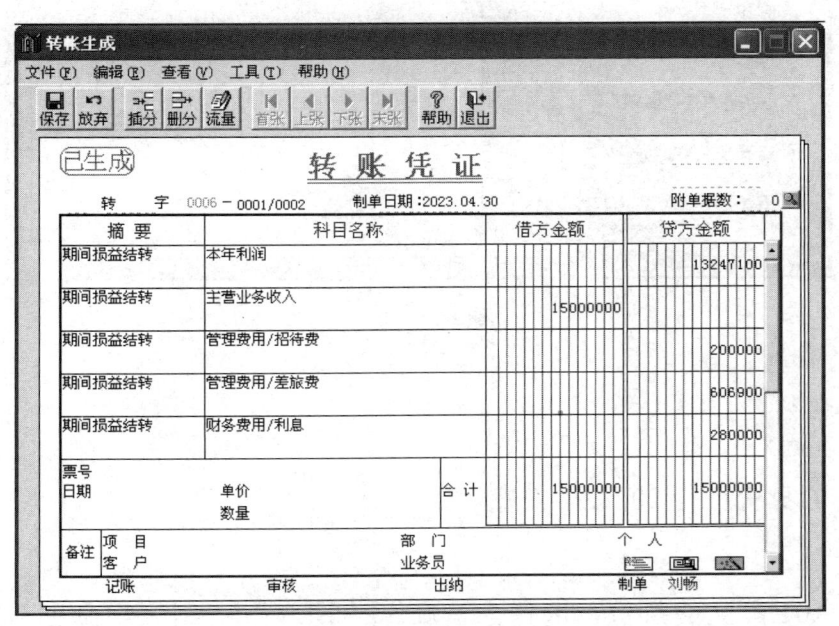

图 3.73　期间损益结转凭证

步骤 5　以 A01 高文的身份对期间损益结转凭证进行审核。

步骤 6　以 A03 刘畅的身份对期间损益结转凭证进行记账。

> **提示**
> ① 进行转账生成之前，应先将相关经济业务的记账凭证登记入账。
> ② 生成的转账凭证仍需要审核，然后才能记账。

5. 生成"结转本年利润"对应结转凭证并审核记账

请自行完成：以 A02 刘畅的身份生成结转本年利润凭证；以 A01 高文的身份审核；以 A02 刘畅的身份记账。

任务 3.3　对账

任务下达

以 A01 高文的身份进行 2023.04 对账。

任务指引

步骤 1　以 A01 高文的身份，选择"总账"|"期末"|"对账"命令，打开"对账"窗口。

步骤 2　将光标定位在要进行对账的月份"2023.04"，单击"选择"按钮，在"是否对账"栏中出现选中标志 Y。

步骤 3　单击"对账"按钮，开始自动对账，并显示对账结果，如图 3.74 所示。

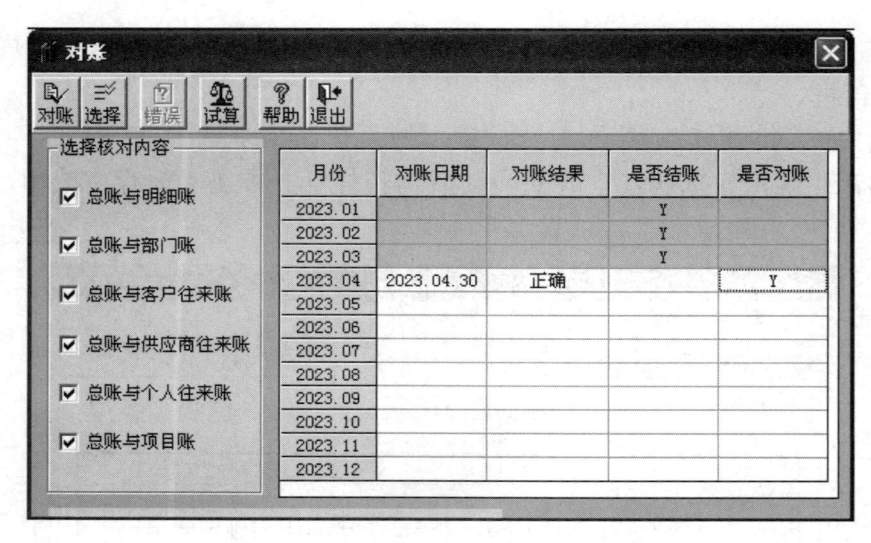

图3.74 对账

任务3.4 结账

任务下达

以 A01 高文的身份进行 2023.04 对账。

任务指引

步骤1　以 A01 高文的身份，选择"总账"|"期末"|"结账"命令，打开"结账"对话框。

步骤2　选择要结账的月份"2023.04"，单击"下一步"按钮。

步骤3　单击"对账"按钮，系统对要结账的月份进行账账核对。

步骤4　单击"下一步"按钮，系统显示"2023 年 04 月工作报告"，如图 3.75 所示。

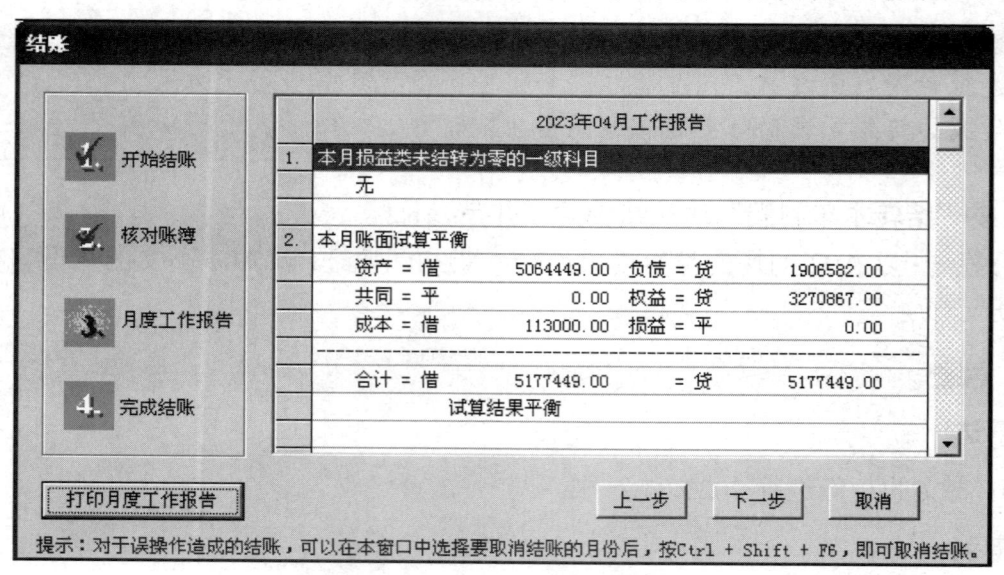

图3.75　结账——月度工作报告

步骤5　查看工作报告后，单击"下一步"按钮，再单击"结账"按钮。如果符合结账要求，系统将进行结账，否则不予结账。

> **提示**
> ① 结账只能由有结账权限的人进行。
> ② 如果本月还有未记账凭证,则本月不能结账。
> ③ 结账必须按月连续进行,上月未结账,则本月不能结账。
> ④ 如果总账与明细账对账不符,则不能结账。
> ⑤ 如果与其他子系统联合使用,而其他子系统未全部结账,则本月不能结账。
> ⑥ 结账前,要进行数据备份。
> ⑦ 以账套主管的身份在"结账"对话框中按Ctrl+Shift+F6组合键可以取消结账。

全部完成后,备份至"总账期末处理"账套。

通关测试

一、判断题

1. 制单序时控制是指凭证的填制日期必须晚于或等于系统日期。　　　　　　(　　)
2. 记账凭证是登记账簿的依据,是总账管理子系统的唯一数据来源。　　　　(　　)
3. 在总账管理子系统中,期初余额试算不平衡时,可以填制凭证,但不能审核、记账。
(　　)
4. 凭证上的摘要是对本凭证所反映的经济业务内容的说明,凭证上的每个分录行必须有摘要,且同一张凭证上的摘要应相同。(　　)
5. 在填制记账凭证时所使用的会计科目必须是末级会计科目,金额可以为0,红字用"-"号表示。(　　)
6. 在记账时,已作废的凭证将参与记账,否则月末无法结账。但系统不对作废凭证进行处理,即相当于一张空凭证。(　　)
7. 在总账管理子系统中,取消出纳凭证的签字既可由出纳人员自己进行,也可由账套主管进行。(　　)
8. 通过总账管理子系统的账簿查询功能,既可以实现对已记账经济业务的账簿信息查询,也可以实现对未记账凭证的模拟记账信息查询。(　　)
9. 每个月月末,均需要先进行转账定义,再进行转账生成。　　　　　　　(　　)
10. 在总账管理子系统中,上月未结账,本月可以先记账,但本月不能结账。(　　)

二、选择题

1. 以下(　　)不是总账管理子系统提供的选项。
   A. 凭证编号方式采用自动编号　　　B. 外币核算采用固定汇率
   C. 出纳凭证必须经由出纳签字　　　D. 结账前一定要进行对账
2. 以下科目中,(　　)可能是其他系统的受控科目。
   A. 库存现金　　　　　　　　　　　B. 应收账款
   C. 预付账款　　　　　　　　　　　D. 管理费用
3. 如果企业2023年5月1日启用总账管理子系统,那么需要在T3中输入哪些数据?
(　　)
   A. 2023年年初余额　　　　　　　　B. 2023年1—4月借贷方累计发生额
   C. 2023年1—4月各月借贷方发生额　D. 2023年4月月末余额

4. 总账期初余额不平衡，则不能进行（　　）操作。
   A. 填制凭证　　　　　　　　　　B. 修改凭证
   C. 审核凭证　　　　　　　　　　D. 记账

5. 凭证一旦保存，以下哪项内容就不能修改？（　　）
   A. 凭证类别　　　　　　　　　　B. 凭证日期
   C. 附单据数　　　　　　　　　　D. 凭证摘要

6. 总账管理子系统中取消凭证审核的操作员必须是（　　）。
   A. 该凭证制单人　　　　　　　　B. 有审核权限的人
   C. 会计主管　　　　　　　　　　D. 该凭证审核人

7. 在总账管理子系统中，用户可通过（　　）功能彻底删除已作废记账凭证。
   A. 冲销凭证　　　　　　　　　　B. 作废凭证
   C. 整理凭证　　　　　　　　　　D. 删除分录

8. 在总账管理子系统中设置自定义转账分录时无须定义以下哪一项内容？（　　）
   A. 凭证号　　　　　　　　　　　B. 凭证类别
   C. 会计科目　　　　　　　　　　D. 借贷方向

9. 关于审核凭证，以下说法正确的是（　　）。
   A. 凭证必须审核之后才能记账
   B. 审核人和记账人不能为同一人
   C. 审核后的凭证不能进行无痕迹修改
   D. 取消审核只能由审核人自己进行

10. 关于记账，以下哪些说法是正确的？（　　）
    A. 可以选择记账范围。
    B. 记账只能由账套主管进行。
    C. 可以选择要记账的账簿，如总账、明细账、日记账、辅助账和多栏账。
    D. 一个月可以多次记账。

三、思考题

1. 如果未选择"出纳凭证必须经由出纳签字"，那么爱家家具的账务处理流程是怎样的？
2. 如果爱家家具2023年4月建账，需要准备哪些期初数据？
3. 凭证上主要有哪些项目？为保证输入正确，系统提供了哪些控制手段？
4. 相比手工处理，T3的几大优势是什么？
5. 凭证修改的方法有哪些？
6. 什么是转账定义？系统提供了哪些转账定义类型？
7. 生成自定义转账凭证时需要注意哪些问题？
8. 如果结账不成功，可能的原因是什么？

四、实训题

完成附录"综合实训"中的"实训3　总账初始化""实训4　总账日常业务处理""实训5　总账期末业务处理"。

项目 4

编制财务报表

项目目标

1. 了解格式设计和数据处理的主要内容。
2. 熟练掌握报表公式定义的基本方法。
3. 熟练掌握利用报表模板生成报表的基本操作。
4. 培养学生遵守国家的各项法律、法规，以诚信为本，以操守为重，坚持准则，不做假账，保证会计信息的真实、可靠。
5. 培养学生勇于担当的责任意识、诚实守信的工作态度，树立学生踏实严谨的工作作风，使他们践行社会主义核心价值观（公正、法治、诚信）。
6. 培养学生底线思维能力，直面社会风险，注重学习的积累，拓宽国际视野，充满爱国情怀，勇担民族复兴使命，弘扬时代精神。

项目背景

爱家家具 2023 年 4 月账务处理完成后，还需要编制财务报表。T3 中可以采用两种方法编制报表：一种是自定义报表，另一种是利用报表模板生成报表。T3 默认提供了企业会计准则规定的财务报表模板，企业自定义报表完成后也可以添加到报表模板中。

任务 1　自定义报表

财务报表分为两类。一类是企业会计准则要求企业上报的 4 张表，包括资产负债表、利润表、现金流量表和所有者权益变动表。这几张表格式固定，因此 T3 中预置了这几张表的格式，企业直接调用即可。另一类是企业内部管理人员分析业务需要的各类报表，如费用明细表、销售毛利分析表等，称之为管理报表。企业需求不同，需要的报表格式、内容均不同，T3 不能事先设定，需要自行设计报表格式、定义数据生成公式，即自定义报表。

自定义报表的流程基本分为 5 步：新建报表→格式设计→数据处理→保存报表→生成报表。

任务 1.1　新建报表

任务下达

以系统管理员的身份恢复"总账期末业务"账套，再以账套主管的身份进入 T3，进入财务报表子系统，并新建一张空报表。

任务指引

步骤 1 以系统管理员的身份进入系统管理，恢复"总账期末业务"账套。

步骤 2 以账套主管的身份进入 T3，单击左侧的"财务报表"，进入财务报表子系统。

步骤 3 选择"文件"|"新建"命令，打开"新建"对话框。选择左侧列表框中的"常用"选项，在右侧列表框中选择"空报表"选项，如图 4.1 所示。单击"确定"按钮，建立一张空白报表，报表名默认为 report1。

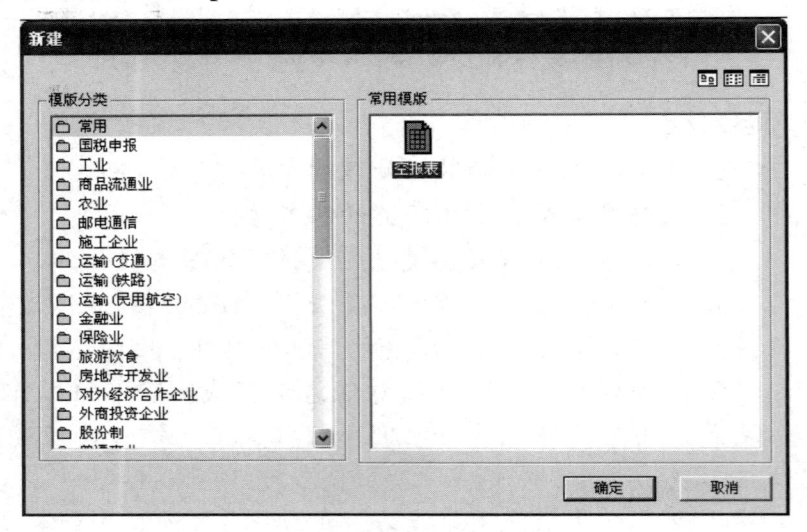

图 4.1 新建空报表

步骤 4 报表文件左下角显示"格式"表示进入了"格式状态"。

> **提示**
> ① 在财务报表子系统中新建报表时，默认表名为 report1，并自动进入格式状态。
> ② 单击工具栏上的"新建"按钮，系统按照默认格式直接新建一张报表。

任务 1.2 格式设计

任务下达

以账套主管的身份设计"费用明细表"报表格式，如表 4.1 所示。

表 4.1 费用明细表

2023 年 4 月

部 门	办公费	差旅费	招待费	折旧费	合 计
企管办		*	*		*
财务部					
采购部					
合 计		*			

制表人：

① 第 1 行行高为 7，A 列宽为 35。

② 表头。标题"费用明细表"设置为黑体、18 号、水平垂直均居中。
　　表体。设置水平居中对齐。
　　表尾。B8 设置为字符型。

③ 将 A3:F7 画网格线。

④ "年""月"设为报表关键字。

⑤ 仅以表格中标注了"*"的单元格公式定义为例。

任务指引

1. 设置表尺寸

步骤1　单击空白报表底部左下角的"格式/数据"按钮，使当前状态为格式状态。

步骤2　选择"格式"|"表尺寸"命令，打开"表尺寸"对话框。

步骤3　输入行数"8"、列数"6"，如图4.2所示。单击"确认"按钮。

> **提示**
> ① 表尺寸决定了报表的大小。行数包括表头、表体和表尾。
> ② 选择"编辑"菜单中的"插入""追加""交换""删除"命令可对表行、表列进行编辑。

2. 输入表内文字

步骤1　在A1单元格中输入"费用明细表"，然后按回车键。

步骤2　按表4.1在相应单元格中进行输入，完成后如图4.3所示。

图4.2　表尺寸设定

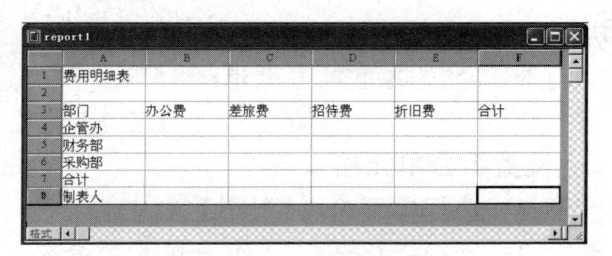

图4.3　输入表内文字

> **提示**
> ① 编报日期一般情况下不作为文字输入，而是需要设置为关键字。
> ② 单元格中存储的数据类型有3种：表样型、数字型和字符型。新建报表中所有单元默认为数字型，在格式状态下输入了内容的单元自动转换为表样型。

3. 设置关键字

步骤1　选中需要设置关键字的单元格C2。

步骤2　选择"数据"|"关键字"|"设置"命令，打开"设置关键字"对话框。

步骤3　选中"年"单选按钮，如图4.4所示。单击"确定"按钮。

步骤4　同理，在D2单元格中设置"月"关键字。

步骤5　选择"数据"|"关键字"|"偏移"命令，打开"定义关键字偏移"对话框。

步骤6　在需要调整位置的关键字后面输入偏移量。设置"月"为"-30"，如图4.5所示。单击"确定"按钮。

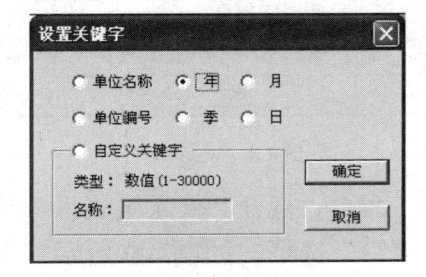

图4.4　设置关键字

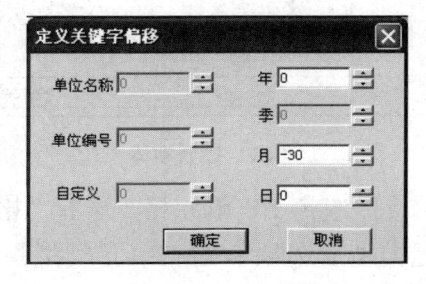

图4.5　定义关键字偏移

> **提示：**
> ① 关键字是表页的唯一标志。在格式状态下定义，在数据状态下输入关键字值。
> ② 每张报表可以定义多个关键字。系统提供了6个常用关键字。
> ③ 如果要取消关键字，则选择"数据"|"关键字"|"取消"命令。
> ④ 关键字的位置可以用偏移量来表示，负数值表示向左移，正数值表示向右移。偏移量单位为像素。

4. 定义行高和列宽

步骤1　选中需要调整的单元格所在行号1。
步骤2　选择"格式"|"行高"命令，打开"行高"对话框。
步骤3　输入行高"7"，然后单击"确认"按钮。
步骤4　选中需要调整的单元格所在的A列，选择"格式"|"列宽"命令，打开"列宽"对话框。设置列宽为35。

> **提示：**
> 行高、列宽的单位为毫米。

5. 设置组合单元格

步骤1　选择需要合并的区域A1:D1。
步骤2　选择"格式"|"组合单元"命令，打开"组合单元"对话框。
步骤3　选择组合方式"整体组合"或"按行组合"（见图4.6），A1:D1即合并成一个单元格。

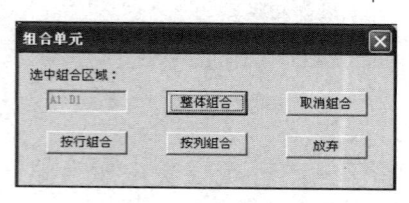

图4.6　组合单元格

6. 设置单元格属性

步骤1　选中标题所在的组合单元格A1。
步骤2　选择"格式"|"单元属性"命令，打开"单元格属性"对话框。
步骤3　切换到"字体图案"选项卡，设置字体为"黑体"、字号为14，如图4.7所示。
步骤4　切换到"对齐"选项卡，设置水平与垂直对齐方式均为"居中"，如图4.8所示。单击"确定"按钮。

图4.7　设置字体

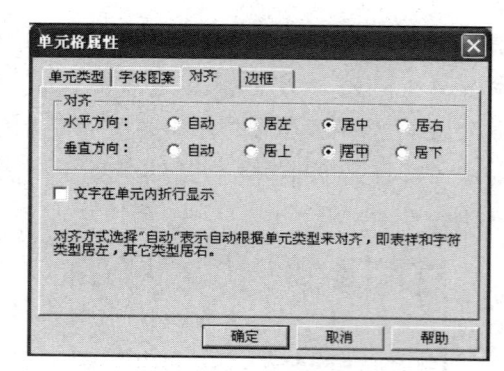

图4.8　设置对齐

步骤5　选定B8单元格。选择"格式"|"单元属性"命令，打开"单元格属性"对话框。在"单元类型"选项卡的"单元类型"列表框中选择"字符"选项，如图4.9所示。单击"确定"按钮。

同理，设置 A3:F7 区域水平居中对齐。

> **提示**
> ① 表样型数据在格式状态下输入和修改；字符型数据在格式状态下设置，在数据状态下输入和修改；数值型数据在数据状态下输入和修改。
> ② 字符型单元格和数值型单元格输入内容后只对本表页有效，表样型单元格输入内容后对所有表页有效。

7. 画表格线

步骤 1　选中报表需要画线的区域 A3:F7。
步骤 2　选择"格式"|"区域画线"命令，打开"区域画线"对话框，如图 4.10 所示。
步骤 3　选中"网线"单选按钮，然后单击"确认"按钮，将所选区域画上表格线。

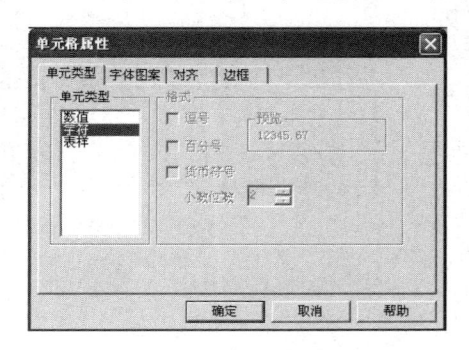

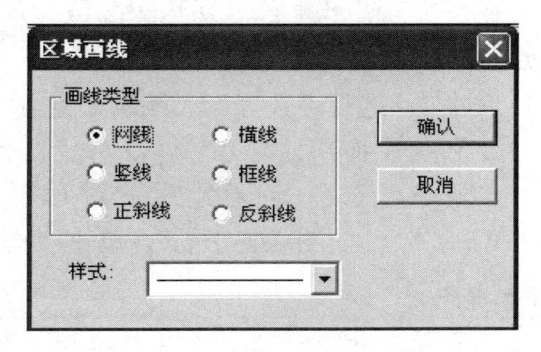

图 4.9　设置单元格属性　　　　图 4.10　"区域画线"对话框

任务 1.3　数据处理

任务下达

以账套主管的身份定义费用明细表各单元格的计算公式。
① C4 和 D4 单元格的数据利用账务函数获得。
② C7 单元格的合计数利用算术求和公式定义。
③ F4 单元格的合计数利用统计函数定义。

任务指引

1. 定义 C4 单元格公式——利用账务函数取数

步骤 1　选定被定义单元格 C4，即企管办差旅费。
步骤 2　单击 fx 按钮，打开"定义公式"对话框。
步骤 3　单击"函数向导"按钮，打开"函数向导"对话框。
步骤 4　在"函数分类"列表框中选择"用友账务函数"，在右边的"函数名"列表框中选择"发生（FS）"选项，如图 4.11 所示。
步骤 5　单击"下一步"按钮，打开"用友账务函数"对话框。单击"参照"按钮，打开"账务函数"对话框。
步骤 6　选择科目"660202"、部门编码"1"，如图 4.12 所示。单击"确定"按钮，返回"用友账务函数"对话框。
步骤 7　单击"确定"按钮，返回"定义公式"对话框。单击"确认"按钮返回，C4 单元格中显示"公式单元"字样，在编辑栏中可看到定义的公式内容。

步骤 8 请自行定义 D4 单元格企管办招待费的单元格公式。

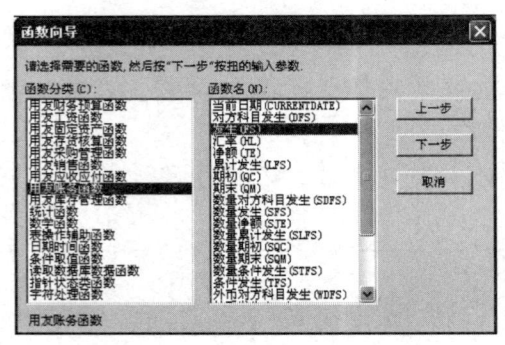

图 4.11 "函数向导"对话框

图 4.12 定义账务函数

2. 定义单元格公式——直接输入公式

步骤 1 选定需要定义公式的单元格 C7，即"办公费"的合计数。

步骤 2 选择"数据"|"编辑公式"|"单元公式"命令或单击 fx 按钮，打开"定义公式"对话框。

步骤 3 在"定义公式"对话框中直接输入"C4+C5+C6"，如图 4.13 所示。单击"确认"按钮。

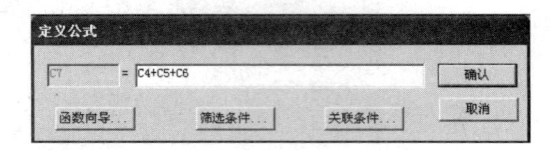

图 4.13 直接输入公式

> **提示**
> ① 单元格公式中涉及的符号均为英文半角字符。
> ② 单击 fx 按钮、双击某公式单元或按"="键，均可打开"定义公式"对话框。

3. 定义单元格公式——利用统计函数

步骤 1 选定被定义单元格 F4，单击 fx 按钮，打开"定义公式"对话框。

步骤 2 单击"函数向导"按钮，打开"函数向导"对话框。

步骤 3 在"函数分类"列表框中选择"统计函数"，在右边的"函数名"列表框中选中 PTOTAL 选项，如图 4.14 所示。

步骤 4 单击"下一步"按钮，打开"固定区统计函数"对话框。

步骤 5 在"固定区区域"文本框中输入"B4:E4"，然后单击"确认"按钮，返回"定义公式"对话框，如图 4.15 所示。

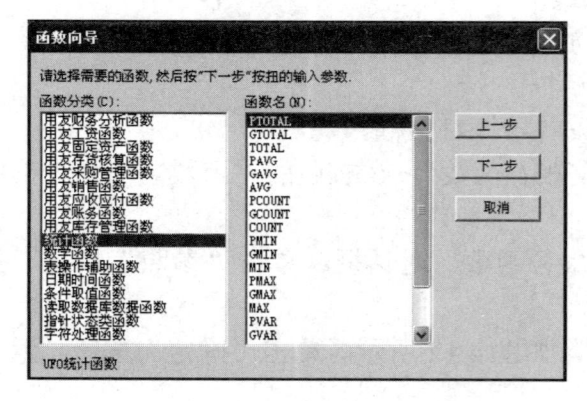

图 4.14 定义统计函数

图 4.15 利用统计函数求合计

步骤 6 公式定义完成后如图 4.16 所示。

项目 4　编制财务报表

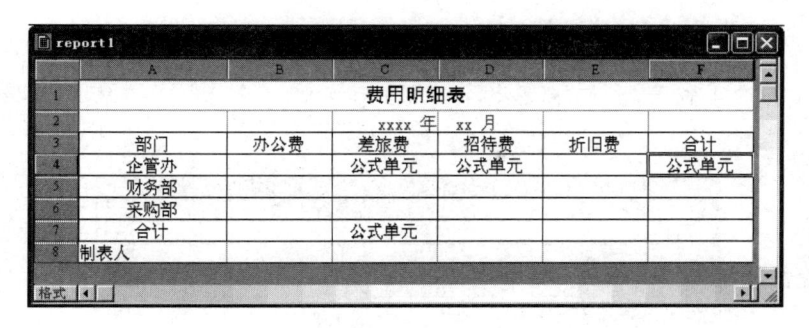

```
report1
          A         B         C         D         E         F
  1                         费用明细表
  2                                  xxxx 年   xx 月
  3       部门      办公费    差旅费    招待费    折旧费    合计
  4       企管办              公式单元  公式单元            公式单元
  5       财务部
  6       采购部
  7       合计                公式单元
  8  制表人
```

图 4.16　完成报表公式定义

任务 1.4　保存报表

任务下达

将报表保存为"费用明细表"。

任务指引

步骤 1　选择"文件"|"保存"命令，如果是第 1 次保存，则会打开"另存为"对话框。

步骤 2　选择保存文件的文件夹，输入报表文件名"费用明细表"，选择保存类型"报表文件（*.rep）"，然后单击"保存"按钮。

提示

① 报表格式设置完以后切记要及时将这张报表的格式保存下来，以便随时调用。
② 如果没有保存就退出，系统会出现提示"是否保存报表？"，以防止误操作。
③ .rep 为用友报表文件的专用扩展名。

任务 1.5　生成报表

任务下达

以账套主管的身份生成 2023 年 4 月"费用明细表"。

任务指引

1. 打开文件

步骤 1　在财务报表子系统中，选择"文件"|"打开"命令。

步骤 2　选择存放报表格式的文件夹中的报表文件"费用明细表.rep"，单击"打开"按钮。

步骤 3　单击空白报表底部左下角的"格式/数据"按钮，使当前状态为数据状态。

提示

报表数据处理必须在数据状态下进行。

2. 输入关键字值

步骤 1　选择"数据"|"关键字"|"录入"命令，打开"录入关键字"对话框。

步骤 2　输入年"2023"、月"4"，如图 4.17 所示。

步骤 3　单击"确认"按钮，系统弹出"是否重算第 1 页？"信息提示框。

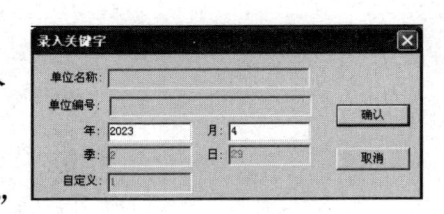

图 4.17　"录入关键字"对话框

步骤4　单击"是"按钮，系统会自动根据单元格公式计算1月的数据，如图4.18所示。单击"否"按钮，系统不计算1月的数据，以后可选择"数据"|"表页重算"命令生成1月的数据。

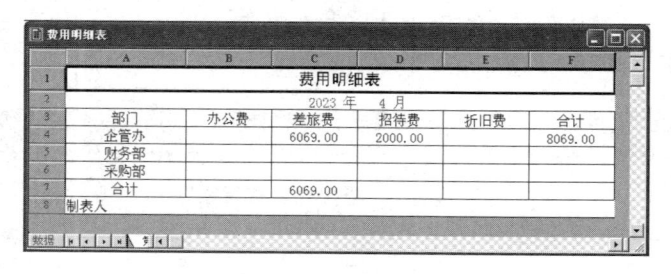

图4.18　生成费用明细表

> **提示**
> 日期关键字可以确认报表数据取数的时间范围，即确定数据生成的具体日期。

任务2　利用报表模板生成报表

任务2.1　利用报表模板生成资产负债表

任务下达

以账套主管的身份生成2023年4月资产负债表。

任务指引

步骤1　单击"新建"按钮，新建一张空白报表。在格式状态下选择"格式"|"报表模板"命令，打开"报表模板"对话框。

步骤2　选择所在的行业"一般企业（2007年新会计准则）"、财务报表"资产负债表"，如图4.19所示。

步骤3　单击"确认"按钮，系统弹出"模板格式将覆盖本表格式！是否继续？"信息提示框。

步骤4　单击"确定"按钮，即可打开"资产负债表"模板，如图4.20所示。

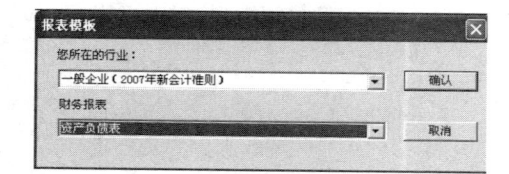

图4.19　导入报表模板

图4.20　"资产负债表"模板

步骤 5　单击"格式"按钮，切换到数据状态。

步骤 6　选择"数据"|"关键字"|"录入"命令，打开"录入关键字"对话框。输入年"2023"、月"4"。

步骤 7　单击"确认"按钮，系统弹出"是否重算第 1 页？"信息提示框。单击"是"按钮，系统会自动根据单元格公式计算 4 月的数据，如图 4.21 所示。

图 4.21　生成的资产负债表

步骤 8　单击"保存"按钮，将生成的报表数据保存。

步骤 9　同理，请自行生成利润表。

任务 2.2　审核报表

任务下达

审核资产负债表"资产合计是否等于负债所有者权益合计"。

任务指引

步骤 1　以账套主管的身份打开资产负债表。

步骤 2　在格式状态下，选择"数据"|"编辑公式"|"审核公式"命令，打开"审核公式"对话框。

步骤 3　输入公式，如图 4.22 所示。单击"确定"按钮返回。

步骤 4　单击"格式"按钮，切换到数据状态。

步骤 5　选择"数据"|"审核"命令，系统按照审核公式进行报表审核，在状态栏中显示"完全正确！"。

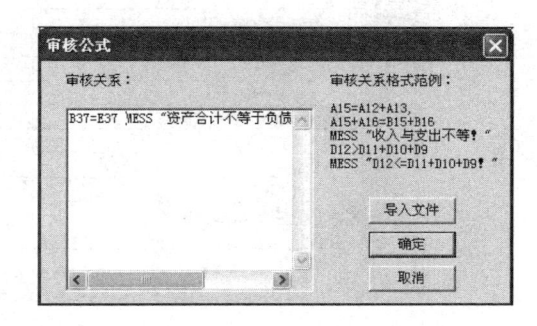

图 4.22　审核公式

提示

① 审核公式通常用于检查报表数据之间的钩稽关系。

② 审核公式在格式状态下定义。格式范例如图 4.22 右侧所示。

③ 报表的审核必须在数据状态下进行。审核以后如果正确，状态栏会提示"完全正确！"。否则，状态栏会提示错误信息——错误信息的内容是在定义审核公式时由用户自己输入的。

任务2.3 舍位平衡

任务下达

将以元为单位编制的资产负债表舍位3位变为以千元为单位的资产负债表，并命名为"千元负债表"。

任务指引

步骤1 以账套主管的身份打开资产负债表。

步骤2 在格式状态下，选择"数据"|"编辑公式"|"舍位公式"命令，打开"舍位平衡公式"对话框。

步骤3 输入公式，如图4.23所示。单击"完成"按钮返回。

步骤4 单击"格式"按钮，切换到数据状态。

步骤5 选择"数据"|"舍位平衡"命令，系统生成舍位表"千元负债表"，如图4.24所示。

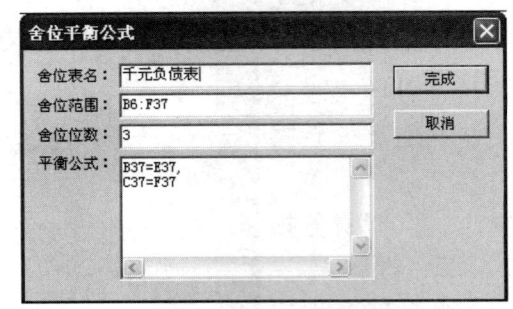

图4.23 舍位公式

图4.24 千元负债表

提示

① 以"元"为金额单位的报表如果数据过大，上报时可以改为以"千元"或"万元"为金额单位，即对以"元"为单位的报表进行舍位。舍位后可能造成原来报表的平衡关系被打破，为了舍位后仍然保持原来的平衡关系，需要指定平衡公式。

② 舍位平衡公式在格式状态下定义。各公式之间用英文半角符号分隔，最后一个公式无标点符号。

③ 舍位操作在数据状态下进行。舍位后生成新的舍位表并自动打开。

通关测试

一、判断题

1. 在财务报表子系统中生成一张新表时，所有的单元格都被默认为数值型。（   ）
2. 字符型单元格不能在数据状态下输入数据。（   ）
3. 财务报表只能从总账管理子系统中提取数据。（   ）
4. 在数据状态下可以进行增加表页、设置单元格公式及关键字、表页计算等操作。
（   ）
5. 执行财务报表的审核功能是为了更正检查出的数据错误。（   ）

二、选择题

1. 在财务报表子系统的数据处理中能够完成以下哪些任务？（   ）
   A. 格式排版   B. 舍位平衡
   C. 修改单元格公式   D. 设置关键字
2. 财务报表子系统提供的关键字中不包括以下哪一项？（   ）
   A. 单位名称   B. 年   C. 月   D. 制表人
3. 财务报表的单元格类型包括（   ）。
   A. 字符型   B. 表样型   C. 数值型   D. 逻辑型
4. 财务报表子系统中一般提供以下哪些报表模板？（   ）
   A. 资产负债表   B. 利润表
   C. 管理费用明细表   D. 产品销售毛利分析表
5. 关于关键字的设置，以下哪些说法是正确的？（   ）
   A. 在数据状态下设置并输入关键字
   B. 一个关键字在一张报表中只能定义一次
   C. 每张报表只能定义一个关键字
   D. 可以随时取消关键字的设置

三、思考题

1. 总结自定义报表的流程。
2. 单元格类型分为几种？举例说明。
3. 报表公式分为哪几类？各自的作用是什么？
4. "编制单位"在哪些情况下需要设置为关键字？
5. 哪些工作需要在格式状态下完成？

四、实训题

完成附录中的"实训6 编制财务报表"。

项目 5 工资管理

项目目标

1. 了解工资管理子系统的基本功能和应用流程。
2. 熟练掌握建立工资账套、基础信息设置操作。
3. 熟练掌握工资业务处理、代扣个人所得税、工资费用分摊等操作。
4. 使学生了解和认识到在工资管理过程中,会计人员应遵循的职业道德规范和法律法规,强调诚信、实事求是的重要性,培养学生具有良好的职业操守。
5. 通过讲解工资管理的相关知识,使学生认识到工资核算对于职工权益保障的重要性,培养学生关注社会、关爱职工的责任感。
6. 通过了解工资管理过程中所涉及的相关法律法规,如《中华人民共和国民法典》《中华人民共和国个人所得税法》等,培养学生遵守国家法律法规的意识,让学生认识到保障职工权益的重要性,践行社会主义核心价值观。

项目背景

职工工资是产品成本的重要组成部分,是企业进行各种费用计提的基础。工资核算是每个单位财务部门较基本的业务之一,是一项重要的经常性工作,关系到每个职工的切身利益。爱家家具准备启用 T3 工资管理子系统,处理职工工资计算、代扣个人所得税、银行代发工资、工资费用分摊等相关工作。

任务1 启用工资管理子系统

任务下达

以系统管理员的身份恢复"总账初始化"账套。以账套主管 A01 高文的身份重新登录系统管理,启用工资管理子系统,启用日期为 2023 年 4 月 1 日。

任务指引

步骤1 以系统管理员的身份进入系统管理,选择"账套"|"恢复"命令,恢复"总账初始化"账套。

步骤2 选择"系统"|"注销"命令,注销系统管理员登录。

步骤3 选择"系统"|"注册"命令,以账套主管的身份进入系统管理。选择"账套"|"启用"命令,打开"系统启用"对话框。

步骤4 单击"WA 工资管理"复选框,选择启用日期为"2023""四月""1",如图 5.1 所示。

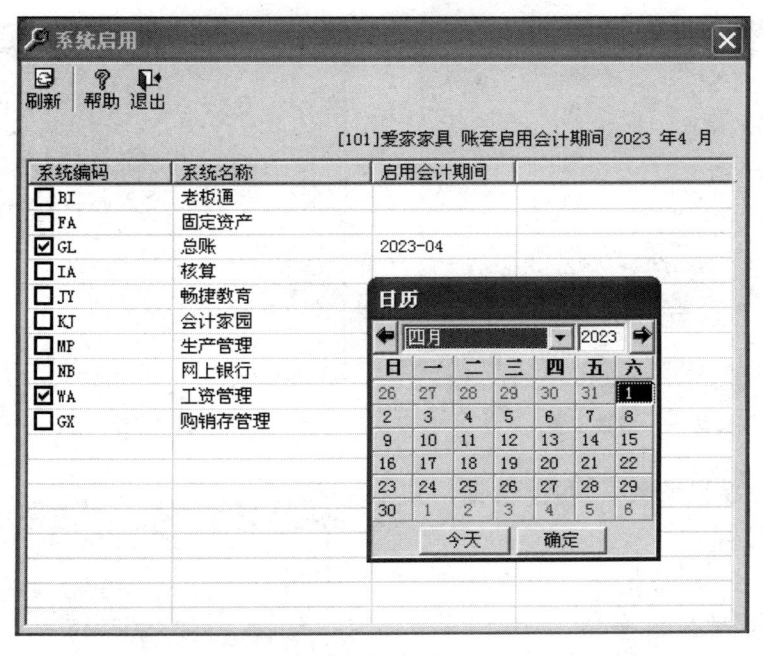

图 5.1 启用工资管理子系统

步骤 5　单击"确定"按钮，系统弹出提示信息，单击"是"按钮，完成系统启用。
步骤 6　单击"退出"按钮，返回系统管理。

> **提示**
> ① 使用工资管理子系统的前提是必须启用工资管理子系统，在 T3 中只有设置了启用的系统才能登录。
> ② 如果总账管理子系统先启用，工资管理子系统的启用月必须晚于或与总账管理子系统的未结账月相同。

任务2　建立工资账套

任务下达

以账套主管 A01 高文的身份建立工资账套。爱家家具工资账套的相关信息如下。
① 工资类别个数为"单个"，核算币种为"人民币 RMB"。
② 从工资中代扣个人所得税。
③ 不进行扣零处理。
④ 人员编码长度为 3 位；启用日期为 2023 年 4 月 1 日；不预置工资项目。

任务指引

步骤 1　以账套主管的身份进入 T3，登录日期为"2023-04-01"。选择"工资"，打开"建立工资套"对话框。
步骤 2　在建立工资套的"参数设置"中，选择本账套所需处理的工资类别个数"单个"，默认币别名称"人民币 RMB"，如图 5.2 所示。单击"下一步"按钮。
步骤 3　在"扣税设置"中，选中"是否从工资中代扣个人所得税"和"个人所得税不足 1 元无须缴纳所得税"复选框，如图 5.3 所示。单击"下一步"按钮。

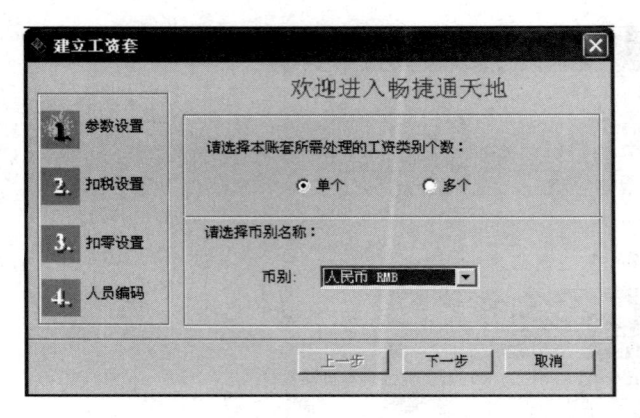

图5.2　建立工资套——参数设置

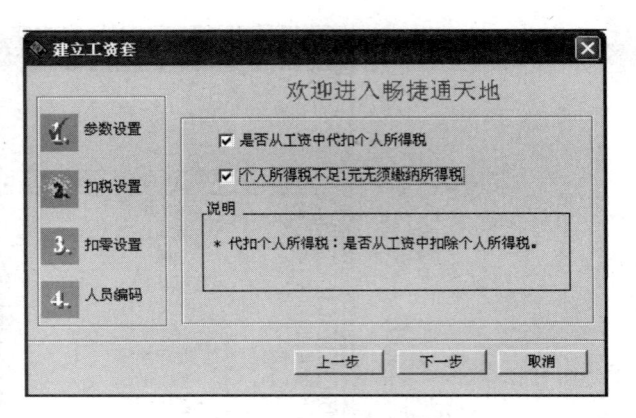

图5.3　建立工资套——扣税设置

步骤4　在"扣零设置"中不做选择，直接单击"下一步"按钮。

步骤5　在"人员编码"中，设置人员编码长度为3位，确认本账套的启用日期为"2023-04-01"，如图5.4所示。

步骤6　单击"完成"按钮，系统弹出"是否以2023-04-01为当前工资类别的启用日期？"信息提示框。单击"是"按钮，完成工资账套的建立。

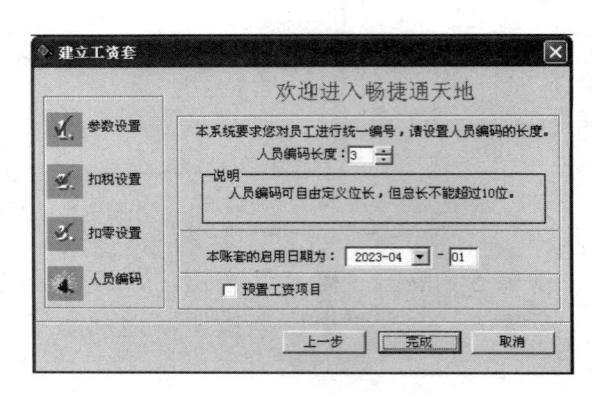

图5.4　建立工资套——人员编码

> **提示**
>
> ① 如果企业每月发放多次工资，或者不同人员工资发放项目不同、计算公式不同，则工资类别应选择"多个"。
>
> ② 扣零处理是指每次发放工资时将零头扣下，累积取整，于下次发放工资时补上。系统在计算工资时将依据扣零类型（扣零至元、扣零至角、扣零至分）进行扣零计算。
>
> ③ 用户选中"扣零"复选框后，系统将自动在固定工资项目中增加"本月扣零"和"上月扣零"两个项目。扣零的计算公式将由系统自动定义，无须设置。
>
> ④ 选择代扣个人所得税后，系统将自动生成工资项目"代扣税"，并自动进行代扣税金的计算。
>
> ⑤ 建账完毕后，部分建账参数可以通过选择"设置"|"选项"命令进行修改。

任务3　工资账套基础信息设置

建立工资账套以后，还需要对工资管理子系统日常业务处理所需的一些基础信息进行设置，主要包括人员类别设置、工资项目设置、银行名称设置、权限设置和人员档案设置等。此外，还需要按照现行税法进行个人所得税扣税基数和税率设置。如果在建立工资账套时选择了多个工资类别，那么还需要对人员类别进行管理，每个工资类别拥有不同的人员档案，设置独立的工资项目及计算公式。

以A02刘畅的身份进行工资账套基础信息设置。

任务 3.1 设置人员类别

任务下达

本企业人员类别分为企业管理人员、车间管理人员、销售人员和生产工人。

任务指引

步骤 1 选择"工资"|"设置"|"人员类别设置"命令,打开"类别设置"对话框。

步骤 2 单击"增加"按钮,增加人员类别,最后删除"无类别"人员分类,完成后如图 5.5 所示。单击"返回"按钮。

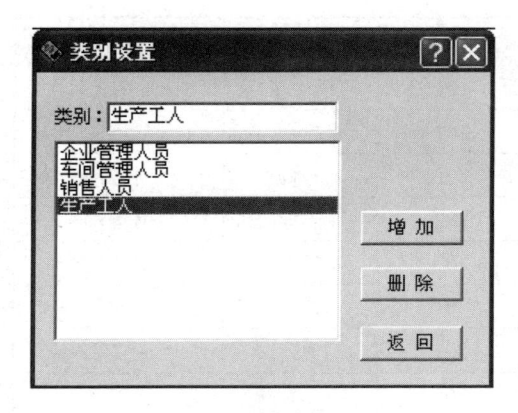

图 5.5 设置人员类别

> **提示**
>
> 人员类别与工资费用的分配、分摊有关。不同类别人员的工资费用入账科目不同,如企业管理人员工资计入管理费用科目、销售人员工资计入销售费用科目、车间管理人员工资计入制造费用科目、生产工人工资计入生产成本科目。

任务 3.2 银行名称设置

任务下达

银行名称:中国工商银行三河支行;账号定长;长度 11 位;自动带出账号长度 7 位。

任务指引

步骤 1 选择"工资"|"设置"|"银行名称设置"命令,打开"银行名称设置"对话框。

步骤 2 单击"增加"按钮,输入银行名称"中国工商银行三河支行",默认账号定长,账号长度设为 11,自动带出的账号长度设为 7,删除其他未用到的银行名称,如图 5.6 所示。

步骤 3 单击"返回"按钮。

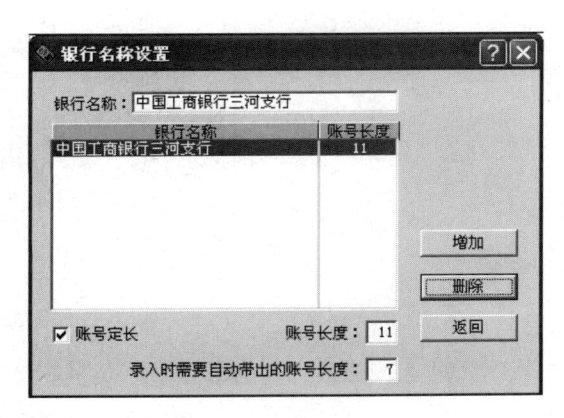

图 5.6 银行名称设置

> **提示**
>
> ① 代发工资的银行可按需要设置多个。
> ② 同一工资类别中的人员由于在不同的工作地点,需要在不同的银行代发工资;或者不同的工资类别由不同的银行代发工资,均需要设置相应的银行名称。

任务 3.3 人员档案设置

任务下达

以 A02 刘畅的身份按表 5.1 进行人员档案设置。

表5.1 人员档案

人员编码	人员姓名	薪资部门名称	人员类别	银行账号	中方人员	计税
101	杨少华	企管办	企业管理人员	20190019001	是	是
201	高文	财务部	企业管理人员	20190019002	是	是
202	刘畅	财务部	企业管理人员	20190019003	是	是
203	王菲	财务部	企业管理人员	20190019004	是	是
301	马杰	采购部	企业管理人员	20190019005	是	是
401	曹金	销售部	销售人员	20190019006	是	是
501	何伟	仓储部	企业管理人员	20190019007	是	是
601	江林	生产部	车间管理人员	20190019008	是	是
602	张庆庆	生产部	生产人员	20190019009	是	是
603	周强	生产部	生产人员	20190019010	是	是

注：以上所有人员的代发银行均为中国工商银行三河支行。

任务指引

步骤1　选择"工资"|"设置"|"人员档案"命令，打开"人员档案"窗口。

步骤2　单击"批增"按钮，打开"人员批量增加"对话框。

步骤3　选择需要批量导入的人员档案，如图5.7所示。单击"确定"按钮，将前期职员档案中已经输入的职员信息带到人员档案。

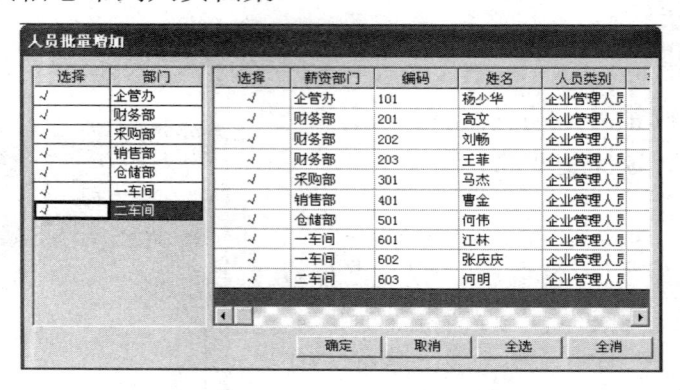

图5.7　批量导入职员档案

步骤4　按表5.1修改相关人员档案，补充输入银行账号等信息，如图5.8所示。

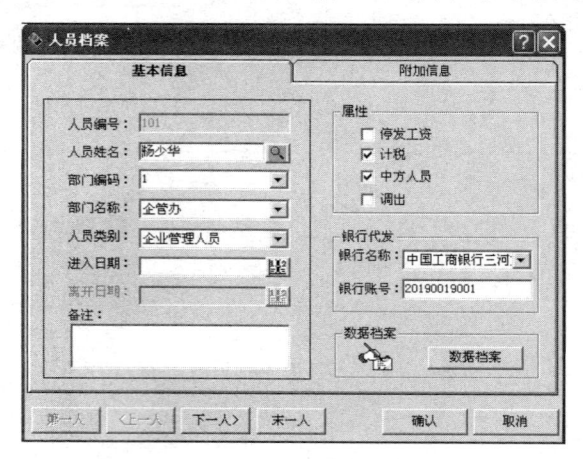

图5.8　修改人员档案

步骤5　单击"确认"按钮，系统提示"写入该人员档案信息吗？"，单击"确定"按钮。

步骤 6　全部完成后，单击"取消"按钮返回，如图 5.9 所示。单击"退出"按钮，退出"人员档案"窗口。

图 5.9　完成人员档案设置

> **提示**
> 人员档案既可以从已建立的职员档案中输入，也可以在人员档案中直接增加。

任务 3.4　工资项目设置

任务下达

爱家家具工资项目如表 5.2 所示。以 A02 刘畅的身份进行工资项目设置。

思政小课堂
实事求是核算工资

表 5.2　工资项目

工资项目名称	类　型	长　度	小　数	增减项
基本工资	数字	8	2	增项
岗位工资	数字	8	2	增项
奖金	数字	8	2	增项
事假天数	数字	8	2	其他
事假扣款	数字	8	2	减项
病假天数	数字	8	2	其他
病假扣款	数字	8	2	减项
住房公积金	数字	8	2	减项
养老保险	数字	8	2	减项
医疗保险	数字	8	2	减项
失业保险	数字	8	2	减项
日工资	数字	8	2	其他
加班天数	数字	8	2	其他
加班工资	数字	10	2	增项
计税基数	数字	8	2	其他
工龄	数字	8	2	其他
工龄工资	数字	8	2	增项
应发合计	数字	10	2	增项
实发合计	数字	10	2	增项
扣款合计	数字	10	2	减项
代扣税	数字	10	2	减项

任务指引

步骤 1 选择"工资"|"设置"|"工资项目设置"命令,打开"工资项目设置"对话框。系统预置"应发合计""扣款合计""实发合计""代扣税"几个工资项目。

步骤 2 单击"增加"按钮,在"工资项目"列表中增加一空行。

步骤 3 在"名称参照"下拉列表中选择"基本工资"选项。双击需要修改的栏目,按表5.2进行修改即可。

步骤 4 单击"增加"按钮,增加其他工资项目。可以用▲(上移)、▼(下移)按钮调整工资项目顺序,完成后如图5.10所示。

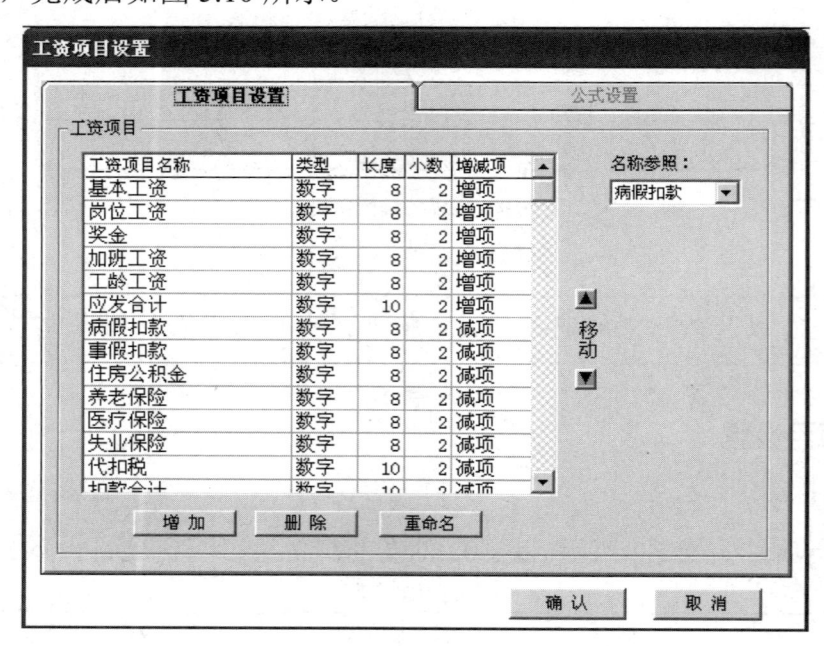

图5.10 工资项目设置

步骤 5 单击"确认"按钮返回。

> **提示**
> ① 系统提供若干常用工资项目供参考,可选择输入。对于参照中未提供的工资项目,可以双击"工资项目名称"一栏直接输入,或者先从"名称参照"下拉列表中选择一个项目,然后单击"重命名"按钮修改为需要的项目。
> ② 长度中包括一位小数点和两位小数。
> ③ 增减项中选择"增项"即该工资项目是应发合计的组成部分,选择"减项"即该工资项目是扣款合计的组成部分,否则选择"其他"。

任务3.5 计算公式设置

任务下达

工资项目计算公式如表5.3所示。以A02刘畅的身份进行工资项目计算公式设置。

思政小课堂

遵纪守法

表5.3 工资项目计算公式

工资项目	定义公式
住房公积金	(基本工资+岗位工资)×0.12
失业保险	(基本工资+岗位工资)×0.01

(续表)

工资项目	定义公式
医疗保险	(基本工资+岗位工资)×0.02
养老保险	(基本工资+岗位工资)×0.08
计税基数	基本工资+岗位工资+工龄工资+加班工资-事假扣款-病假扣款-养老保险-医疗保险-失业保险-住房公积金
加班工资	日工资×加班天数
事假扣款	日工资×事假天数
病假扣款	iff(工龄>=10,日工资*病假天数*0.2,iff(工龄>=5 and 工龄<10,日工资*病假天数*0.3,日工资*病假天数*0.4))
日工资	(基本工资+岗位工资+工龄工资)÷21.75
工龄工资	工龄×50
应发合计	基本工资+岗位工资+奖金+加班工资+工龄工资
扣款合计	代扣税+事假扣款+病假扣款+住房公积金+失业保险+医疗保险+养老保险
实发合计	应发合计-扣款合计

任务指引

1. 设置住房公积金计算公式

步骤1　选择"工资"|"设置"|"工资项目设置"命令，打开"工资项目设置"对话框。

步骤2　选择"公式设置"选项卡。单击左上角"工资项目"列表框下的"增加"按钮，在"工资项目"列表框中增加一空行。从下拉列表中选择"住房公积金"选项。

步骤3　在"住房公积金公式定义"文本中进行公式定义。在"运算符"选项组中选择"("，选择"工资项目"列表框中的"基本工资"；在"运算符"选项组中选择"+"，选择"工资项目"列表框中的"岗位工资"；在"运算符"选项组中选择")"" * "，在" * "后输入"0.12"。

步骤4　住房公积金公式定义结果如图5.11所示。单击"公式确认"按钮。

2. 设置病假扣款计算公式

步骤1　单击左上角"工资项目"列表框下的"增加"按钮，在"工资项目"列表框中增加一空行。从下拉列表中选择"病假扣款"选项。

步骤2　单击"函数公式向导输入"按钮，打开"函数向导——步骤之1"对话框。从"函数名"列表框中选择"iff"，

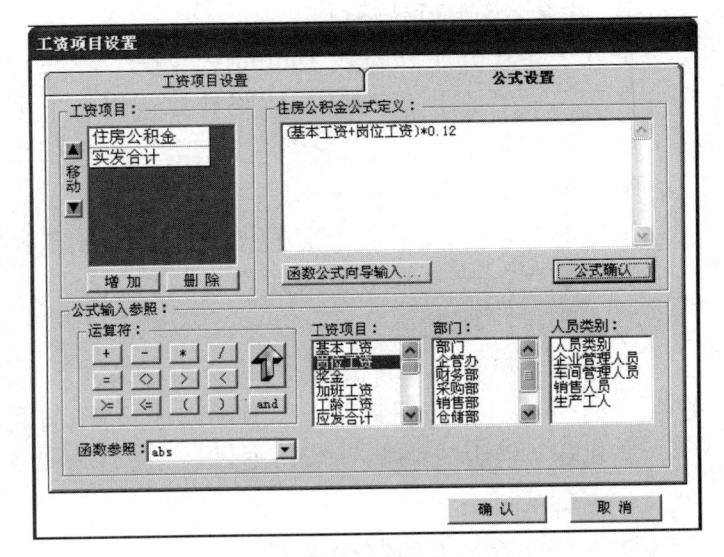

图5.11　住房公积金公式定义

如图5.12所示。单击"下一步"按钮，打开"函数向导——步骤之2"对话框。单击"完成"按钮返回，公式定义文本框中显示"iff(,,)"。

步骤3　单击iff函数第1个参数位置，选择工资项目"工龄"，选择运算符">="，输入"10"，完成"工龄>=10"的定义。在iff函数第2个参数位置输入"日工资*病假天数*0.2"。在iff函数第3个参数位置输入"iff(工龄>=5 and 工龄<10,日工资*病假天数*0.3,日工资*病假天数*0.4")，如图5.13所示。

图5.12　选择函数

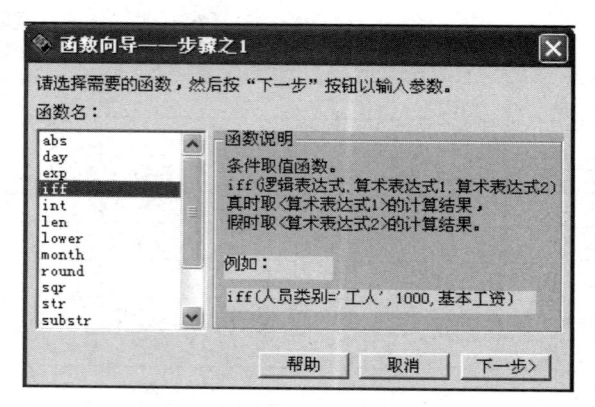

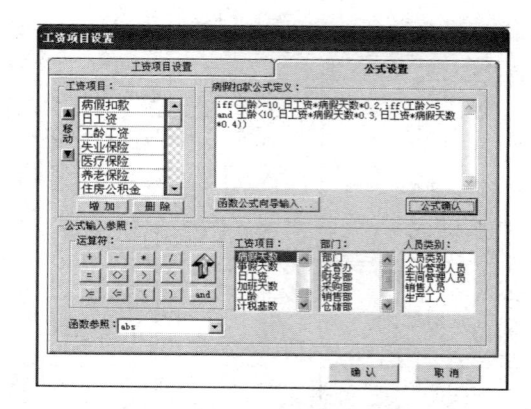

图5.13　设置病假扣款计算公式

步骤4　单击"公式确认"按钮，检查公式逻辑是否正确。

自行定义其他工资项目的计算公式。

> **提示**
> ① 在 and 前后须有空格。
> ② 百分号（%）不能直接输入，如 8%需要输成 0.08，否则单击"公式确认"按钮时系统会弹出提示"非法的公式定义"。
> ③ 定义扣款合计时，由于"工资项目"列表框中无"代扣税"工资项目，所以需要人工在公式中输入该项目。
> ④ 每设置完一个计算公式，必须单击"公式确认"按钮。

3. 调整公式的先后顺序

步骤1　分析计算公式之间的逻辑顺序。

计算公式存在先后顺序，按照计算逻辑，需要按以下顺序设置计算公式。

第一顺序：工龄工资、住房公积金、养老保险、医疗保险、失业保险；

第二顺序：日工资；

第三顺序：加班工资、事假扣款、病假扣款；

第四顺序：计税基数、应发合计、扣款合计；

第五顺序：实发合计。

步骤2　顺序调整。全部计算公式定义完成后，根据计算公式间的逻辑关系，利用▲、▼按钮调整公式顺序，排列在前面的公式先计算。

步骤3　单击"确认"按钮返回。

思政小课堂
树立诚信意识

任务 3.6　设置个人所得税税率

任务下达

个人所得税免征额为 5 000 元，税率表如表 5.4 所示。以 A01 刘畅的身份进行个人所得税税率设置。

表5.4　2019年开始实行的7级超额累进个人所得税税率表

级　数	全年应纳税所得额	按月换算/元	税率/%	速算扣除数/元
1	不超过 36 000 元	不超过 3 000 元	3	0
2	36 000 元至 144 000 元	3 000<X≤12 000	10	210

项目 5　工资管理

（续表）

级　数	全年应纳税所得额	按月换算/元	税率/%	速算扣除数/元
3	144 000 元至 300 000 元	12 000<X≤25 000	20	1 410
4	300 000 元至 420 000 元	25 000<X≤35 000	25	2 660
5	420 000 元至 660 000 元	35 000<X≤55 000	30	4 410
6	660 000 元至 960 000 元	55 000<X≤80 000	35	7 160
7	超过 960 000 元	超过 80 000 元	45	15 160

任务指引

步骤 1　选择"业务处理"|"扣缴所得税"命令，系统弹出信息提示。单击"确定"按钮，打开"栏目选择"对话框。

步骤 2　系统默认所得项目"工资"，对应工资项目"实发合计"。重新选择对应工资项目"计税基数"，如图 5.14 所示。

步骤 3　单击"确认"按钮，打开"个人所得税扣缴申报表"对话框。

步骤 4　单击"税率"按钮，打开"个人所得税申报表——税率表"对话框。将"基数"修改为 5 000，"附加费用"修改为 0。

步骤 5　修改各级次应纳税所得额上限和速算扣除数，则下一级次应纳税所得额下限自动调整。修改完成后，如图 5.15 所示。

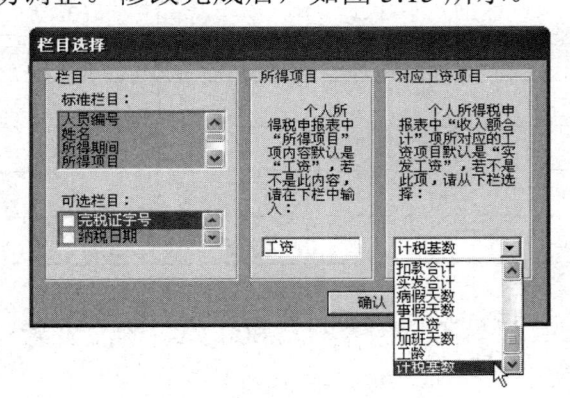

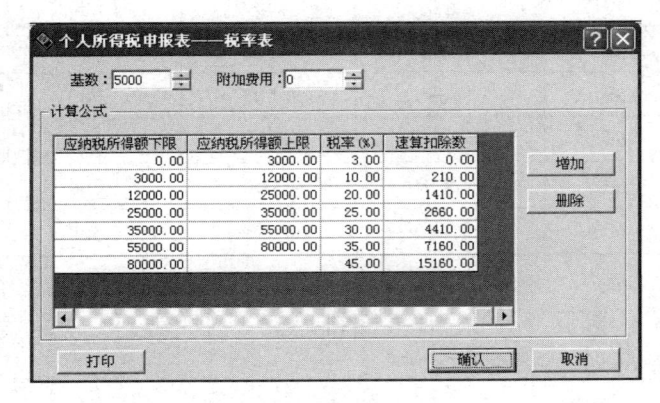

图 5.14　选择对应工资项目

图 5.15　税率表

步骤 6　单击"确认"按钮返回，然后单击"退出"按钮。

任务 3.7　权限设置

任务下达

以账套主管 A01 高文的身份为 A02 刘畅设置工资类别主管权限。

任务指引

步骤 1　选择"工资"|"设置"|"权限设置"命令，打开"权限设置"窗口。

步骤 2　在"操作员"列表中选择"A02 刘畅"，单击"修改"按钮，选中"工资类别主管"复选框。

步骤 3　单击"保存"按钮，系统提示"已成功保存部门和项目权限！"，单击"确定"按钮，如图 5.16 所

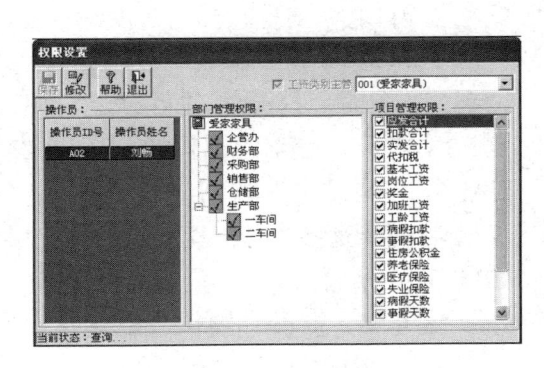

图 5.16　权限设置

示。单击"退出"按钮返回。

全部完成后,将账套备份至"工资初始化"文件夹中。

任务4 日常工资管理

日常工资管理主要包括以下两项工作:工资数据输入并计算汇总、工资分摊。

以A02刘畅的身份进行日常工资管理。

任务4.1 工资数据输入并计算汇总

任务下达

爱家家具2023年4月人员工资数据如表5.5所示。

表5.5 2023年4月人员工资数据   元

人员编码	人员姓名	基本工资	岗位工资	工龄	病假天数	事假天数	加班天数
101	杨少华	8 400	1 800	10	2		5
201	高文	5 500	1 500	8			6
202	刘畅	4 800	1 200	7		1	8
203	王菲	3 000	1 000	4			8
301	马洁	3 500	1 500	6	1		3
401	曹金	5 500	1 500	5			8
501	何伟	3 500	1 500	10			4
601	江林	4 500	1 500	6	1		7
602	张庆庆	4 000	1 200	2			6
603	何明	4 500	1 500	4			6

因第1季度销售部推广产品业绩较好,为销售部门员工发放奖金1 000元、为企业管理人员发放奖金500元。

进行4月工资数据的输入、计算和汇总。

任务指引

1. 输入基本工资项目

步骤1 以A02刘畅的身份登录T3,选择"工资"|"业务处理"|"工资变动"命令,打开"工资变动"窗口。

步骤2 在"过滤器"下拉列表中选择"〈过滤设置〉"选项,打开"项目过滤"对话框。

步骤3 选择"工资项目"列表框中的"基本工资",单击">"按钮,将其移入"已选项目"列表框中,同理将"岗位工资"和"工龄"项目移入,如图5.17所示。

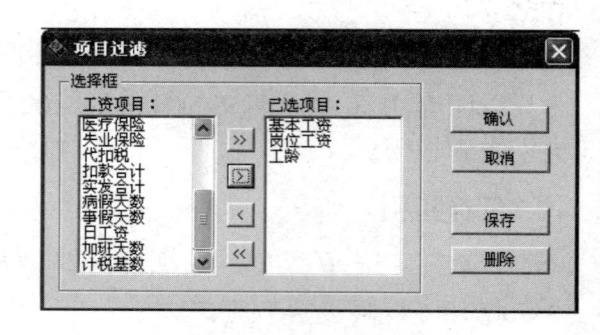

图5.17 设置项目过滤

步骤4 单击"确认"按钮,返回"工资变动"窗口。此时每个人的工资项目只显示"基本工资""岗位工资""工龄"3项。

项目 5　工资管理

步骤 5　输入职工基本工资数据，如图 5.18 所示。

图 5.18　输入职工基本工资数据

步骤 6　在"过滤器"下拉列表中选择"所有项目"选项，屏幕上显示所有工资项目。

> **提示**
>
> 基本工资项目是每个月基本不会发生变动的工资项目。这些项目一经输入，没有变化的话不用每月修改。

2. 输入 4 月变动工资数据

步骤 1　同理，利用过滤器输入本月职工病假天数、事假天数和加班天数。

步骤 2　单击"替换"按钮，在"将工资项目"下拉列表中选择"奖金"选项，在"替换成"文本框中输入"奖金+1000"，在"替换条件"选项组中选择"部门""=""销售部"，如图 5.19 所示。

步骤 3　单击"确认"按钮，系统弹出"数据替换后将不可恢复。是否继续？"信息提示框。单击"是"按钮，系统弹出"1 条记录被替换，是否重新计算？"信息提示框。单击"是"按钮，系统自动完成工资计算。

> **提示**
>
> 请假天数、奖金是每月都会发生变动的工资项目。可以利用筛选器、替换等功能进行输入。

3. 数据计算与汇总

步骤 1　在"工资变动"窗口中，单击"退出"按钮，弹出信息提示框，如图 5.20 所示。

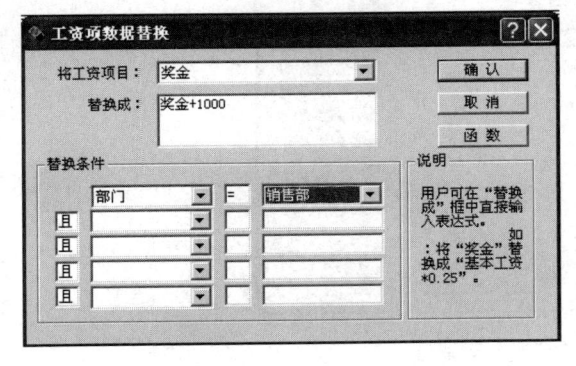

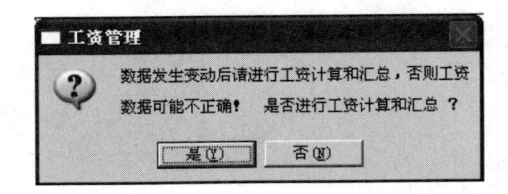

图 5.19　数据替换　　　　　　　　图 5.20　工资计算信息提示

89

步骤 2　单击"是"按钮,系统自动进行工资数据的计算和汇总。

步骤 3　单击"退出"按钮,退出"工资变动"窗口。

任务 4.2　工资分摊

任务下达

以 A02 刘畅的身份进行工资分摊类型定义及工资分摊处理。

1. 工资分摊类型

(1) 工资费用分摊(比例 100%)

按表 5.6 进行 2023 年 4 月工资分摊。

表 5.6　工资分摊

部　门	人员类别	工资项目	借方科目	贷方科目
企管办、财务部、采购部、仓储部	企业管理人员	应发合计	660203	221101
销售部	销售人员	应发合计	660103	221101
一车间、二车间	车间管理人员	应发合计	510101	221101
一车间、二车间	生产人员	应发合计	500102	221101

(2) 代扣个人所得税(100%)

按表 5.7 进行 2023 年 4 月代扣个人所得税分摊。

表 5.7　代扣个人所得税分摊

部　门	人员类别	工资项目	借方科目	贷方科目
企管办、财务部、采购部、仓储部	企业管理人员	代扣税	221101	222104
销售部	销售人员	代扣税	221101	222104
一车间、二车间	车间管理人员	代扣税	221101	222104
一车间、二车间	生产人员	代扣税	221101	222104

2. 工资分摊

工资分摊生成凭证时,合并科目相同、辅助项相同的分录。

任务指引

1. 工资分摊设置

步骤 1　选择"工资"|"业务处理"|"工资分摊"命令,打开"工资分摊"对话框,如图 5.21 所示。

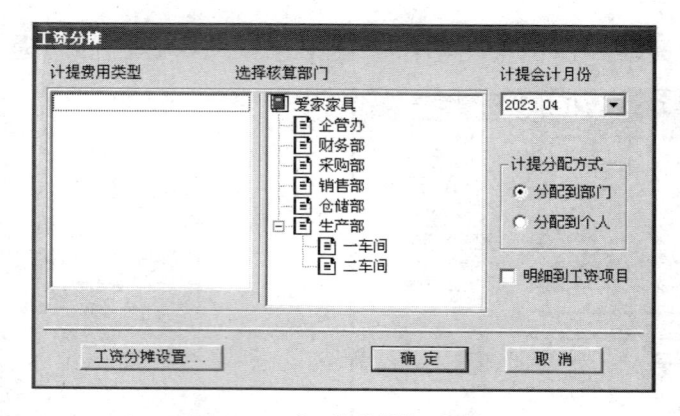

图 5.21　"工资分摊"对话框

项目 5　工资管理

步骤 2　单击"工资分摊设置"按钮,打开"分摊类型设置"对话框。

步骤 3　单击"增加"按钮,打开"分摊计提比例设置"对话框。

步骤 4　输入计提类型名称"应付工资",如图 5.22 所示。单击"下一步"按钮,打开"分摊构成设置"对话框。

步骤 5　按表 5.5 进行设置,设置完成后如图 5.23 所示。单击"完成"按钮返回"分摊构成设置"对话框,继续设置个人所得税分摊类型,完成后如图 5.24 所示。

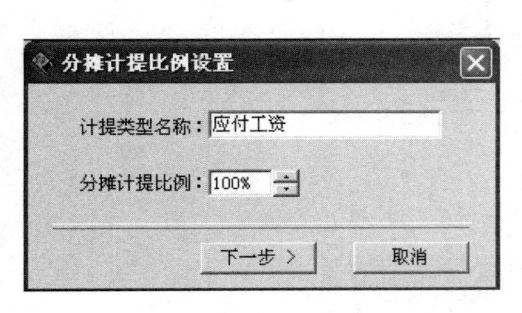

图 5.22　"分摊计提比例设置"对话框

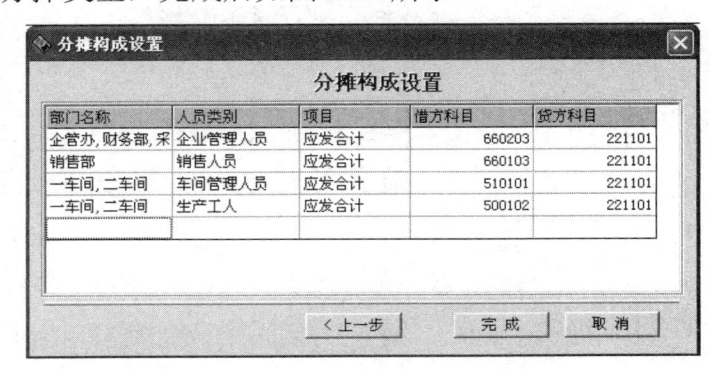

图 5.23　应付工资分摊类型设置

图 5.24　个人所得税分摊类型设置

2. 工资分摊处理

步骤 1　在"工资分摊"对话框中,选中需要分摊的计提费用类型"应付工资"和"代扣个人所得税",确定分摊计提的月份"2023.04",选择核算部门"企管办""财务部""采购部""销售部""仓储部""生产部",并选中"明细到工资项目"复选框,如图 5.25 所示。

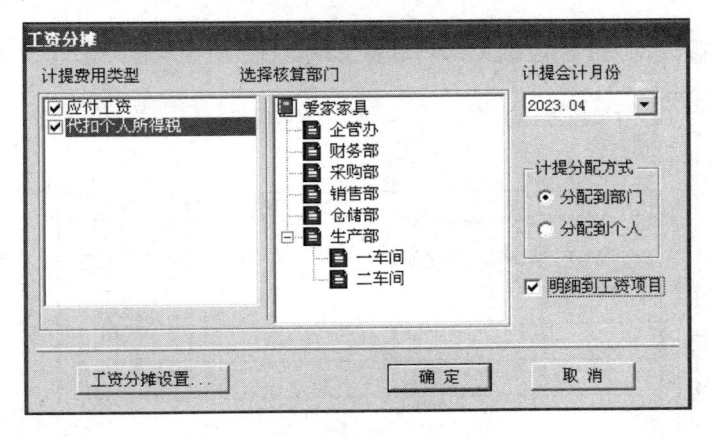

图 5.25　选择计提费用类型

步骤 2　单击"确定"按钮,打开"工资分摊明细"窗口。选中"合并科目相同、辅助项相同的分录"复选框,如图 5.26 所示。

图 5.26　应付工资一览表

步骤 3　单击"制单"按钮，生成工资分摊凭证，如图 5.27 所示。

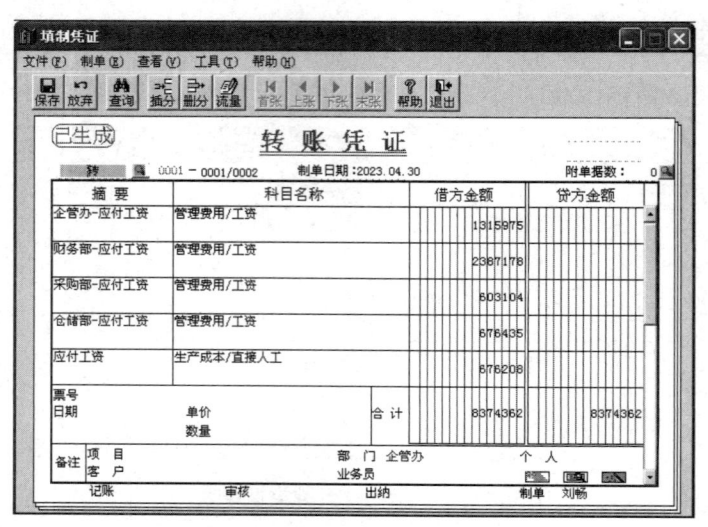

图 5.27　工资分摊凭证

步骤 4　单击"退出"按钮，返回"工资分摊明细"窗口。

步骤 5　从"类型"下拉列表中选择"代扣个人所得税"，选中"合并科目相同、辅助项相同的分录"复选框。单击"制单"按钮，生成代扣个人所得税凭证，如图 5.28 所示。

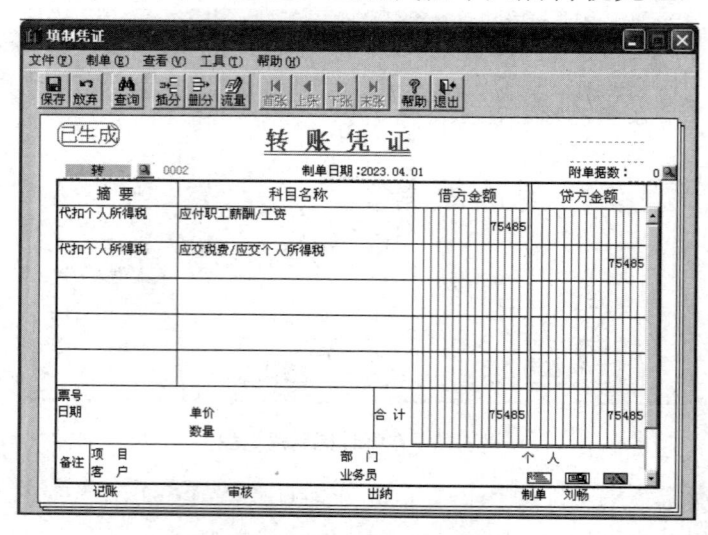

图 5.28　代扣个人所得税凭证

项目 5 工资管理

任务5　月末处理

月末处理是将当月数据经过处理后结转至下月。进行月末处理后，当月数据将不允许变动。由于在工资项目中有的项目是变动的，即每月的数据均不相同，因此在每月进行工资处理时，均须将其数据清为0，而后输入当月的数据。此类项目即为清零项目。

因为月末处理功能只有主管人员才能执行，所以应以主管的身份登录系统。

任务下达

以账套主管A01高文的身份进行月末处理。将"加班工资""病假天数""事假天数""加班天数""奖金"清零。

任务指引

步骤1　选择"工资"|"业务处理"|"月末处理"命令，打开"月末处理"对话框。

步骤2　单击"确认"按钮，系统弹出"月末处理之后，本月工资将不许变动！继续月末处理吗？"信息提示框。单击"是"按钮，系统弹出"是否选择清零项？"信息提示框。单击"是"按钮，打开"选择清零项目"对话框。

步骤3　在"请选择清零项目"列表框中选择"加班工资""病假天数""事假天数""加班天数""奖金"后单击">"按钮，将所选项目移动到右侧的列表框中，如图5.29所示。

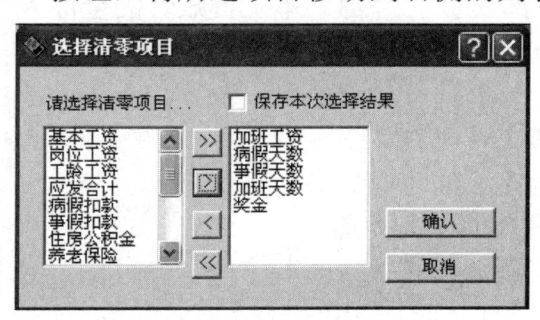

图5.29　选择清零项目

步骤4　单击"确认"按钮，弹出"月末处理完毕！"信息提示框。单击"确定"按钮返回。

全部完成后，将账套备份至"工资日常业务"文件夹中。

通关测试

一、判断题

1．工资管理子系统仅以人民币作为发放工资的货币。　　　　　　　　　　　　（　　）

2．某单位实行多工资类别核算，工资项目公式设置只能在打开某工资类别的情况下进行增加。　　　　　　　　　　　　　　　　　　　　　　　　　　　　　　　　（　　）

3．在工资管理子系统中，定义公式时可以不考虑计算的先后顺序，系统可以自动识别。
　　　　　　　　　　　　　　　　　　　　　　　　　　　　　　　　　　　　（　　）

4．个人所得税税率表已经按国家规定预置，不得修改。　　　　　　　　　　　（　　）

5．工资业务处理完毕后，需要经过记账处理才能生成各种工资报表。　　　　　（　　）

二、选择题

1. 关于建立工资账套，以下说法不正确的是（　　）。
   A. 可以选择本工资账套处理单个工资类别或多个工资类别
   B. 可以选择是否代扣个人所得税
   C. 可以选择发放工资的货币币种
   D. 可以选择是否要对职工进行编码

2. 假设奖金的计算公式为"奖金＝iff(人员类别＝"企业管理人员" and 部门＝"总经理办公室",800,iff(人员类别＝"车间管理人员",500,450))"，如果某职工属于一般职工，则他的奖金为（　　）元。
   A. 800　　　　B. 500　　　　C. 450　　　　D. 0

3. 如果设置某工资项目为数值型，长度为8，小数位为2，则该工资项目中最多可以输入（　　）整数。
   A. 5位　　　　B. 6位　　　　C. 7位　　　　D. 任意位

4. 如果只想输入"奖金"和"缺勤天数"两个工资项目的数据，最佳方法是利用系统提供的（　　）功能。
   A. 页编辑　　　　　　　　B. 筛选
   C. 替换　　　　　　　　　D. 过滤器

5. 在工资管理子系统中进行数据替换时，如果未输入替换条件，则系统默认为（　　）。
   A. 本工资类别的全部人员　　B. 本工资账套的全部人员
   C. 不做任何替换　　　　　　D. 提示输入替换条件

三、思考题

1. 哪些情况需要使用多工资类别？
2. 工资账套和工资类别是一回事吗？
3. 如何识别出你是否进入了工资类别？
4. 企业里哪些业务与工资分摊相关？
5. 设置"应税工资"工资项目的作用？

四、实训题

完成附录中的"实训7　工资管理"。

项目 6 固定资产管理

项目目标

1. 了解固定资产管理子系统的基本功能和应用流程。
2. 熟练掌握建立固定资产账套、基础信息设置操作。
3. 熟练掌握固定资产增减变动、计提折旧、资产变动处理等操作。
4. 培养学生良好的职业素养，能够诚实守信、客观公正、实事求是。
5. 培养学生的法治意识，提高学生的法治修养，做到以诚为本。
6. 培养学生践行社会主义核心价值观（法治、敬业、诚信）。

项目背景

固定资产是企业资产的重要组成部分，固定资产折旧也是影响企业损益的重要因素。利用 T3 固定资产管理子系统可以完成企业固定资产日常业务的核算和管理，生成固定资产卡片，按月反映固定资产的增减变动、原值变化和其他变化；按月计提折旧，生成折旧分配凭证，协助企业进行成本核算，同时输出一些与设备管理相关的报表和账簿。

任务 1　启用固定资产管理子系统

任务下达

以系统管理员的身份恢复"总账初始化"账套；以账套主管 A01 高文的身份重新登录系统管理，启用固定资产管理子系统。

任务指引

步骤 1　以系统管理员的身份进入系统管理，恢复"总账初始化"账套。

步骤 2　以账套主管 A01 高文的身份登录系统管理。选择"账套"|"启用"命令，打开"系统启用"对话框。

步骤 3　选中"FA 固定资产"复选框，选择启用日期"2023-04-01"，单击"确定"按钮，系统弹出"如果……，确实要启用当前系统吗？"信息提示框，单击"是"按钮确认。

步骤 4　单击"确定"按钮，返回系统管理。

任务 2　固定资产管理子系统初始化

任务下达

以账套主管 A01 高文的身份进行固定资产管理子系统初始化。固定资产账套选项设置如表 6.1 所示。

表6.1　固定资产账套选项设置

控制选项	选项设置
约定与说明	我同意
启用月份	2023.04
折旧信息	本账套计提折旧 折旧方法：平均年限法（一） 折旧汇总分配周期：1个月 当（月初已计提月份=可使用月份-1）时将剩余折旧全部提足
编码方式	资产类别编码方式：2112 固定资产编码方式：按"类别编码+部门编码+序号"自动编码；卡片序号长度为3
财务接口	与账务系统进行对账 对账科目如下。 ① 固定资产对账科目：1601,固定资产 ② 累计折旧对账科目：1602,累计折旧

任务指引

步骤1 以账套主管A01高文的身份进入T3，单击"固定资产"，系统弹出"……是否进行初始化？"信息提示框，如图6.1所示。

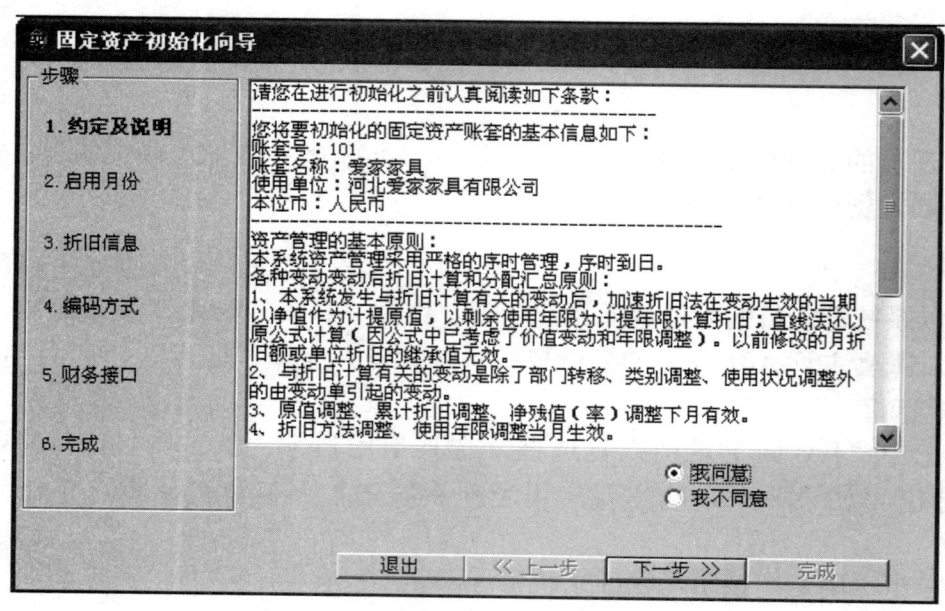

步骤2 单击"是"按钮确认，打开固定资产初始化向导。在"固定资产初始化向导——约定及说明"对话框中，仔细阅读相关条款，选中"我同意"单选按钮，如图6.2所示。

图6.1　固定资产——初始化提示

图6.2　固定资产初始化向导——约定及说明

步骤3 单击"下一步"按钮，打开"固定资产初始化向导——启用月份"对话框。选择账套启用月份"2023.04"。

步骤4 单击"下一步"按钮，打开"固定资产初始化向导——折旧信息"对话框。选中"本账套计提折旧"复选框；选择主要折旧方法"平均年限法（一）"，折旧汇总分配周期设为"1个月";选中"当(月初已计提月份=可使用月份-1)时将剩余折旧全部提足(工作量法除外)"复选框,如图6.3所示。

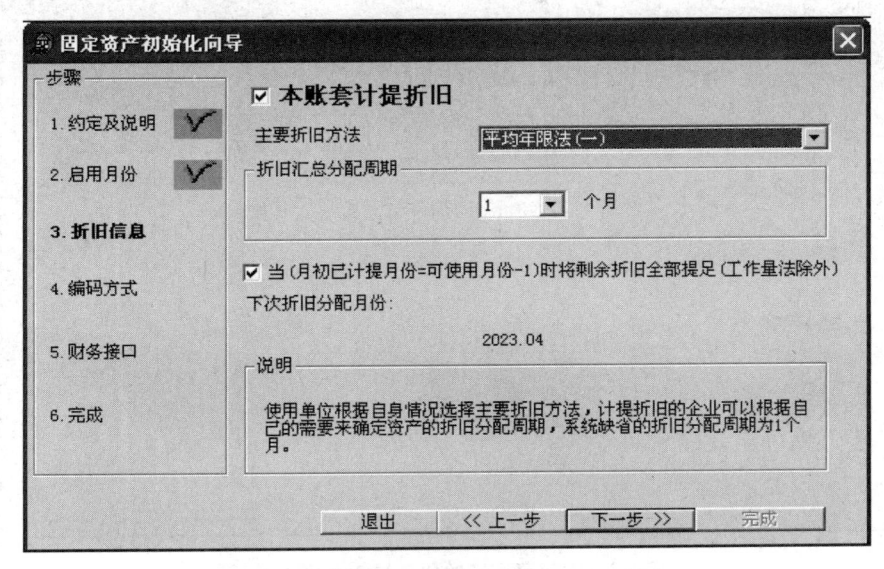

图6.3 固定资产初始化向导——折旧信息

> **提示**
> ① 如果是行政事业单位,不选中"本账套计提折旧"复选框,则账套内所有与折旧有关的功能被屏蔽。该选项在初始化设置完成后不能修改。
> ② 虽然这里选择了某种折旧方法,但在设置资产类别或定义具体固定资产时可以更改。

步骤5 单击"下一步"按钮,打开"固定资产初始化向导——编码方式"对话框。确定资产类别编码长度为2112;选中"自动编码"单选按钮,选择固定资产编码方式"类别编号+部门编号+序号",选择序号长度"3",如图6.4所示。

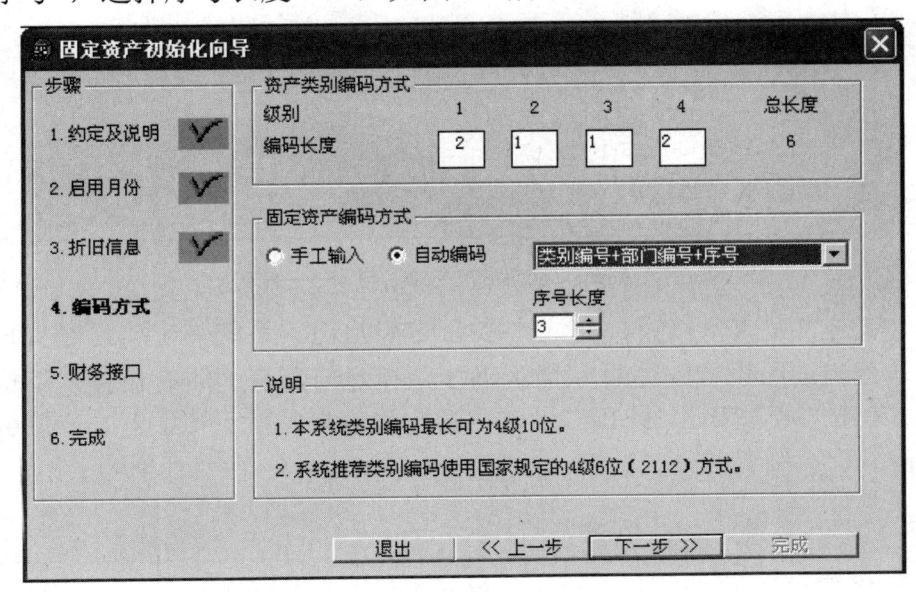

图6.4 固定资产初始化向导——编码方式

步骤6 单击"下一步"按钮,打开"固定资产初始化向导——财务接口"对话框。选中"与账务系统进行对账"复选框;选择固定资产对账科目"1601,固定资产"、累计折旧对账科目"1602,累计折旧",如图 6.5 所示。

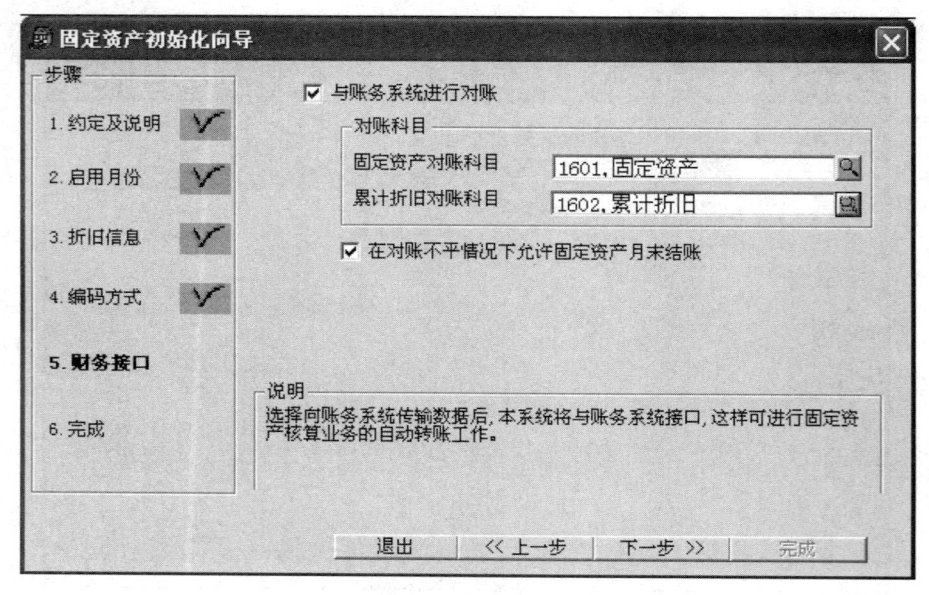

图 6.5 固定资产初始化向导——财务接口

步骤 7 单击"下一步"按钮,打开"固定资产初始化向导——完成"对话框,如图 6.6 所示。

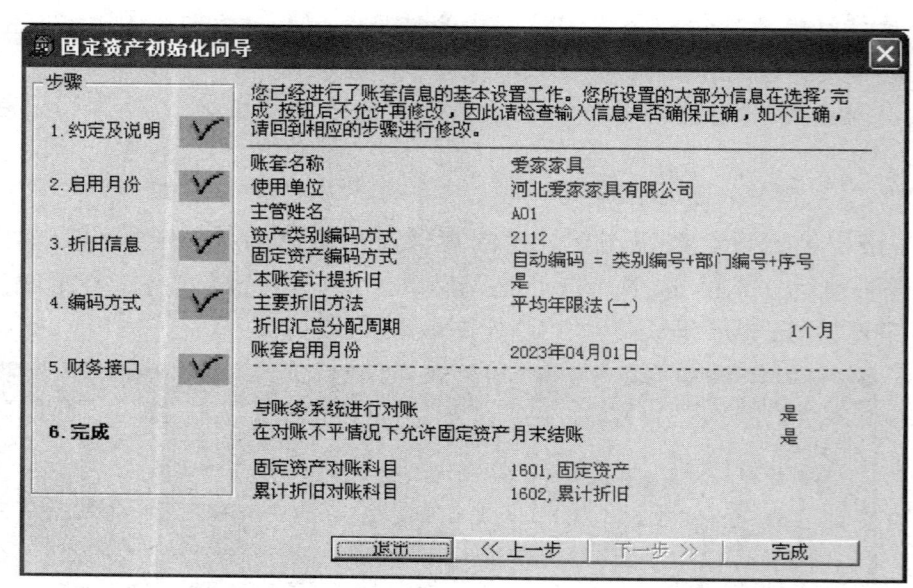

图 6.6 固定资产初始化向导——完成

步骤 8 单击"完成"按钮,完成本账套的初始化,系统弹出"已经完成新账套的所有设置工作,是否确定所设置的信息完全正确并保存对新账套的所有设置?"信息提示框。

步骤 9 单击"是"按钮,弹出"已成功初始化本固定资产账套!"信息提示框。单击"确定"按钮返回。

> **提示**
> ① 初始化设置完成后,有些选项不能修改,所以要慎重。
> ② 如果发现选项有错,必须改正,则只能通过固定资产管理子系统的"维护"|"重新初始化账套"命令实现。该操作将清空对该子账套所做的一切工作。

任务3　固定资产基础设置

固定资产基础设置包括选项设置、资产类别设置、部门对应折旧科目设置、增减方式设置、使用状况及折旧方法设置等。

以账套主管 A01 高文的身份进行固定资产基础设置。

任务3.1　选项设置

任务下达

固定资产选项设置要求如下：

业务发生后立即制单；

月末结账前一定要完成制单登账业务；

可纳税调整的增加方式包括直接购入、投资者投入、捐赠和在建工程转入；

固定资产缺省入账科目：1601；累计折旧缺省入账科目：1602；可抵扣税额入账科目：22210101。

任务指引

步骤1　选择"固定资产"|"设置"|"选项"命令，打开"选项"对话框。

步骤2　在"与账务系统接口"选项卡中选中"业务发生后立即制单""月末结账前一定要完成制单登账业务"复选框；选择可纳税调整的增加方式"直接购入,投资者投入,捐赠,在建工程转入"，选择固定资产缺省入账科目"1601,固定资产"、累计折旧缺省入账科目"1602,累计折旧"、可抵扣税额入账科目为"22210101,进项税额"，如图 6.7 所示。

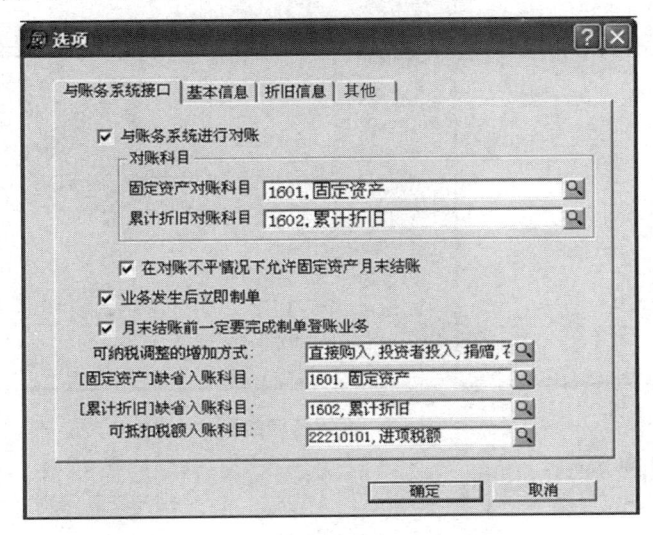

图 6.7　固定资产的选项设置

步骤3　单击"确定"按钮。

> **提示**
> ① 设置了可纳税调整的增加方式，后期采用这些方式新增的资产，业务制单时自动带出可抵扣税额。
> ② T3 提供"业务发生后立即制单"和"批量制单"两种方式。选择"业务发生后立即制单"则资产增减、变动、计提折旧业务发生时系统自动生成凭证，否则，可利用批量制单功能批量生成凭证。

任务 3.2 资产类别设置

任务下达

爱家家具资产类别如表 6.2 所示。

表6.2 资产类别

编码	类别名称	计提属性	净残值率/%	单位	折旧方法	卡片样式
01	运输设备	正常计提	4		平均年限法（一）	通用样式
011	轿车	正常计提	4		平均年限法（一）	通用样式
012	货车	正常计提	4		年数总和法	通用样式
02	房屋及建筑物	正常计提	4		平均年限法（一）	通用样式
03	办公设备	正常计提	4	台	平均年限法（一）	通用样式
04	生产设备	正常计提	4	台	平均年限法（一）	通用样式

任务指引

步骤1　选择"固定资产"|"设置"|"资产类别"命令，打开"类别编码表"窗口。

步骤2　单击"增加"按钮，输入类别名称"运输设备"、净残值率"4%"，选择计提属性"正常计提"、折旧方法"平均年限法（一）"、卡片样式"通用样式"。单击"保存"按钮。

步骤3　同理，完成其他固定资产类别的设置，如图 6.8 所示。

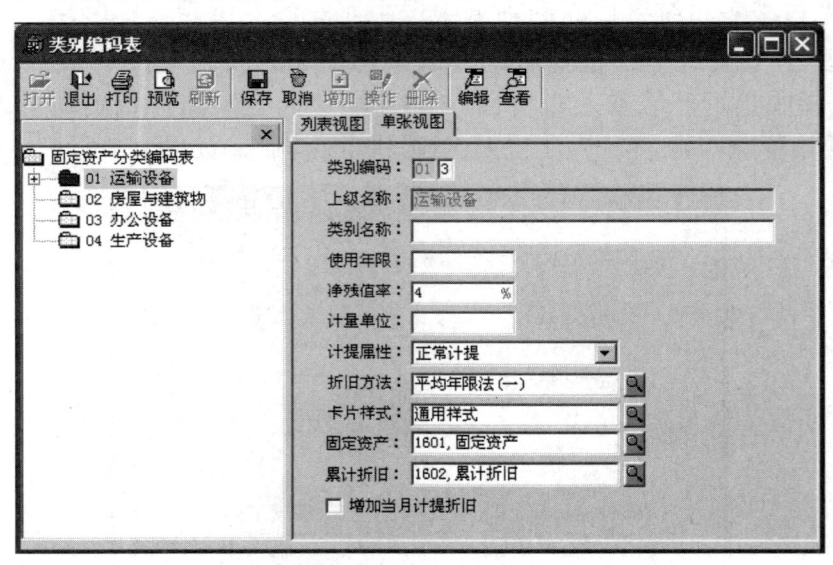

图6.8　设置资产类别

步骤4　单击"退出"按钮返回。

> **提示**
> ① 固定资产类别编码不能重复，同一级的类别名称不能相同。
> ② 类别编码、类别名称、计提属性、卡片样式不能为空。
> ③ 已使用的类别不能设置新下级。

任务 3.3 部门对应折旧科目设置

任务下达

爱家家具部门对应折旧科目如表 6.3 所示。

表6.3 部门对应折旧科目

部门	对应折旧科目
企管办	660205
财务部	660205
采购部	660205
仓储部	660205
销售部	660105
生产部	510102

任务指引

步骤1 选择"固定资产"|"设置"|"部门对应折旧科目"命令,打开"部门编码表"窗口。

步骤2 选择部门"企管办",单击"操作"按钮。

步骤3 选择折旧科目为660205,如图6.9所示。

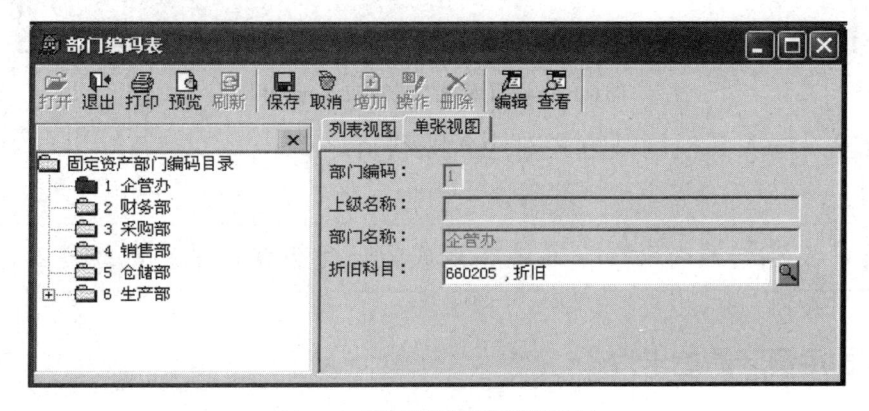

图6.9 设置部门对应折旧科目

步骤4 单击"保存"按钮。同理,完成其他部门折旧科目的设置。

提示

① 如果一车间和二车间对应的折旧科目相同,则可以将折旧科目设置在生产部,保存后单击"刷新"按钮,其下属部门自动继承。

② 设置部门对应折旧科目即指定计提折旧生成凭证所对应的借方科目。

任务3.4 增减方式设置

任务下达

爱家家具固定资产增减方式和对应入账科目如表6.4所示。

表6.4 固定资产增减方式和对应入账科目

固定资产增加方式			固定资产减少方式		
编码	方式	对应科目	编码	方式	对应科目
101	直接购入	10020101	201	出售	1606
102	投资者投入	400101	202	盘亏	1901
103	捐赠	6301	203	投资转出	1511
104	盘盈	1901	204	捐赠转出	1606
105	在建工程转入	1604	205	报废	1606
106	融资租入	2701	206	毁损	1606

任务指引

步骤 1　选择"固定资产"|"设置"|"增减方式"命令，打开"增减方式"窗口。

步骤 2　在左侧增减方式目录表中，选择增加方式"101 直接购入"，然后单击"操作"按钮。

步骤 3　输入对应入账科目"10020101,人民币户"，如图 6.10 所示。单击"保存"按钮。

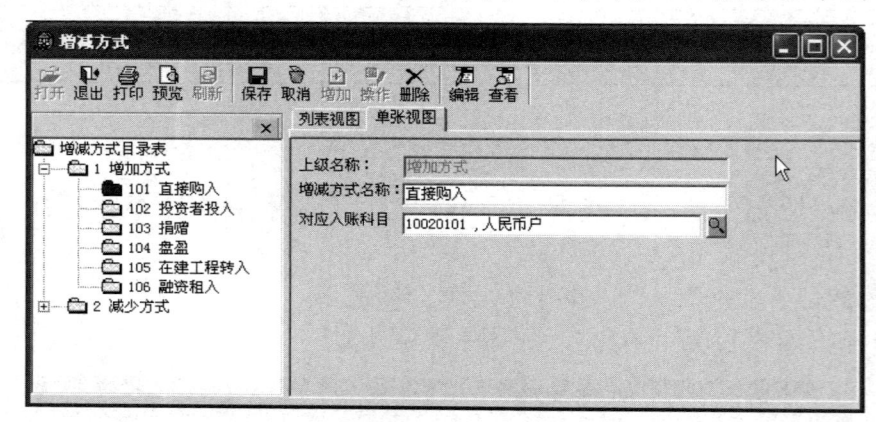

图 6.10　设置增减方式对应入账科目

步骤 4　同理，输入其他增减方式对应入账科目。

> **提示**
> 当固定资产发生增减变动时，系统在生成凭证时会默认采用这些科目。

任务 3.5　输入固定资产原始卡片

任务下达

以账套主管 A01 高文的身份输入固定资产原始卡片信息，如表 6.5 所示。

表 6.5　固定资产原始卡片　　　　　　　　　　　　　　　　　　　元

固定资产名称	类别编号	部门名称	增加方式	使用年限/年	开始使用日期	原值	累计折旧	使用状况	净残值率
办公楼	02	企管办	直接购入	20	2017-03-10	510 200.00	117 800.00	在用	4%
厂房	02	一车间	直接购入	17	2017-03-15	204 000.00	69 000.00	在用	4%
HP 服务器	03	财务部	直接购入	5	2021-03-12	12 400.00	4 800.00	在用	4%
打印机	03	财务部	直接购入	5	2021-03-12	8 000.00	3 000.00	在用	4%
A 生产线	04	一车间	直接购入	5	2021-03-12	100 000.00	38 400.00	在用	4%
B 生产线	04	二车间	直接购入	5	2021-03-12	83 600.00	32 000.00	在用	4%

任务指引

步骤 1　选择"固定资产"|"卡片"|"录入原始卡片"命令，打开"资产类别参照"对话框。

步骤 2　选择固定资产类别"02 房屋与建筑物"，如图 6.11 所示。单击"确认"按钮，打开"固定资产卡片"窗口。

步骤 3　输入固定资产名称"办公楼"；双击"部门名称"，选择"企管办"；双击"增加方式"，选择"直接购入"；双击"使用状况"，选择"在用"；输入使用年限"20 年"、开始使用日期"2017-03-10"、原值"510200"、累计折旧"117800";其他信息自动算出。输入完成后如图6.12所示。

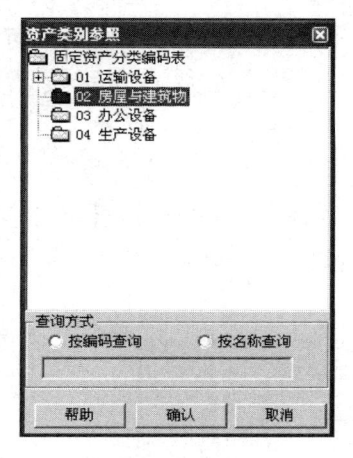

图6.11 选择固定资产类别

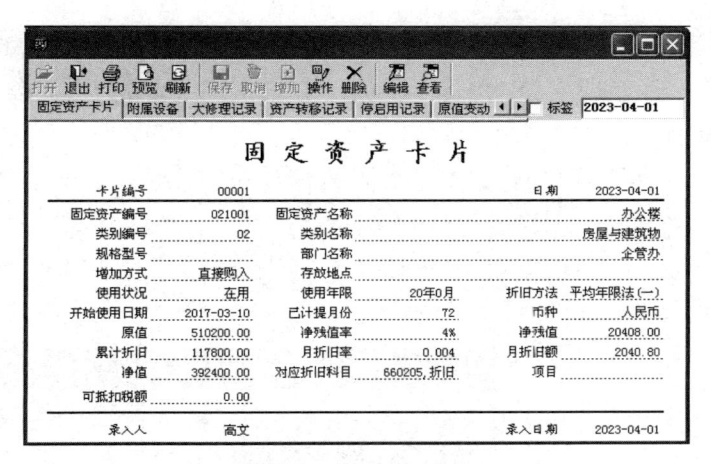

图6.12 原始卡片输入

步骤4 单击"保存"按钮,系统弹出"数据成功保存!"信息提示框。单击"确定"按钮。

步骤5 同理,完成其他固定资产卡片的输入。

步骤6 全部原始卡片输入完成后退出。选择"固定资产"|"处理"|"对账"命令,将目前固定资产管理子系统明细与总账管理子系统进行对账,以确保固定资产明细账与总账相符,如图6.13所示。

以上全部完成后,将账套备份至"固定资产初始化"文件夹中。

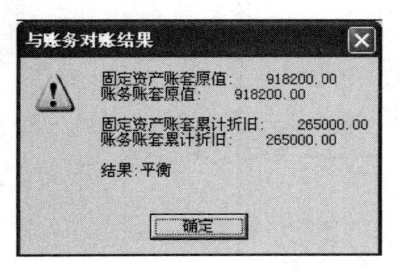

图6.13 固定资产对账

> **提示**
>
> ① 卡片编号。卡片编号由系统根据初始化时定义的编码方案自动设定,不能修改。如果删除了一张卡片,又不是最后一张,那么系统将保留空号。
>
> ② 已计提月份。对于已计提月份,系统将根据开始使用日期自动算出,但可以修改。应将使用期间停用等不计提折旧的月份扣除。
>
> ③ 月折旧率、月折旧额。与计算折旧有关的项目输入后,系统会按照输入的内容自动算出月折旧率和月折旧额并显示在相应项目内。可与手工计算的值比较,核对是否有错误。

任务4 固定资产日常业务处理

固定资产管理子系统的日常业务处理主要完成固定资产增减、计提折旧、资产变动处理、凭证处理和月末处理等内容。

以A02刘畅的身份进行固定资产日常业务处理。

任务4.1 固定资产增加

任务下达

4月16日,购入福田货车一辆,价款120 000元,进项增值税额为15 600元。使用部门为销售部,预计使用年限为5年。工行转账支票支付。

思政小课堂
实事求是

任务指引

步骤1　在业务发生当天日期（2023年4月16日），以账套主管的身份登录T3。

步骤2　选择"固定资产"|"卡片"|"资产增加"命令，打开"资产类别参照"对话框。

步骤3　选择资产类别"012货车"，然后单击"确认"按钮，打开"固定资产卡片"窗口。

步骤4　输入固定资产名称"福田货车"；双击"部门名称"，选择"销售部"；双击"增加方式"，选择"直接购入"；双击"使用状况"，选择"在用"；输入开始使用日期"2023-04-16"、使用年限"5年"、原值"120000"、可抵扣税额"15600"。完成后如图6.14所示。

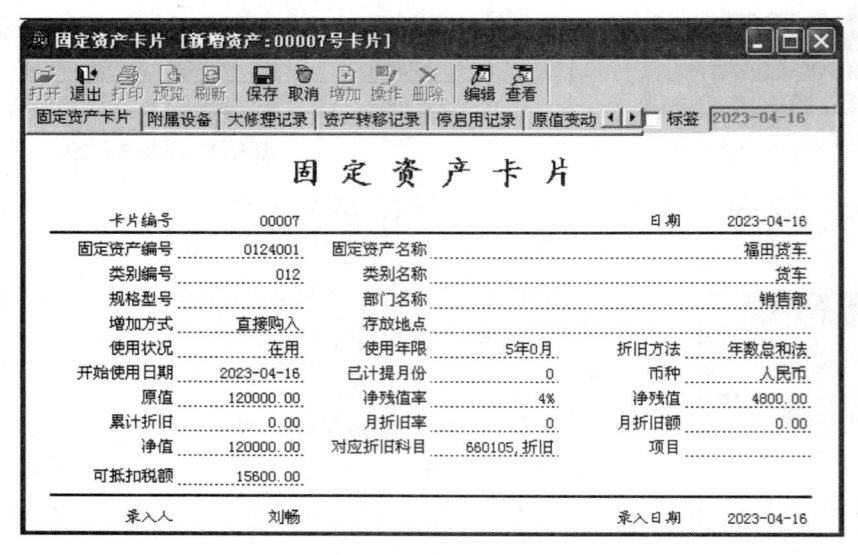

图6.14　新增固定资产

步骤5　单击"保存"按钮，打开"填制凭证"窗口，系统自动生成付款凭证。单击"保存"按钮，如图6.15所示。

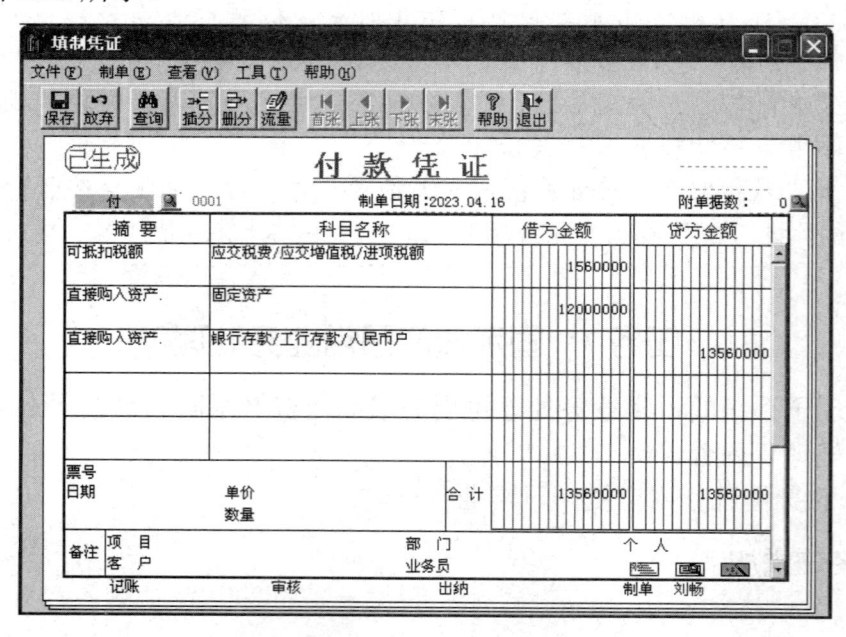

图6.15　固定资产增加生成凭证

步骤6　单击"退出"按钮，系统提示"数据成功保存！"。单击"确定"按钮返回。

项目 6　固定资产管理

> **提示**
> ① 固定资产原值一定要输入卡片并输入月初的价值，否则会出现计算错误。
> ② 新卡片第 1 个月不提折旧，累计折旧为空或 0。
> ③ 如果在"选项"对话框中选中了"业务发生后立即制单"复选框，则卡片输入完后系统会自动生成业务凭证。
> ④ 固定资产卡片中的"附属设备""大修理记录""资产转移记录""停启用记录""原值变动记录"无须输入，业务发生填制相关单据保存后自动写入。

任务 4.2　计提折旧

任务下达

以 A02 刘畅的身份计提 4 月固定资产折旧。

思政小课堂
树立法治意识

任务指引

步骤 1　选择"固定资产"|"处理"|"计提本月折旧"命令，系统弹出"本操作将计提本月折旧，并花费一定时间，是否要继续？"信息提示框。单击"是"按钮，系统弹出"是否要查看折旧清单？"信息提示框。单击其中的"否"按钮。

步骤 2　系统计提折旧完成后打开"折旧分配表"窗口，如图 6.16 所示。

步骤 3　单击"凭证"按钮，打开"填制凭证"窗口，如图 6.17 所示。单击"保存"按钮，然后单击"退出"按钮，退出"填制凭证"窗口。

图 6.16　折旧分配表

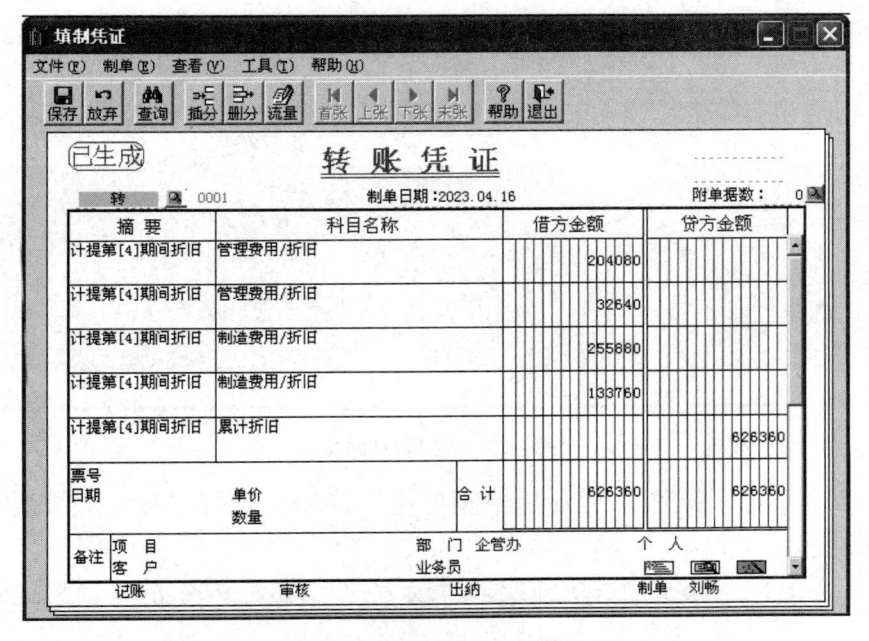

图 6.17　计提折旧生成凭证

步骤4　单击"退出"按钮，系统弹出"计提折旧完成"信息提示框。单击"确定"按钮返回。

> **提示**
>
> ① 如果在一个期间多次计提折旧，则每次计提折旧后，只是将计提的折旧累加到月初的累计折旧上，不会重复累计；在计提折旧后又对账套进行了影响折旧计算或分配的操作时，必须重新计提折旧，以保证折旧计算的正确性。
>
> ② 如果上一次计提的折旧已经制单但尚未记账，必须删除该凭证；如果已经记账，必须冲销该凭证，重新计提折旧；如果自定义的折旧方法月折旧率或月折旧额出现负数，则系统会自动中止计提。
>
> ③ 折旧分配表包括部门折旧分配表和类别折旧分配表两种类型。部门折旧分配表中的部门可以不等同于使用部门，使用部门必须是明细部门；部门折旧分配表中的部门是指汇总时使用的部门，因此要在计提折旧后分配折旧费用时做出选择。
>
> ④ 当企业中有固定资产按工作量法计提折旧时，在计提折旧之前必须输入该固定资产当期的工作量，为系统提供计算累计折旧所需要的信息。

任务4.3　固定资产减少

任务下达

16日，财务部使用的打印机发生毁损。

任务指引

步骤1　选择"固定资产"|"卡片"|"资产减少"命令，打开"资产减少"对话框。

步骤2　选择卡片编号"00004"（打印机），然后单击"增加"按钮，选择减少方式"毁损"，如图6.18所示。

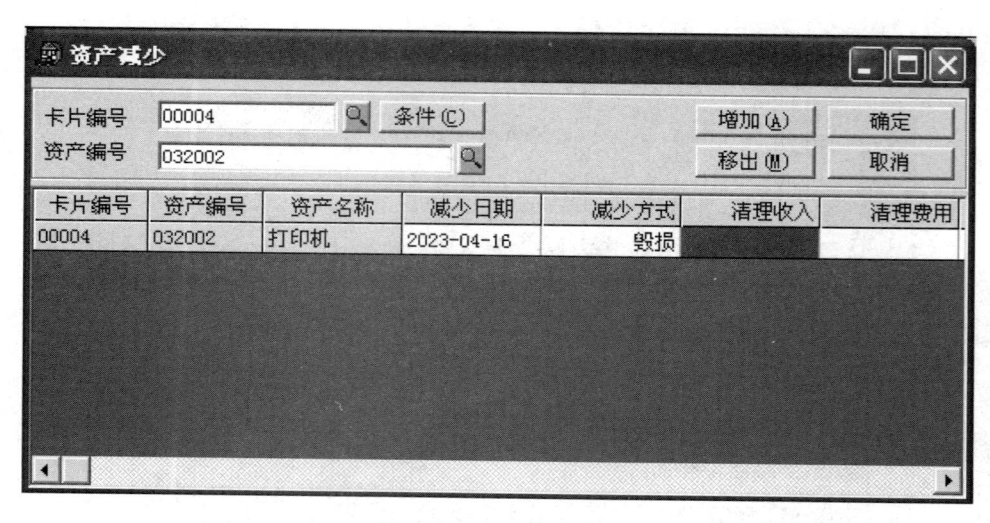

图6.18　固定资产减少

步骤3　单击"确定"按钮，打开"填制凭证"窗口。选择"转　转账凭证"，然后单击"保存"按钮，如图6.19所示。

步骤4　单击"退出"按钮，系统弹出"所选卡片已经减少成功！"信息提示框。单击"确定"按钮返回。

项目 6　固定资产管理

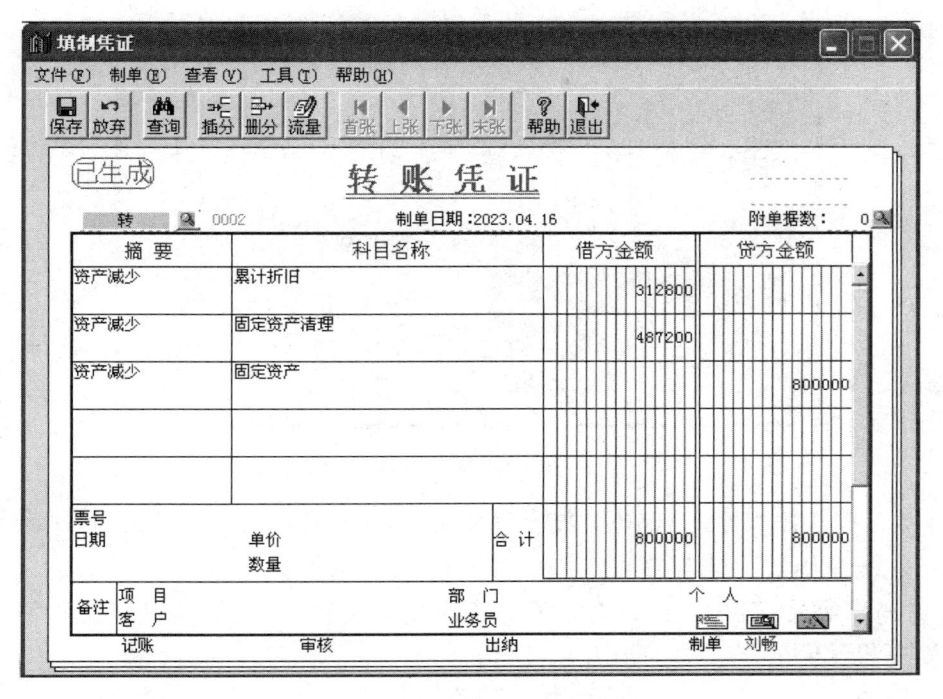

图6.19　固定资产减少生成凭证

> **提示**
>
> 只有计提折旧完成后，才可以使用资产减少功能，否则资产减少只能通过删除卡片来完成。

任务 4.4　月末结账

任务下达

以 A02 刘畅的身份进行 4 月固定资产月末结账。

任务指引

步骤 1　由 A03 王菲登录 T3，选择"总账"|"凭证"|"出纳签字"命令，对固定资产生成的凭证进行出纳签字。

步骤 2　由 A01 高文登录 T3，选择"总账"|"凭证"|"审核凭证"命令，对固定资产生成的凭证进行审核。选择"总账"|"凭证"|"审核凭证"命令，对固定资产管理子系统传递过来的凭证进行记账。

> **提示**
>
> ① 如果在初始设置的"选项"对话框中选中了"与账务系统进行对账"复选框，则对账的操作不限制执行时间，任何时候都可以进行对账。
>
> ② 如果在"选项"对话框中选中了"在对账不平情况下允许固定资产月末结账"复选框，则对账不平也可以直接进行月末结账。

步骤 3　由 A02 刘畅登录 T3，选择"固定资产"|"处理"|"月末结账"命令，打开"月末结账"对话框，如图 6.20 所示。

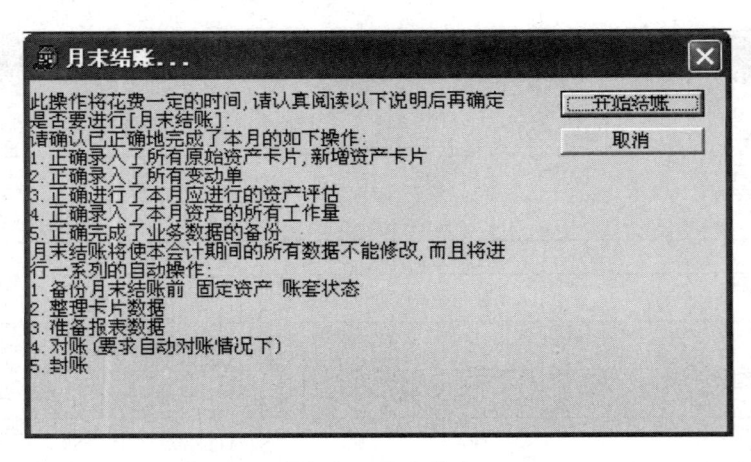

图 6.20 月末结账

步骤 4　单击"开始结账"按钮，系统自动检查与总账管理子系统的对账结果。单击"确定"按钮后，系统弹出"月末结账成功完成！"信息提示框。

步骤 5　单击"确定"按钮返回，系统提示"本账套最新可修改日期更改为 2023-05-01…"。单击"确定"按钮返回。

> **提示**
> ① 本会计期间做完月末结账工作后，所有的数据资料将不能再进行修改。
> ② 本会计期间不做完月末结账工作，系统将不允许处理下一个会计期间的数据。月末结账前一定要进行数据备份，否则数据一旦丢失就将造成无法挽回的后果。

任务 4.5　固定资产变动

任务下达

5 月 8 日，经评估，厂房使用年限变更为 15 年。

任务指引

步骤 1　选择"固定资产"|"卡片"|"变动单"|"使用年限调整"命令，打开"固定资产变动单"窗口。

步骤 2　选择卡片编号"00002"，输入变动后使用年限"15"年、变动原因"评估调整"，如图 6.21 所示。单击"保存"按钮，保存变动单。

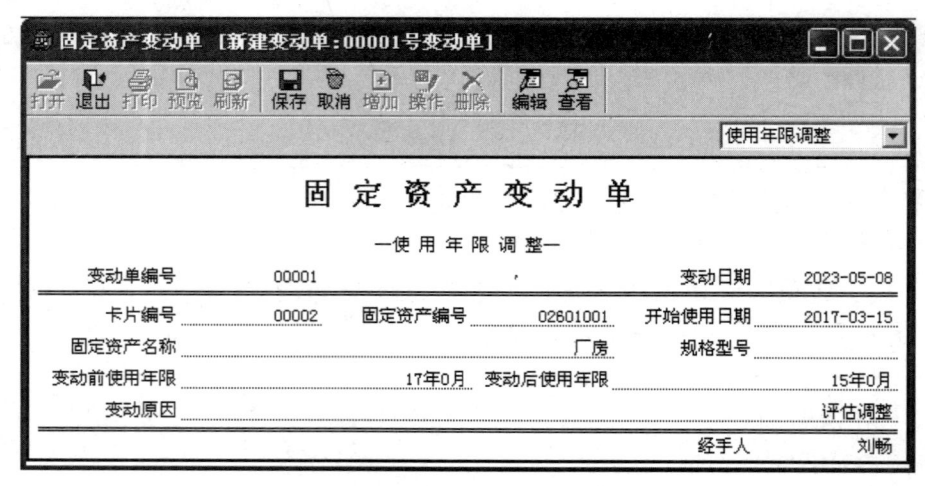

图 6.21　使用年限调整

任务 4.6　卡片管理

任务下达

以 A02 刘畅的身份修改 00006 卡片固定资产名称为"组装生产线"。

任务指引

步骤 1　选择"固定资产"|"卡片"|"卡片管理"命令，打开"卡片管理"窗口，如图 6.22 所示。

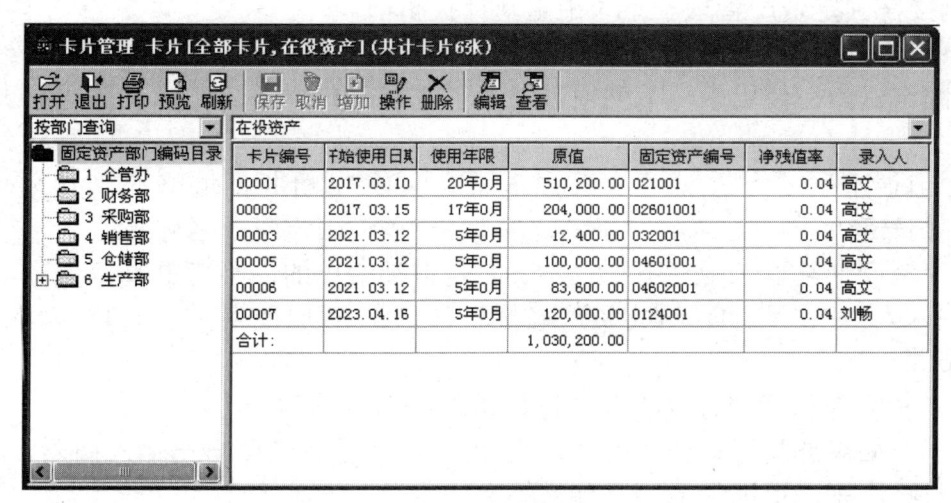

图 6.22　卡片管理

步骤 2　选择卡片编号"00006"（B 生产线），然后单击"编辑"按钮，打开"固定资产卡片"窗口。

步骤 3　修改固定资产名称，然后单击"保存"按钮，系统提示"数据成功保存！"信息提示框。单击"确定"按钮返回。

> **提示**
> ① 在"在役资产"下拉列表中选择"已减少资产"，可以查看已减少资产列表。
> ② 单击"编辑"按钮，可查看固定资产卡片全部项目。

通关测试

一、判断题

1. 固定资产管理子系统提供整个账套不提折旧的功能。　　　　　　　　　　（　　）
2. 计提折旧每月只能执行一次，否则会重复计提。　　　　　　　　　　　　（　　）
3. 固定资产月末与总账对账不平不能结账。　　　　　　　　　　　　　　　（　　）
4. 企业将一项资产由"在用"转为"不需用"时，应修改相应的固定资产卡片。
　　　　　　　　　　　　　　　　　　　　　　　　　　　　　　　　　　（　　）
5. 本月新增资产不能进行变动处理。　　　　　　　　　　　　　　　　　　（　　）

二、选择题

1. 固定资产管理子系统对固定资产管理采用严格的序时管理，序时到（　　）。
　　A. 日　　　　　　　B. 月　　　　　　　C. 季　　　　　　　D. 年

2. 总账管理子系统中固定资产和累计折旧科目的期初余额对应的是固定资产管理子系统中（　　）操作产生的数据。

  A. 资产增加 B. 原始卡片输入 C. 资产变动 D. 资产评估

3. 由于误操作，本月 1 日固定资产管理子系统计提了一次折旧，并已制单且传递到了总账管理子系统。要重新计提本月折旧，则下列（　　）描述是正确的？

  A. 先在固定资产管理子系统中删除本月计提折旧生成的凭证，再重新计提本月折旧。

  B. 先在总账管理子系统中删除本月计提折旧生成的凭证，再重新计提本月折旧。

  C. 直接在固定资产管理子系统中重新计提折旧。

  D. 下月再补提折旧。

4. 某项固定资产在使用中，下列项目发生了变动，其中（　　）不需要通过变动单就可以修改。

  A. 原值调整   B. 累计折旧调整

  C. 部门转移   D. 固定资产名称变动

5. 在固定资产卡片输入中，下列（　　）是自动给出的，不能更改。

  A. 输入人 B. 固定资产名称 C. 存放地点 D. 对应折旧

三、思考题

1. T3 固定资产是否适合行政事业单位使用？如何设置？

2. 试一试，如果选择了"业务发生后立即制单"，是否需要自己输入摘要？

3. 如果对账不平，可能的原因是什么？

4. 固定资产变动包括哪些类型？

5. 为什么本项目中的资产变动业务要设定到 5 月，布置在 4 月是否可以？

四、实训题

完成附录中的"实训 8　固定资产管理"。

项目 7

购销存管理初始化

项目目标
1. 了解购销存管理子系统的构成。
2. 熟练掌握购销存基础档案设置。
3. 熟练掌握购销存核算科目的设置。
4. 熟练掌握购销存期初数据的输入。
5. 培养学生精益求精的工匠精神和严肃认真的科学精神。

思政小课堂

落实基础

项目背景

T3 购销存管理子系统主要由采购管理、销售管理、库存管理几个子系统组成，主要管理企业的采购业务、销售业务、出入库业务等。购销存管理子系统与总账管理子系统之间通过核算管理子系统连接，核算管理子系统主要核算存货的出入库及结存成本，并生成财务核算凭证。购销存管理子系统是 T3 的重要组成部分。它突破了财务信息化事后核算的局限，实现业财一体化的全面管理。

在正式使用购销存管理子系统之前，需要整理与业务管理相关的基础档案、购销存期初数据并输入，设置采购选项，设置生成财务核算凭证需要使用的存货科目、对方科目和往来科目等。

任务1 启用购销存管理和核算管理子系统

任务下达

以系统管理员的身份进入系统管理，恢复"总账初始化"账套，再以账套主管的身份进入系统管理，启用购销存管理和核算管理子系统。

任务指引

步骤1 以系统管理员的身份登录系统管理，恢复"总账初始化"账套。

步骤2 以账套主管 A01 高文的身份进入系统管理，选择"账套"|"启用"命令，打开"系统启用"窗口。

步骤3 选中"IA 核算"复选框，选择启用日期为 2023-04-01。单击"确定"按钮，默认系统提示。再选中"GX 购销存管理"复选框，选择启用日期为 2023-04-01，如图 7.1 所示。

步骤4 单击"确定"按钮返回。

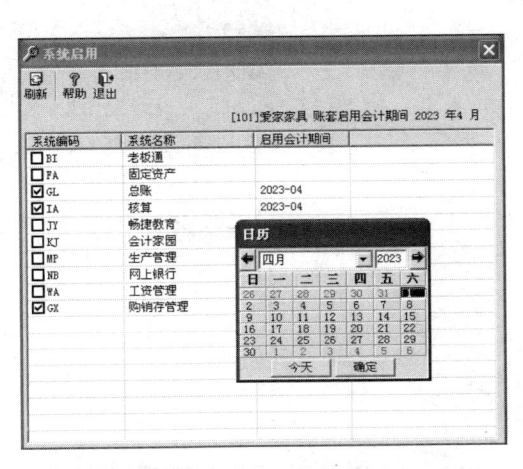

图 7.1 启用购销存管理和核算管理子系统

任务2 基础档案设置

购销存管理需要设置的基础档案信息包括存货、业务、核算科目等。

任务2.1 设置存货

任务下达

以账套主管的身份进行购销存管理存货设置，如表7.1和表7.2所示。

表7.1 存货分类

分类编码	分类名称
1	原材料
101	三聚氰胺板
102	大芯板
103	进口五金
104	五金套组
2	产成品
3	应税劳务

表7.2 存货档案

存货编码	存货名称	存货分类	主计量单位	存货属性	税率	参考成本
1001	三聚氰胺板	101	张	外购、生产耗用	13%	230元/张
1002	大芯板	102	张	外购、生产耗用	13%	80元/张
1003	进口五金	103	组	外购、生产耗用	13%	20元/组
1004	五金套组	104	组	外购、生产耗用	13%	10元/组
2001	整体书柜	2	组	销售、自制	13%	1 000元/组
2002	实用电脑桌	2	张	销售、自制	13%	260元/张
3001	运输费	3	千米	销售、外购、应税劳务	9%	

任务指引

1. 设置存货分类

步骤1 以账套主管的身份进入T3，选择"基础设置"|"存货"|"存货分类"命令，打开"存货分类"窗口。

步骤2 按表7.1输入存货分类信息，然后单击"保存"按钮。完成后如图7.2所示。

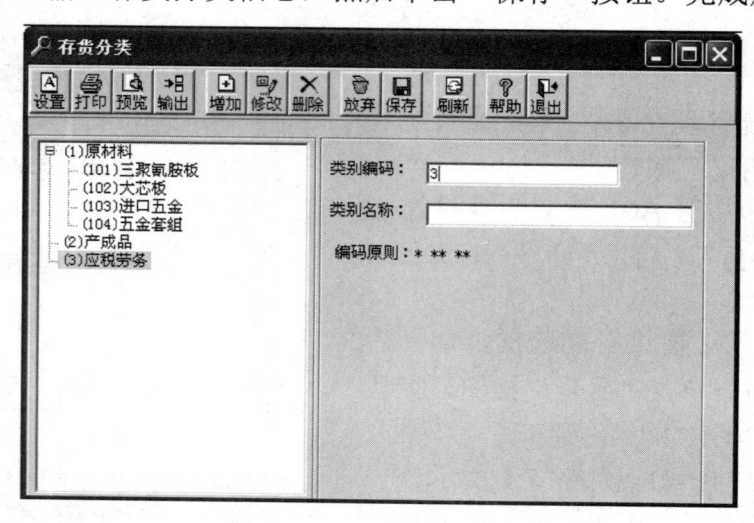

图7.2 设置存货分类

2. 设置存货档案

步骤 1　选择"基础设置"|"存货"|"存货档案"命令，打开"存货档案"窗口。

步骤 2　选择存货大类"原材料"，单击"增加"按钮，打开"存货档案卡片"对话框。在"基本"选项卡中输入存货编号、存货名称、计量单位、所属分类码、税率等信息，并选中"外购"和"生产耗用"复选框，如图 7.3 所示。

步骤 3　打开"成本"选项卡，输入参考成本"230"，如图 7.4 所示。

图 7.3　"基本"选项卡　　　　　图 7.4　"成本"选项卡

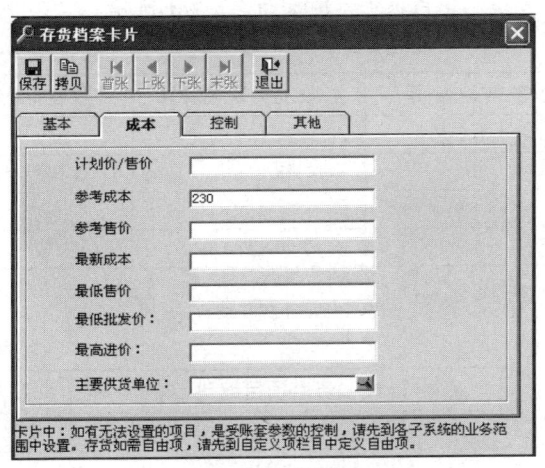

步骤 4　单击"保存"按钮，继续输入其他档案。全部输入完成后，单击"退出"按钮返回"存货档案"窗口。单击左侧"存货大类"，右侧显示所有存货档案，如图 7.5 所示。

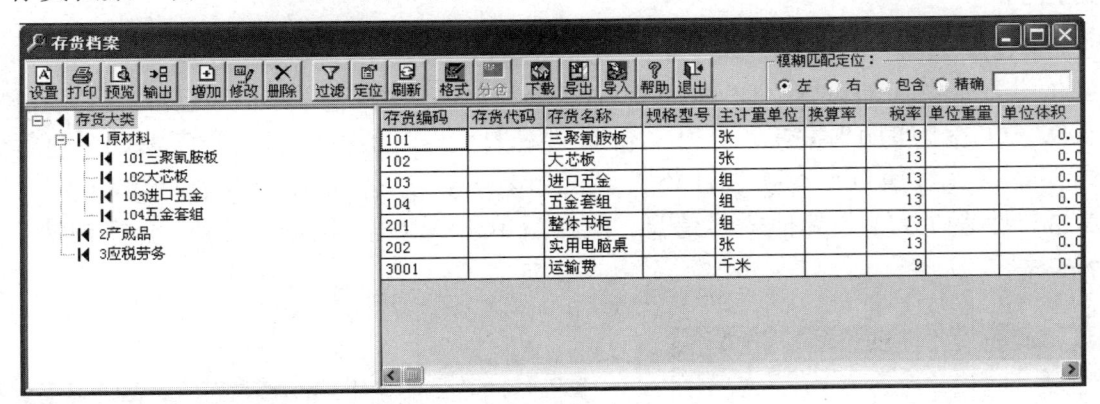

图 7.5　存货档案

> **提示**
>
> 存货属性是对存货的一种分类。设置了"外购"属性的存货在填制采购单据时可以被参照；设置了"销售"属性的存货在填制销售单据时可以被参照；设置了"生产耗用"属性的存货在填制材料出库单时可以被参照；设置了"自制"属性的存货在填制产成品入库单时可以被参照。运输费既可能出现在采购单据中，也可能出现在销售单据中，属于一种应税劳务，因此需选中"销售""外购""劳务费用"属性。

任务 2.2　设置业务

任务下达

以账套主管的身份进行购销存管理业务设置，如表 7.3、表 7.4 和表 7.5 所示。

爱家家具仓库档案如表7.3所示。

表7.3 仓库档案

仓库编码	仓库名称	所属部门	计价方式
1	板材库	仓储部	先进先出法
2	五金库	仓储部	先进先出法
3	成品库	仓储部	先进先出法

爱家家具收发类别如表7.4所示。

表7.4 收发类别

收发类别编码	收发类别名称	收发标志	收发类别编码	收发类别名称	收发标志
1	入库	收	2	出库	发
11	采购入库	收	21	销售出库	发
12	产成品入库	收	22	材料领用出库	发
15	其他入库	收	25	其他出库	发

爱家家具费用项目如表7.5所示。

表7.5 费用项目

费用项目编码	费用项目名称
01	装卸费
02	运输费
03	包装费

任务指引

1. 设置仓库档案

步骤1 选择"基础设置"|"购销存"|"仓库档案"命令，打开"仓库档案"窗口。

步骤2 单击"增加"按钮，打开"仓库档案卡片"对话框。输入仓库编码、仓库名称、所属部门、负责人等信息，并选择计价方式，如图7.6所示。单击"保存"按钮。

步骤3 按表7.3输入其他仓库信息，保存后单击"退出"按钮，回到"仓库档案"窗口，如图7.7所示。

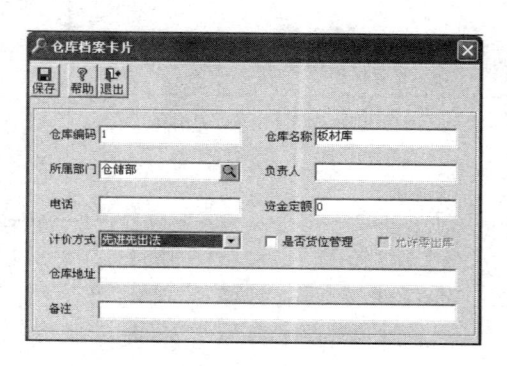

图7.6 仓库档案卡片

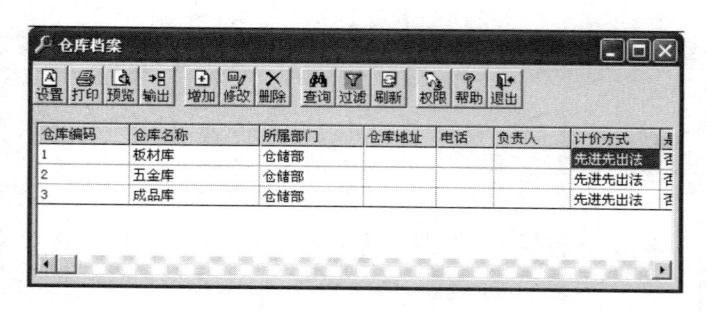

图7.7 仓库档案

提示

① 系统提供了全月平均法、移动平均法、先进先出法、后进先出法、个别计价法和计划价法6种计价方法，在设置仓库档案时需要选择其中一种。

② T3系统默认存货核算方法为"按仓库核算"，如果选择了"按部门核算"，那么所属部门必须输入。

2. 设置收发类别

步骤1　选择"基础设置"|"购销存"|"收发类别"命令，打开"收发类别"窗口。

步骤2　T3中已预置常用的收发类别，查看是否满足本企业的需求，如图7.8所示。

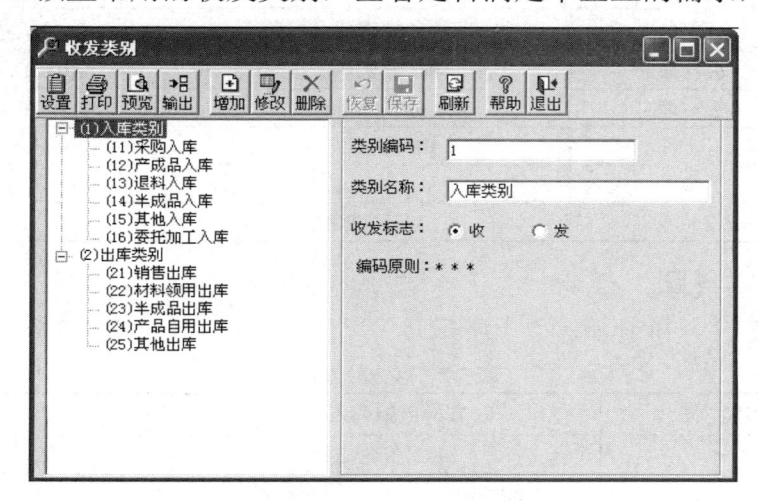

图7.8　收发类别

步骤3　可以根据企业实际需要，进行增加、修改、删除操作。

> **提示**
> ① 收发类别可用于对入库和出库业务进行分类统计。
> ② 收发类别也是用来设置存货对方科目的依据。

3. 设置费用项目

步骤1　选择"基础设置"|"购销存"|"费用项目"命令，打开"费用项目"窗口。

步骤2　T3中已预置常用的收发类别，查看是否满足本企业的需求。按表7.5输入费用项目，完成后如图7.9所示。

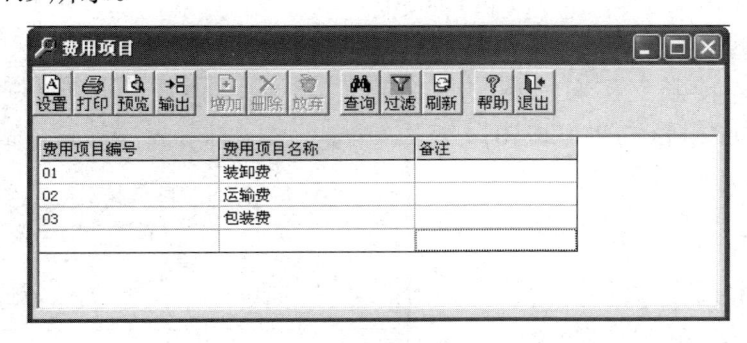

图7.9　费用项目

> **提示**
> ① 输入费用项目后，按回车键出现新的空白行时，上一行才被保存。
> ② 单击"刷新"按钮，可以看到最新费用项目列表。

任务3　设置核算科目

任务下达

由账套主管设置购销存管理的核算科目。

1. 设置存货科目

爱家家具的存货科目如表7.6所示。

表7.6 存货科目

仓库编码	仓库名称	存货分类编码及名称	存货科目编码及名称
1	板材库	101 三聚氰胺板	140301 原材料/三聚氰胺板
1	板材库	102 大芯板	140302 原材料/大芯板
2	五金库	103 进口五金	140303 原材料/进口五金
2	五金库	104 五金套组	140304 原材料/五金套组
3	成品库	2 产成品	1405 库存商品

2. 设置存货对方科目

爱家家具的存货对方科目如表7.7所示。

表7.7 存货对方科目

收发类别编码及名称	对方科目编码及名称	暂估科目编码及名称
11 采购入库	1402 在途物资	220202 暂估应付款
12 产成品入库	500101 生产成本/直接材料	
21 销售出库	6401 主营业务成本	
22 材料领用出库	500101 生产成本/直接材料	

3. 设置客户往来科目

① 基本科目设置。设置应收科目为1122、预收科目为2203、销售收入和销售退回科目为6001、应交增值税科目为22210103、现金折扣科目为660303。

② 结算方式科目设置。设置现金结算对应科目为1001、转账支票结算对应科目为10020101、电汇结算对应科目为10020101、网银结算对应科目为10020101。

4. 设置供应商往来科目

① 基本科目设置。设置应付科目为220201、预付科目为1123、采购科目为1402、采购税金科目为22210101、现金折扣科目为660303。

② 结算方式科目设置。设置现金结算对应科目为1001、转账支票对应科目为10020101、电汇对应科目为10020101。

任务指引

1. 设置存货科目

步骤1 选择"核算"|"科目设置"|"存货科目"命令，打开"存货科目"窗口。

步骤2 按表7.6输入存货科目，如图7.10所示。单击"保存"按钮。

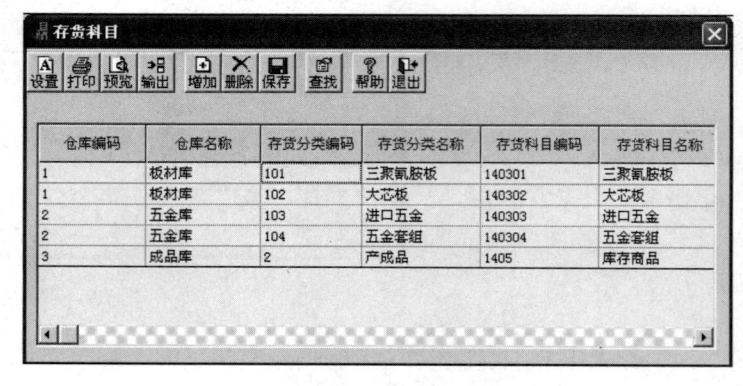

图7.10 设置存货科目

> **提示**
> ① 存货科目可以根据仓库设置，也可以按照仓库+存货分类进行设置。
> ② 出入库单据上必须填写仓库，生成出入库凭证时，系统根据仓库对应的存货科目获得借方（采购入库）或贷方科目（销售出库）。例如，采购大芯板入板材库，凭证借记"140302 大芯板"。

2. 设置存货对方科目

步骤1 选择"核算"|"科目设置"|"存货对方科目"命令，打开"对方科目设置"窗口。

步骤2 单击"增加"按钮，按表7.7输入存货对方科目，如图7.11所示。按回车键保存。

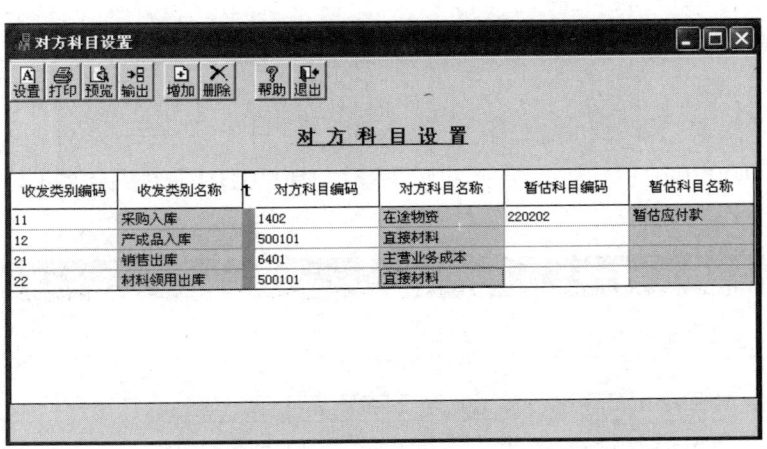

图7.11 设置存货对方科目

> **提示**
> ① 存货对方科目可以按照收发类别、存货分类、存货、部门、项目进行设置。
> ② 按图7.11的设置，企业采购大芯板入库，贷记"1402在途物资"，销售出库借记"6401主营业务成本"。

3. 设置客户往来科目

步骤1 选择"核算"|"科目设置"|"客户往来科目"命令，打开"客户往来科目设置"窗口。

步骤2 单击"基本科目设置"输入对应科目：应收科目本币"1122"、预收科目本币"2203"、销售收入科目"6001"、应交增值税科目"22210103"、销售退回科目"6001"、现金折扣科目"660303"，如图7.12所示。

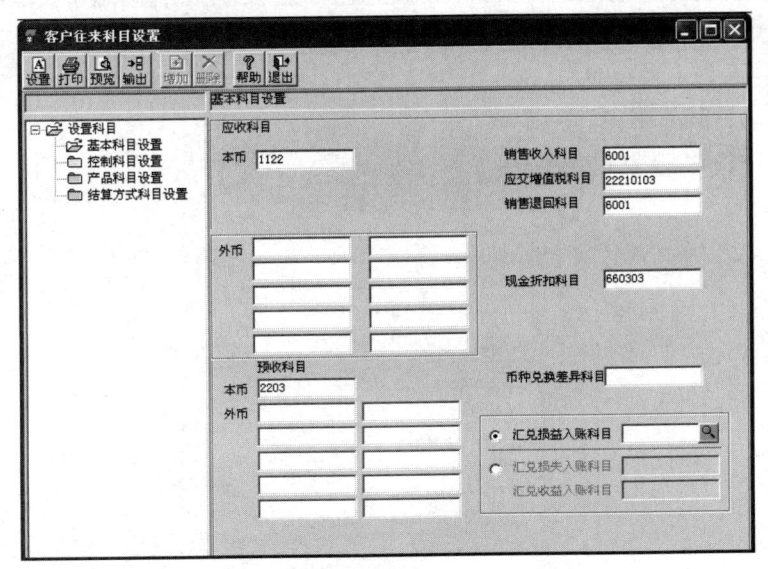

图7.12 设置客户往来科目——基本科目设置

> **提示**
> ① 应收科目"1122 应收账款"和预收科目"2203 预收账款"必须是应收系统受控科目,即在设置会计科目时,需要设置为"客户往来"辅助核算。
> ② 如果不同的客户对应的应收科目和预收科目不同,那么需要设置控制科目。
> ③ 如果不同的产品对应不同的销售收入科目、税金科目和销售退回科目,则需要设置产品科目。

步骤3 单击"结算方式科目设置",输入对应科目:现金结算对应科目"1001"、转账支票结算对应科目"10020101"、电汇结算对应科目"10020101"、网银结算对应科目"10020101",如图7.13所示。

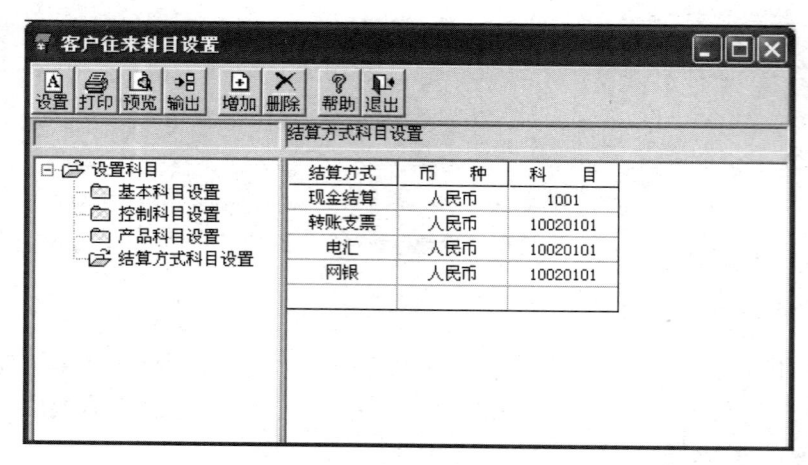

图7.13 设置客户往来科目——结算方式科目设置

4. 设置供应商往来科目

步骤1 选择"核算"|"科目设置"|"供应商往来科目"命令,打开"供应商往来科目设置"窗口。

步骤2 单击"基本科目设置",输入对应科目:应付科目本币"220201"、采购科目"1402"、采购税金科目"22210101"、预付科目本币"1123",如图7.14所示。

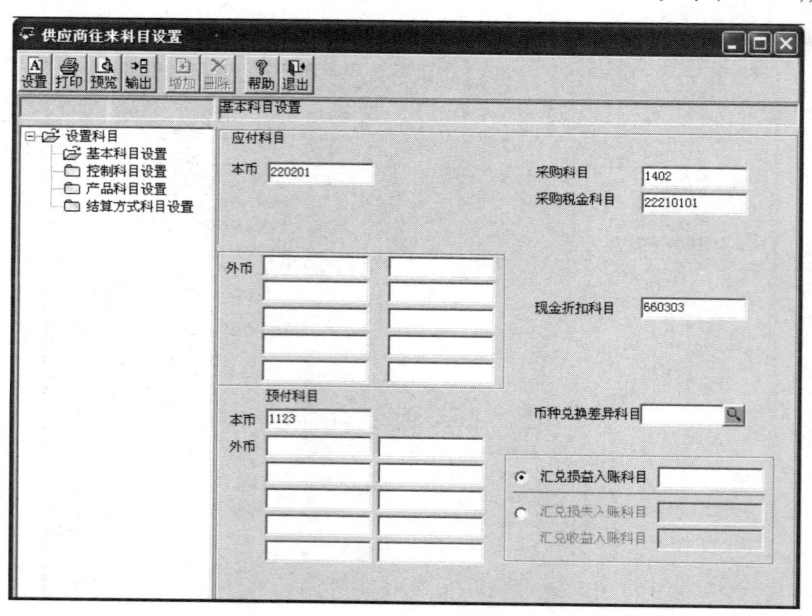

图7.14 设置供应商往来科目——基本科目设置

步骤3　单击"结算方式科目设置",按所给资料输入对应科目。

> **提示**
> 应付科目"220201 应付账款/应付货款"和预付科目"1123 预付账款"必须是应付系统受控科目,即在设置会计科目时,需要设置为"供应商往来"辅助核算。

任务4　设置采购选项

任务下达

由账套主管设置采购选项。

① 业务控制选项设置。增值税专用发票默认税率为13%;采购订单、采购入库单采用默认税率。

② 应付选项设置。显示现金折扣。

任务指引

步骤1　选择"采购"|"采购业务范围设置"命令,打开"采购系统选项设置"对话框。

步骤2　在"业务控制"选项卡中,输入专用发票默认税率"13.00",选中"采购订单、采购入库单默认税率"复选框,如图7.15所示。

> **提示**
> ① 设置采购选项为独占任务,设置前需要退出其他子系统。退出方法为:右击子系统名,选择"退出"命令。
> ② 采购订单、采购入库单默认税率是指在输入采购订单、采购入库单时单据表体中的税率默认取存货档案中的税率,否则取0。

步骤3　在"应付参数"选项卡中,选中"显示现金折扣"复选框,系统弹出信息提示,如图7.16所示。

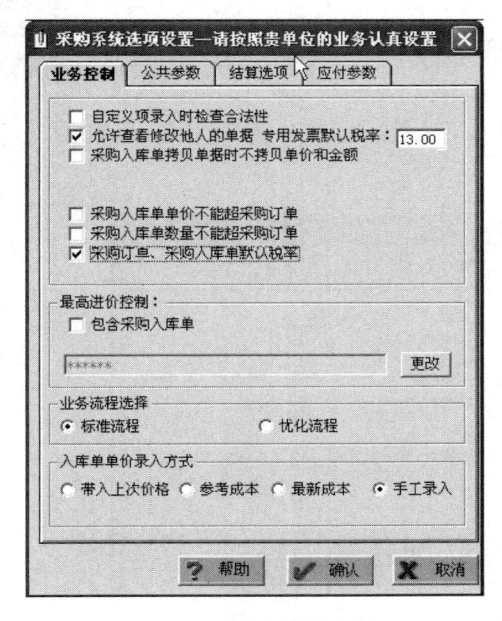

图7.15　采购选项设置

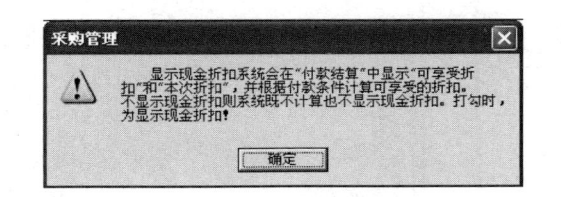

图7.16　显示现金折扣

步骤4　单击"确定"按钮返回。单击"确认"按钮完成采购选项设置。

任务5　期初数据输入

在购销存管理中，期初数据输入是一个非常关键的环节。期初数据的输入内容和顺序如表7.8所示。

表7.8　购销存期初数据明细

系统名称	操　作	内　容	说　明
采购管理	输入	期初暂估入库 期初在途存货	暂估入库是指货到票未到 在途存货是指票到货未到
	期初记账	采购期初数据	没有期初数据也要执行期初记账，否则不能开始日常业务处理
销售管理	输入并审核	期初发货单 期初委托代销发货单 期初分期收款发货单	已发货、出库，但未开票 已发货未结算的数量 已发货未结算的数量
库存管理	输入（取数） 审核	库存期初余额 不合格品期初	库存和核算共用期初数据 未处理的不合格品结存量
核算管理	输入（取数） 记账	核算期初余额 期初分期收款发出商品余额	

任务5.1　输入采购期初数据

任务下达

由账套主管进行购销存期初数据输入。

2023年3月31日，采购部收到安顺木业提供的大芯板200张，估价为80元/张。商品已验收入板材库，尚未收到发票。

任务指引

1．输入期初采购入库单

步骤1　选择"采购"|"采购入库单"命令，打开"采购入库"窗口。

步骤2　单击"增加"按钮，输入入库日期"2023-03-31"，选择仓库"板材库"、供货单位"安顺木业"、部门"采购部"、入库类别"采购入库"、采购类型"普通采购"。

步骤3　选择存货编码"102"，输入数量"200"、单价"80"，然后单击"保存"按钮，如图7.17所示。单击"退出"按钮。

图7.17　输入期初采购入库单

> **提示**
> ① 期初暂估入库业务选择"采购入库单"输入。
> ② 期初在途存货选择"采购发票"输入。

2. 采购期初记账

步骤 1 选择"采购"|"期初记账"命令，系统弹出"期初记账"信息提示框，如图 7.18 所示。

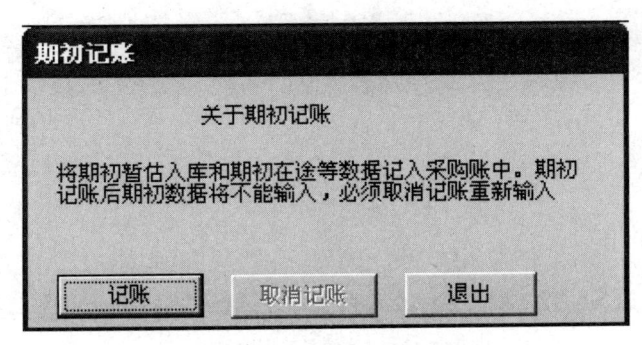

图7.18 期初记账信息提示

步骤 2 单击"记账"按钮，稍等片刻，系统提示"期初记账完毕！"。
步骤 3 单击"确定"按钮返回。

> **提示**
> ① 采购管理子系统如果不执行期初记账，就无法开始日常业务处理，因此即使没有期初数据，也要执行期初记账。
> ② 采购管理子系统如果不执行期初记账，库存管理子系统和核算管理子系统就不能记账。
> ③ 采购管理子系统如果要取消期初记账，应选择"采购"|"期初记账"命令，在打开的"期初记账"对话框中单击其中的"取消记账"按钮。

任务 5.2 输入库存期初数据

任务下达

由账套主管进行库存管理期初数据输入。

2023 年 3 月 31 日，企业对各个仓库进行了盘点，结果如表 7.9 所示。

表7.9 库存期初数据   元

仓库名称	存货编码	存货名称	数量	单价	金额
板材库	101	三聚氰胺板	600 张	230.00 元/张	138 000
	102	大芯板	800 张	80.00 元/张	64 000
五金库	103	进口五金	1 000 组	20.00 元/组	20 000
	104	五金套组	1 000 组	10.00 元/组	10 000
成品库	201	整体书柜	700 组	1 000.00 元/组	700 000
	202	实用电脑桌	300 张	260.00 元/张	78 000

任务指引

步骤1　选择"核算"|"期初数据"|"期初余额"命令,打开"期初余额"窗口。

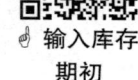

步骤2　先选择仓库"板材库",然后单击"增加"按钮,输入存货编码"101",并按表7.8输入各项期初数据,如图7.19所示。单击"保存"按钮。

图7.19　输入核算期初数据

步骤3　输入所有仓库期初数据后,单击"记账"按钮,系统对所有仓库进行记账,完成后提示"期初记账成功!"。

步骤4　选择"库存"|"期初数据"|"库存期初"命令,打开"期初余额"窗口,查看已自动获得的期初数据,如图7.20所示。

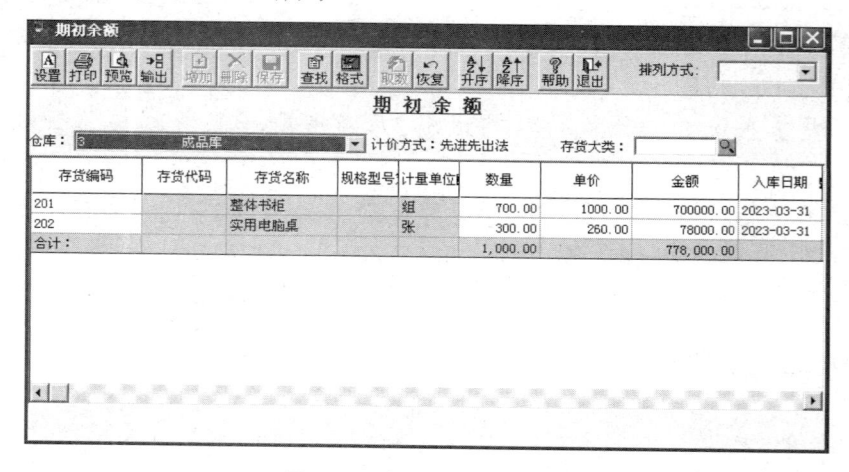

图7.20　查看库存期初数据

提示

各个仓库存货的期初余额既可以在库存管理子系统中输入,也可以在核算管理子系统中输入。只要在其中一个子系统中输入,另一个子系统中就可自动获得库存期初数据。这里在核算管理子系统中输入。

任务5.3　输入供应商往来期初数据

任务下达

由账套主管输入供应商往来期初数据。

2023年2月22日，收到光辉庆宇提供的五金套组1 000组。无税单价为10元/组，税率为13%。收到专用发票一张，发票号为23021228。货款未付。

任务指引

步骤1　选择"采购"|"供应商往来"|"供应商往来期初"命令，打开"期初余额——查询"对话框。单击"确认"按钮，打开"期初余额"窗口。

步骤2　单击"增加"按钮，打开"单据类别"对话框。选择单据类型"专用发票"，单击"确认"按钮，打开"期初录入"窗口。

步骤3　输入发票号"23021228"、开票日期"2023-02-22"，选择供货单位"光辉庆宇"、科目编号"220201"，输入存货名称"五金套组"、数量"1000"，单价系统自动给出，可以修改。单击"保存"按钮，如图7.21所示。

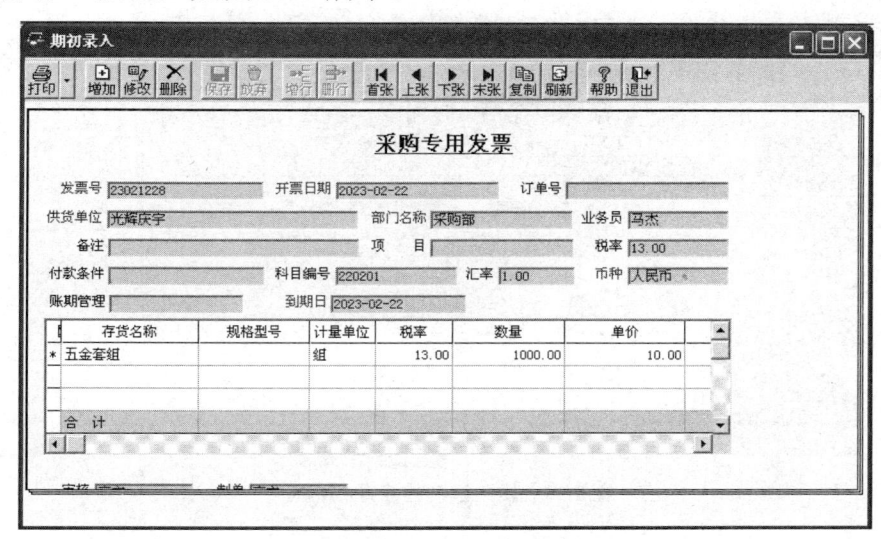

图7.21　采购专用发票

步骤4　单击"退出"按钮，返回"期初余额"窗口。

步骤5　单击"对账"按钮，与总账管理子系统对账，如图7.22所示。

图7.22　应付与总账管理子系统期初对账

任务5.3　输入客户往来期初数据

任务下达

由账套主管输入客户往来期初数据。

2023年2月25日，山东银座购买整体书柜40组。无税单价为2 000元/组，税率为13%。开具专用销售发票，发票号为23121225。

2023年3月10日，向河北卓越销售100张实用电脑桌，无税单价为500元/张，税率为13%。开具专用销售发票，发票号为23123010。代垫运费500元。

任务指引

步骤1　选择"销售"|"客户往来"|"客户往来期初"命令，打开"期初余额——查询"对话框。单击"确定"按钮，打开"期初余额"窗口。

步骤2　单击"增加"按钮，打开"单据类别"对话框。选择单据类型"专用发票"，单击"确认"按钮，打开"期初录入"窗口。

步骤3　输入开票日期"2023-02-25"、发票号"23121225"，选择客户名称"山东银座"、科目编号"1122"，输入货物名称"整体书柜"、数量"40"、单价"2000"。单击"保存"按钮，如图7.23所示。

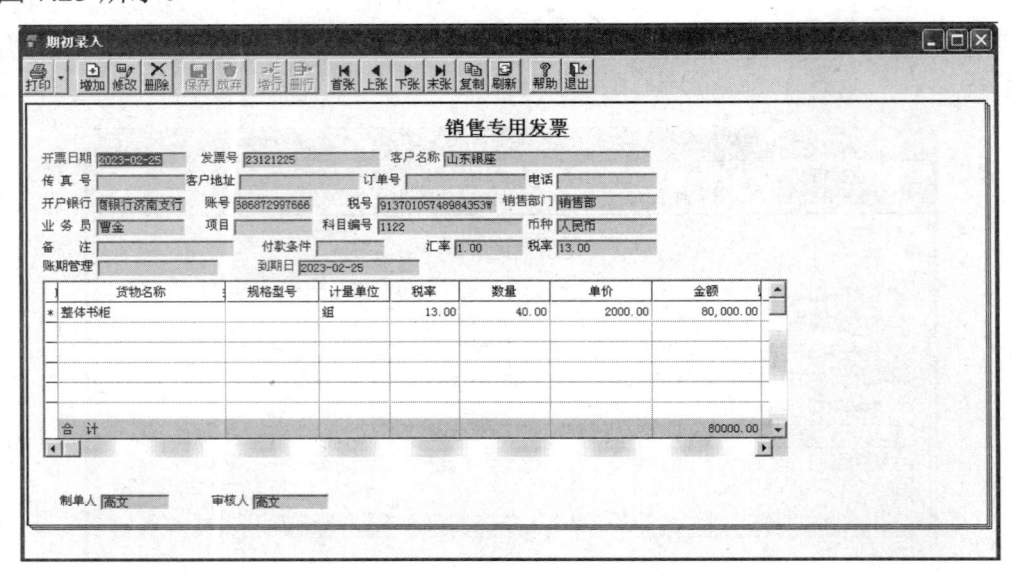

图7.23　输入客户往来期初数据

步骤4　单击"增加"按钮，继续输入向河北卓越销售实用电脑桌的销售专用发票。

步骤5　单击"退出"按钮，返回"期初余额"窗口。

步骤6　单击"增加"按钮，打开"单据类别"对话框。选择单据名称"应收单"、单据类型"其他应收单"，单击"确认"按钮，打开"期初录入"窗口。

步骤7　输入单据日期"2023-03-10"，选择客户"河北卓越"、金额"500"、摘要"代垫运费"，如图7.24所示。

图7.24　其他应收单

步骤 8 单击"退出"按钮，返回"期初余额"窗口。单击"对账"按钮，与总账管理子系统进行对账，如图 7.25 所示。

图7.25 应收与总账管理子系统期初对账

全部完成后，将账套备份至"购销存初始化"文件夹中。

通关测试

一、判断题

1. 采购、销售、库存、核算管理子系统必须同时启用。（   ）
2. 客户往来科目中设置的应收科目、预收科目必须是应收系统的受控科目。（   ）
3. 如果企业存在采购期初暂估入库，只需要在库存管理子系统中记录暂估入库数量。
（   ）
4. 没有采购期初数据也必须执行采购期初记账，否则无法开始日常业务处理。（   ）
5. 核算管理子系统和库存管理子系统的期初数据是一致的，必须从核算管理子系统中输入，然后再从库存管理子系统中取数。（   ）

二、选择题

1. T3 中的购销存管理子系统包括以下（   ）子系统。
   A．采购管理   B．销售管理
   C．库存管理   D．核算管理
2. 以下（   ）子系统与总账管理子系统存在凭证传递关系。
   A．采购管理   B．销售管理
   C．库存管理   D．核算管理
3. 存货科目的设置依据可以（   ）。
   A．按仓库   B．按存货分类
   C．按收发类别   D．按部门
4. 客户往来期初数据与总账管理子系统中的（   ）科目有对应关系。
   A．"应收账款"   B．"应付账款"
   C．"预收账款"   D．"预付账款"
5. 在采购发票上开具的"运输费"应设置（   ）存货属性。
   A．外购   B．自制
   C．生产耗用   D．劳务费用

三、思考题

1. 购销存管理包含哪几个子系统？
2. 购销存初始化主要包含哪几项工作？
3. 根据目前设置的存货科目和对方科目，如果材料一库发生暂估入库业务，那么生成的凭证是什么？
4. 采购管理子系统可能存在哪些期初数据？
5. 业务系统的期初数据与总账管理子系统有关联吗？

四、实训题

完成附录中的"实训9　购销存管理初始化"。

项目 8

采购管理

项目目标

1. 了解采购管理子系统的基本功能。
2. 熟练掌握普通采购业务处理、暂估入库报销业务处理。
3. 熟练掌握采购运费业务处理。
4. 熟练掌握赊购、现结采购、预付货款处理。
5. 培养学生诚信意识、合规意识、服务意识、敬业意识，以及团结协作的职业精神。

项目背景

T3 采购管理子系统可以对采购业务全流程进行管理，具体包括：采购订货处理，可以动态掌握订单执行情况；处理采购入库单、采购发票，通过采购结算确认采购入库成本；根据采购发票确认应付；付款结算；相关单据查询和账表统计。

任务1 普通采购业务处理

普通采购业务处理包括采购订货、采购入库、处理采购发票、采购结算、发票制单确认应付、入库记账并生成凭证、付款结算并核销应付几个环节。

任务下达

以系统管理员的身份在系统管理中恢复"购销存初始化"账套；以账套主管 A01 高文的身份完成普通采购业务处理。

4月1日，业务员马杰向安顺木业订购三聚氰胺板 200 张，单价 230 元/张。要求到货日期为 4 月 3 日。

4月3日，按照合同约定订购的 200 张三聚氰胺板到货。办理入库，入板材库。同时收到采购三聚氰胺板的专用发票一张，发票号为 82341101。

4月5日，财务开出转账支票 51 980 元（票号 23040105），付清该笔采购货款并核销应付。

任务指引

1. 填制并审核采购订单

步骤 1　以账套主管的身份进入 T3，选择"采购"|"采购订单"命令，打开"采购订单"窗口。

步骤 2　单击"增加"按钮，输入相关信息。

步骤3　单击"审核"按钮，审核采购订单，如图8.1所示。

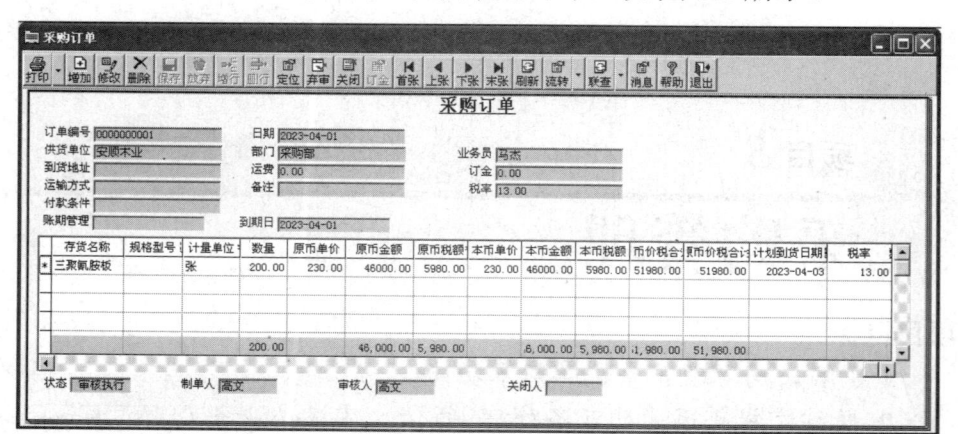

图8.1　采购订单

2. 填制并审核采购入库单

步骤1　选择"采购"|"采购入库单"命令，打开"采购入库"窗口。

步骤2　单击"增加"按钮，选择仓库"板材库"、供货单位"安顺木业"、入库类别"采购入库"。单击"选单"下拉按钮，选择"采购订单"选项，如图8.2所示。

图8.2　参照采购订单生成采购入库单

步骤3　打开"单据拷贝"对话框，单击"过滤"按钮，下方窗格中显示可参照的订单，如图8.3所示。

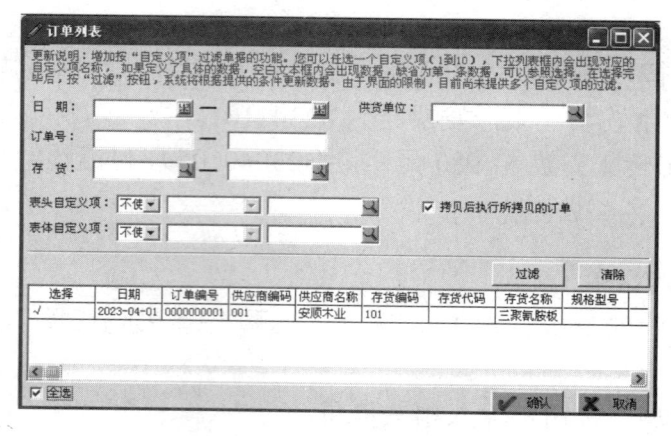

图8.3　显示可参照的订单

步骤4　选择要参照的采购订单，单击"确认"按钮，将采购订单的相关信息带入采购入库单，然后单击"保存"按钮，如图8.4所示。单击"退出"按钮。

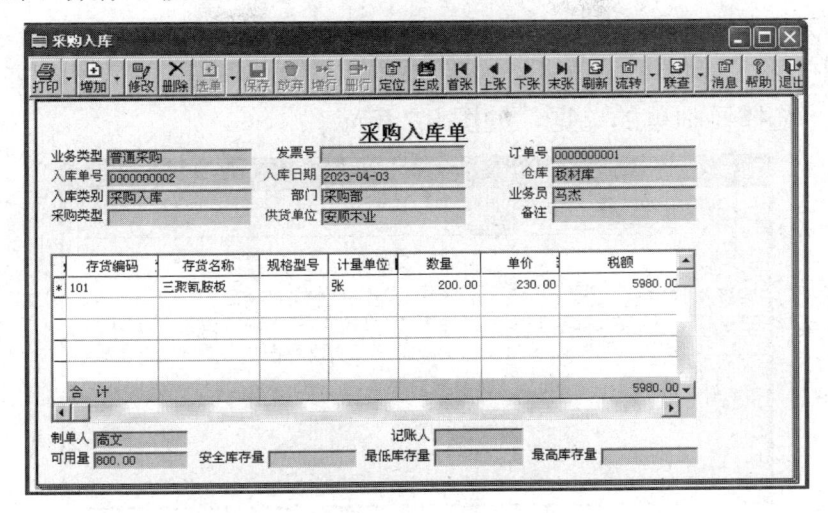

图8.4　采购入库单

步骤5　选择"库存"|"采购入库单审核"命令，选择相应的采购入库单，然后单击"审核"按钮，对采购入库单进行审核。

3. 填制并复核采购发票，进行采购结算

步骤1　选择"采购"|"采购发票"命令，打开"采购发票"窗口。

步骤2　单击"增加"下拉按钮，选择"专用发票"选项，打开"采购专用发票"窗格。单击"选单"下拉按钮，选择"采购订单"选项，打开"单据拷贝"对话框。单击"过滤"按钮，显示可参照的订单列表。选中要参照的订单，单击"确认"按钮，将采购订单信息带入采购专用发票。输入发票号"82341101"后单击"保存"按钮，如图8.5所示。

步骤3　单击"复核"按钮，系统弹出"复核将发票登记应付账款，请在往来账中查询该数据，是否只处理当前张？"信息提示框。单击"是"按钮，发票左上角显示"已审核"字样。

步骤4　单击"结算"按钮，打开"自动结算"对话框，如图8.6所示。单击"确认"按钮，系统弹出"全部成功，共处理了[1]张单据"信息提示框。单击"确定"按钮返回，发票左上角显示"已结算"字样。单击"退出"按钮。

图8.5　采购专用发票

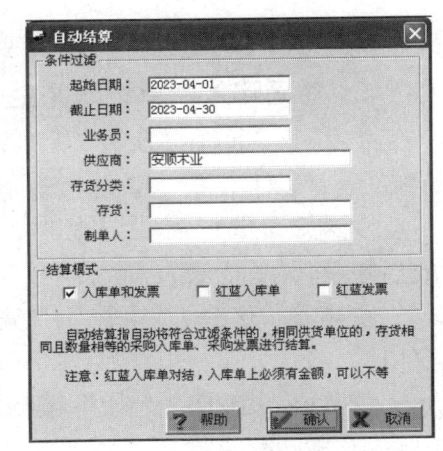

图8.6　自动结算

4. 发票制单确认应付

步骤 1 选择"核算"|"凭证"|"供应商往来制单"命令，打开"供应商制单查询"对话框。

步骤 2 选中"发票制单"复选框，然后单击"确认"按钮，打开"供应商往来制单"窗口。选择要制单的单据，如图 8.7 所示。

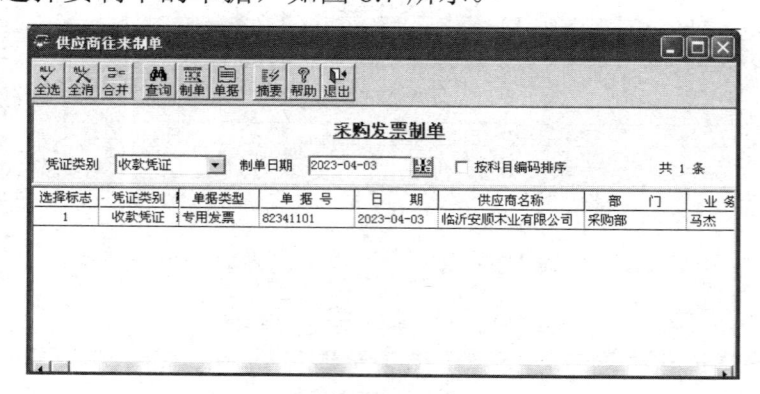

图 8.7 采购发票制单

步骤 3 单击"制单"按钮，打开"填制凭证"窗口。单击"保存"按钮，凭证左上角显示"已生成"字样，表示凭证已传递到总账管理子系统，如图 8.8 所示。单击"退出"按钮。

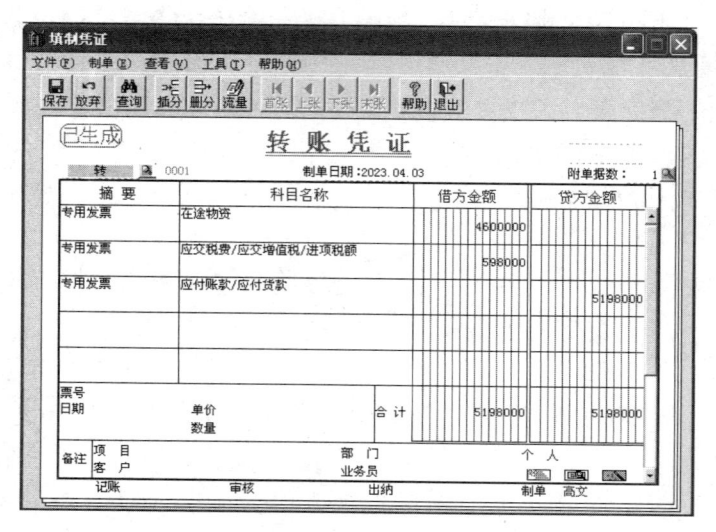

图 8.8 发票制单生成的凭证

5. 对采购入库单记账并生成入库凭证

步骤 1 选择"核算"|"核算"|"正常单据记账"命令，打开"正常单据记账条件"对话框。单击"确定"按钮，打开"正常单据记账"窗口。

步骤 2 选择需要记账的单据，如图 8.9 所示。单击"记账"按钮。记账完成后单据不再显示。

步骤 3 选择"核算"|"凭证"|"购销单据制单"命令，打开"生成凭证"窗口。

步骤 4 单击"选择"按钮，打开"查询条件"对话框。选择"（01）采购入库单（报销记账）"选项，然后单击"确认"按钮，打开"选择单据"窗口。选中要制单的单据行，如图 8.10 所示。

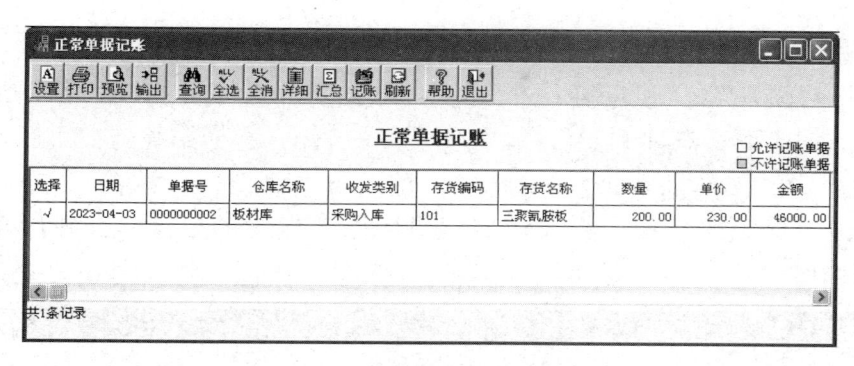

图8.9 选择采购入库单记账

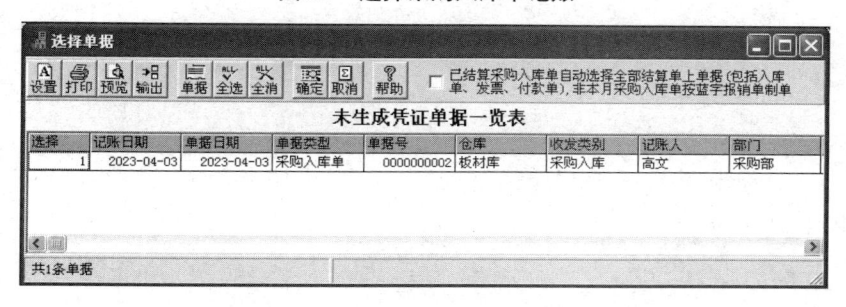

图8.10 未生成凭证单据一览表

步骤5 单击"确定"按钮,打开"生成凭证"窗口,选择凭证类别"转 转账凭证",如图8.11所示。

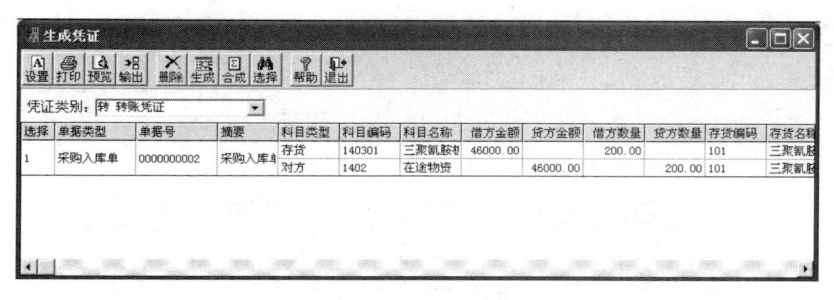

图8.11 生成凭证

步骤6 单击"生成"按钮,打开"填制凭证"窗口。单击"保存"按钮,生成入库凭证,如图8.12所示。

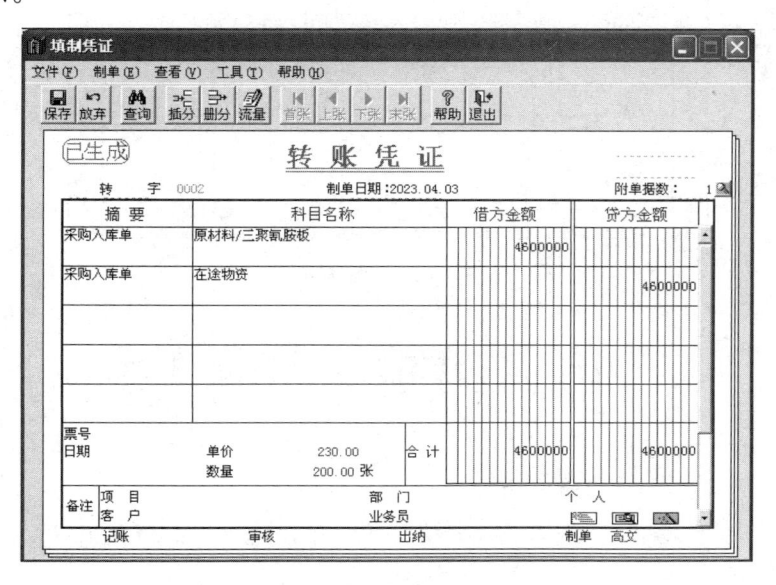

图8.12 采购入库凭证

6. 付款结算并核销应付

步骤1 选择"采购"|"供应商往来"|"付款结算"命令，打开"单据结算"窗口。

步骤2 选择供应商"安顺木业"，单击"增加"按钮，选择结算方式"202 转账支票"，输入结算金额"51980"、票据号"23040105"，然后单击"保存"按钮。

步骤3 单击"核销"按钮，系统调出该供应商未核销的单据。在相应单据的"本次结算"栏中输入"51980"，如图8.13所示。单击"保存"按钮，然后单击"退出"按钮。

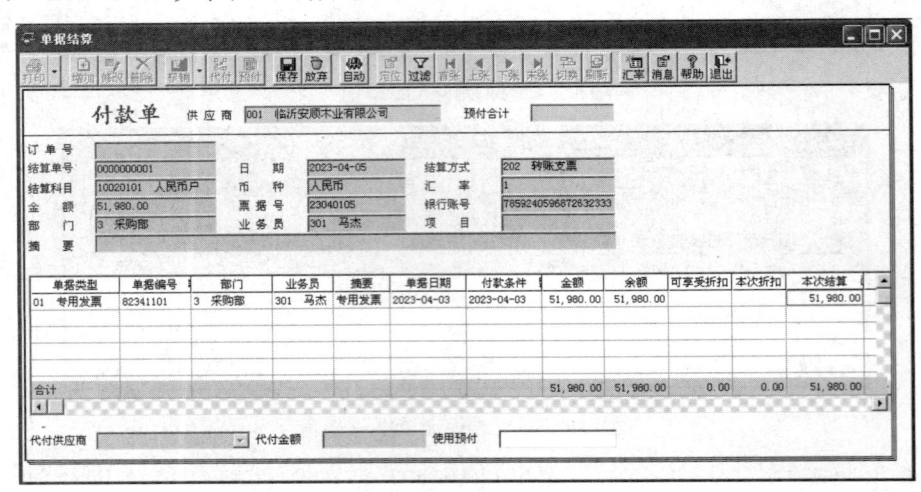

图8.13 输入付款单并核销

步骤4 选择"核算"|"凭证"|"供应商往来制单"命令，打开"供应商制单查询"对话框。选中"核销制单"复选框，单击"确认"按钮，打开"供应商往来制单"窗口。选择要制单的单据，然后单击"制单"按钮，打开"填制凭证"窗口。单击"保存"按钮，如图8.14所示。

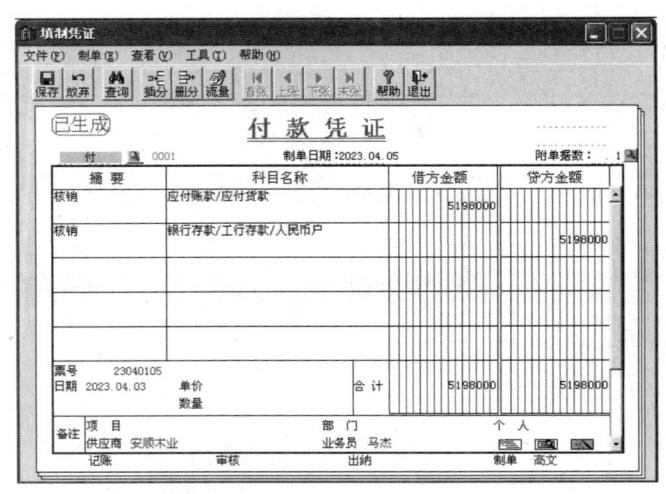

图8.14 核销制单

任务2 预付订金业务处理

任务下达

由账套主管进行预付订金业务处理。

1月5日，开出转账支票一张，金额为5 000元，票号为23042205，作为向光辉庆宇采购进口五金的订金。

任务指引

步骤 1 选择"采购"|"供应商往来"|"付款结算"命令，打开"单据结算"窗口。

步骤 2 选择供应商"光辉庆宇"，单击"增加"按钮，选择结算方式"202 转账支票"，输入票号"23042205"、金额"5000"、摘要 "预付订金"。单击"保存"按钮。

步骤 3 单击"预付"按钮，系统将 5 000 元设为预付款。

步骤 4 选择"核算"|"凭证"|"供应商往来制单"命令，打开"供应商制单查询"对话框。

步骤 5 选中"核销制单"复选框，单击"确认"按钮，打开"供应商往来制单"窗口。选择要制单的单据，单击"制单"按钮，打开"填制凭证"窗口。单击"保存"按钮，如图 8.15 所示。

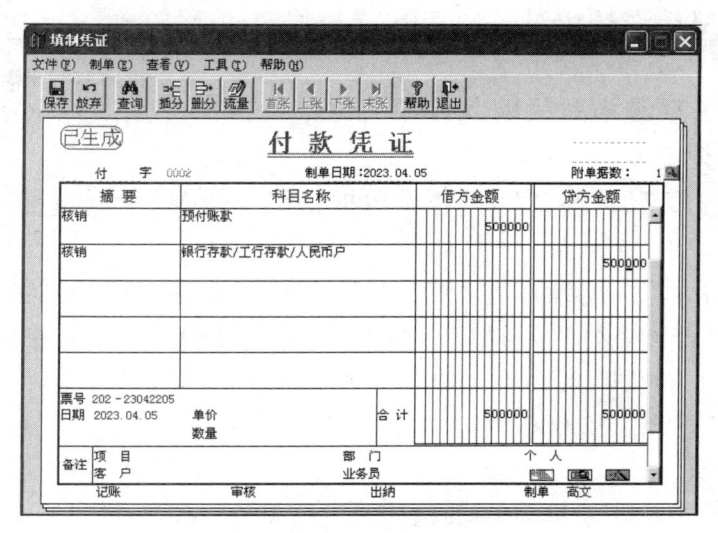

图 8.15 预付款生成凭证

任务3 采购现付业务处理

任务下达

由账套主管完成采购现付业务处理。

4月8日，采购部向光辉庆宇购买的1 000组进口五金到货，无税单价为20元/组，验收入材料五金库。同时，收到专用发票一张，票号为23081502。财务部立即以转账支票的形式（票号23043110）支付剩余货款17 600元（已预付5 000元订金），本单位开户银行账号为131024009094。

4月8日，用4月5日预付给光辉庆宇的5 000元订金冲抵1月8日购买进口五金的应付款5 000元。

任务指引

1. 在采购管理子系统中填制采购入库单

选择"采购"|"采购入库单"命令，填制采购入库单。

2. 在库存管理子系统中审核采购入库单

选择"库存"|"采购入库单审核"命令，审核采购入库单。

3. 在采购管理子系统中填制采购专用发票，与采购入库单进行结算

选择"采购"|"采购发票"命令，填制采购专用发票，并与入库单进行结算。

4. 对采购专用发票进行现付处理

步骤 1　在"采购发票"窗口中，单击"现付"按钮，打开"采购现付"对话框。输入各项付款信息，由于本月 5 日已预付订金 5 000 元，因此只需填写现付金额 17 600 元，如图 8.16 所示。

步骤 2　单击"确定"按钮，系统弹出"现结记录已保存！"信息提示框。单击"确定"按钮返回，系统提示"现付成功"，采购专用发票左上角显示"已现付"字样。

步骤 3　单击"复核"按钮对采购专用发票进行复核。

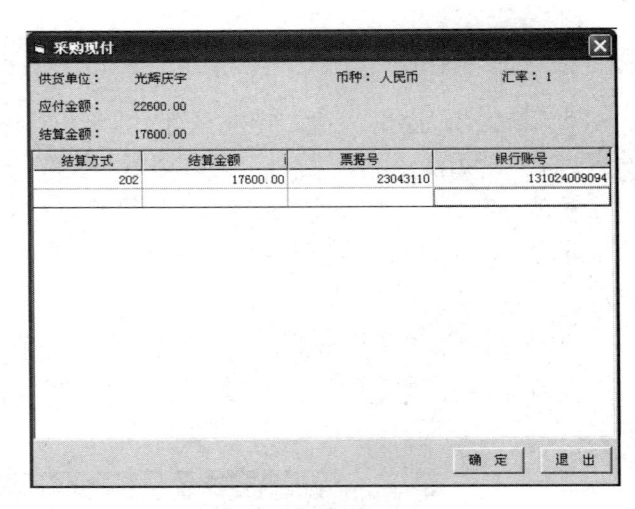

图 8.16　采购现付

5. 在核算管理子系统中对采购入库单进行记账，生成入库凭证

步骤 1　选择"核算"|"核算"|"正常单据记账"命令，对本笔业务采购入库单进行记账处理。

步骤 2　选择"核算"|"凭证"|"购销单据制单"命令，打开"生成凭证"窗口。单击"选择"按钮，打开"查询条件"对话框。选中"（01）采购入库单（报销记账）"复选框，然后单击"确认"按钮。对采购入库单生成以下入库凭证。

借：原材料/进口五金　　20 000
　　贷：在途物资　　　　　　20 000

6. 在核算管理子系统中生成采购现结凭证

步骤 1　选择"核算"|"凭证"|"供应商往来制单"命令，打开"供应商制单查询"对话框。

步骤 2　选中"现结制单"复选框，单击"确认"按钮，打开"供应商往来制单"窗口。

步骤 3　选中要制单的单据，单击"制单"按钮，打开"填制凭证"窗口。

步骤 4　单击"保存"按钮，生成采购现付凭证，如图 8.17 所示。单击"退出"按钮返回。

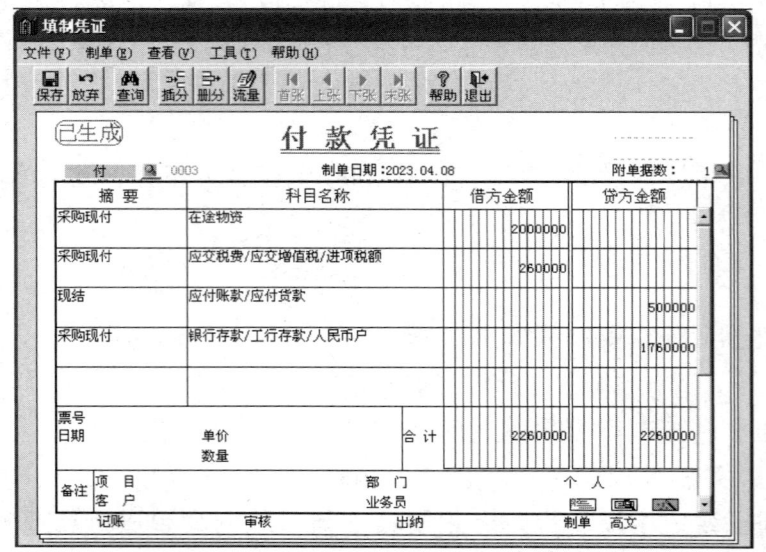

图 8.17　采购现付凭证

7．预付冲应付

步骤 1　选择"采购"|"供应商往来"|"预付冲应付"命令，打开"预付冲应付"对话框。

步骤 2　打开"预付款"选项卡，选择供应商"光辉庆宇"，单击"过滤"按钮，系统列出该供应商的预付款。输入转账金额"5000"，如图 8.18 所示。

步骤 3　打开"应付款"选项卡，单击"过滤"按钮，系统列出该供应商的应付款。在 4 月 8 日应付款记录行输入转账金额"5000"，如图 8.19 所示。

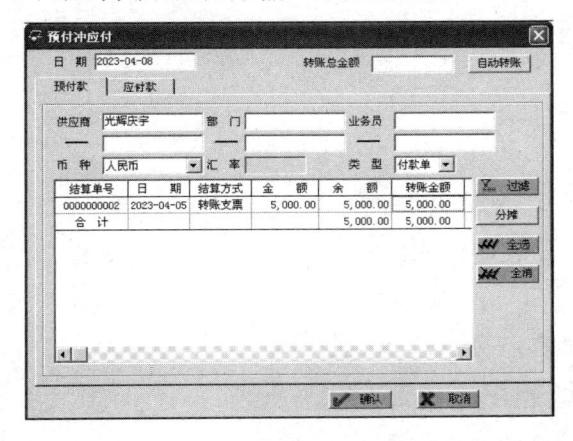

图 8.18　预付冲应付——预付转账金额

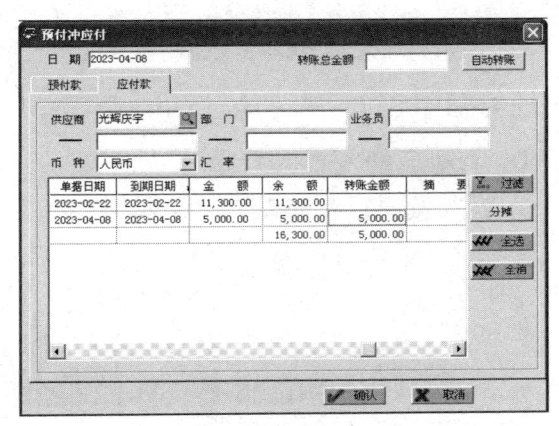

图 8.19　预付冲应付——应付转账金额

步骤 4　单击"确认"按钮，系统弹出"操作成功！"信息提示框。单击"确定"按钮返回。

步骤 5　选择"核算"|"凭证"|"供应商往来制单"命令，打开"供应商制单查询"对话框。选中"转账制单"复选框，单击"确认"按钮，打开"供应商往来制单"窗口。

步骤 6　选中要制单的业务，单击"制单"按钮，打开"填制凭证"窗口。单击"保存"按钮，生成凭证如图 8.20 所示。

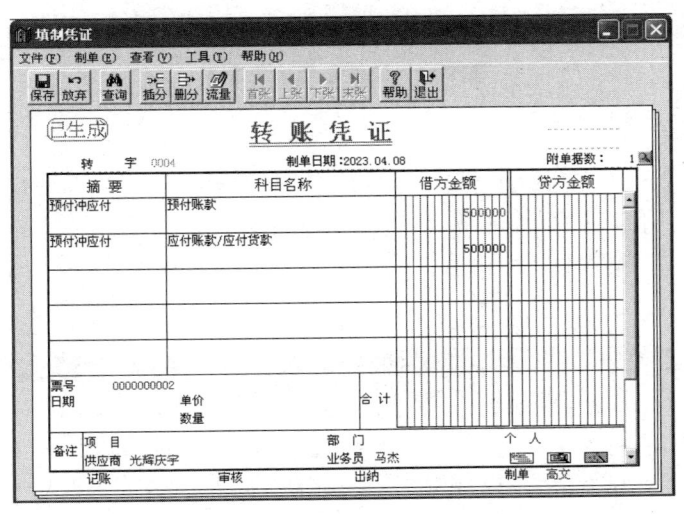

图 8.20　预付冲应付——生成凭证

任务 4　采购运费处理

在企业采购业务活动中，如果有关采购发生的费用按照会计制度的规定允许计入采购成本，那么可以分别按以下情况进行处理。一种情况是，费用发票与货物发票一起报账时，可利用手工结算功能对采购入库单和货物发票及运费发票一起结算。另外一种情况是，费用发票滞后报账。如果该费用只由一种存货负担，可以将费用票据输入计算机后用手工结算功能单独进行报账；如果是多笔采购业务，多仓库、多存货承担的费用发票，可以用费用折扣结算功能实现。

任务下达

由账套主管进行采购运费处理。

4月10日，收到安顺木业代垫的运费发票一张，发票号为23112280。原币金额为560元、税率为9%，为4月1日采购200张三聚氰胺板时发生。

将运费计入采购成本，确认应付。

任务指引

1. 填制运费发票并复核

步骤1　选择"采购"|"采购发票"命令，打开"采购发票"窗口。

步骤2　单击"增加"下拉按钮，选择"专用运费发票"选项，打开"采购发票"窗口。输入发票信息，然后单击"保存"按钮。

步骤3　单击"复核"按钮，复核采购专用发票，如图8.21所示。

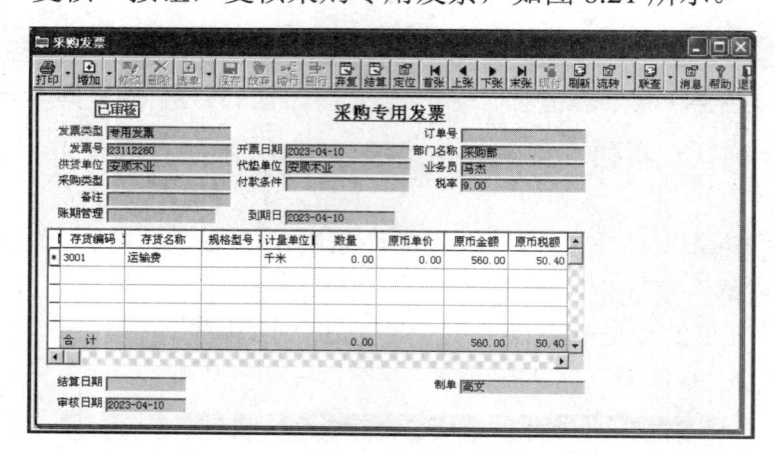

图8.21　采购专用运费发票

2. 进行费用折扣结算

步骤1　选择"采购"|"采购结算"|"费用折扣结算"命令，打开"条件输入"对话框。单击"确认"按钮，打开"入库单和发票选择"对话框。

步骤2　选择要结算的入库单和运费发票，单击"确认"按钮，打开"费用折扣结算"窗口，如图8.22所示。

图8.22　费用发票单独结算到存货

步骤3　单击"分摊"按钮，再单击"结算"按钮，系统弹出"结算成功"信息提示框。单击"确定"按钮返回。

3. 进行暂估处理

步骤1　选择"核算"|"核算"|"暂估入库成本处理"命令，打开"暂估处理查询"对话框。

步骤2　选中"板材库"复选框，然后单击"确认"按钮，打开"暂估结算表"窗口。

步骤3　选中要暂估的单据，如图8.23所示。单击"暂估"按钮，完成暂估。暂估后系统自动生成一张入库调整单。

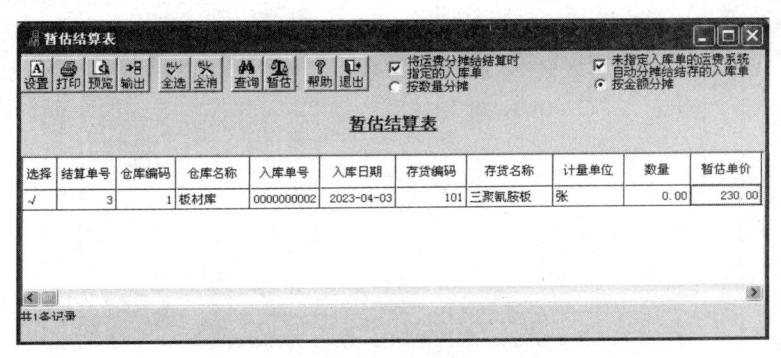

图8.23　暂估结算表

4. 入库调整单制单

步骤1　选择"核算"|"凭证"|"购销单据制单"命令，打开"生成凭证"窗口。

步骤2　单击"选择"按钮，打开"查询条件"对话框。选中"入库调整单"复选框，单击"确认"按钮返回。

步骤3　选中要制单的入库调整单，单击"确定"按钮，返回"生成凭证"窗口。

步骤4　补充输入贷方科目"1402"，单击"生成"按钮，打开"填制凭证"窗口。修改摘要内容，生成入库调整凭证，如图8.24所示。

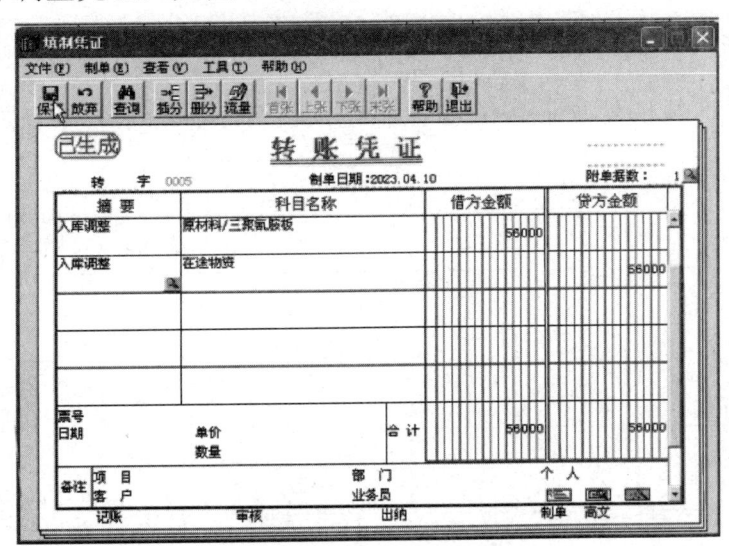

图8.24　入库调整凭证

5. 运费发票制单

步骤1　选择"核算"|"凭证"|"供应商往来制单"命令，打开"供应商制单查询"对话框。

步骤2 选中"发票制单"复选框,然后单击"确认"按钮,打开"供应商往来制单"窗口。

步骤3 单击"全选"按钮,选中要制单的专用运费发票。单击"制单"按钮,生成凭证如图8.25所示。

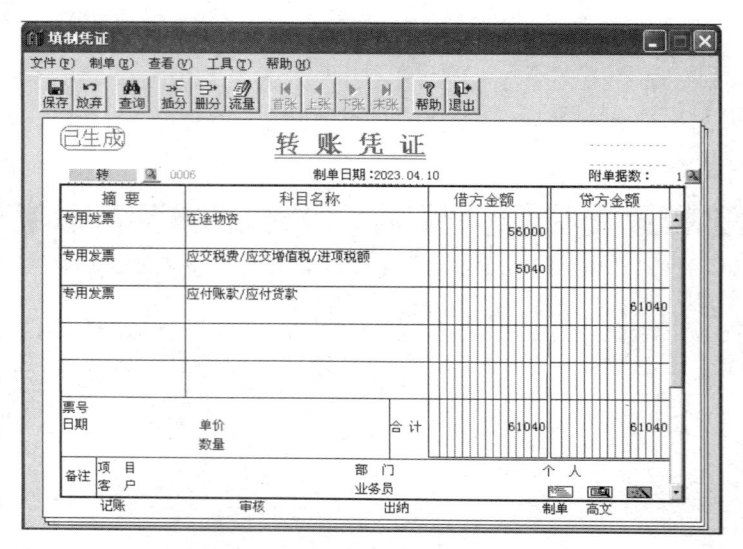

图8.25 运费发票生成凭证

任务5 暂估入库报销处理

暂估入库是指本月存货已经入库,但采购发票尚未收到,不能确定存货的入库成本。月底时为了正确核算企业的库存成本,需要将这部分存货暂估入账,形成暂估凭证。

对于暂估入库业务,系统提供了3种不同的处理方法:月初回冲、单到回冲和单到补差。选择月初回冲,那么月初时系统自动生成红字回冲单,发票到达结算完成后再根据发票金额生成蓝字回冲单;选择单到回冲,那么发票到达结算完成后系统生成红字回冲单和蓝字回冲单;选择单到补差,那么发票到达结算完成后生成一张调整单,调整金额为暂估金额与实际金额的差额。

以单到回冲为例,暂估处理业务的业务流程如图8.26所示。

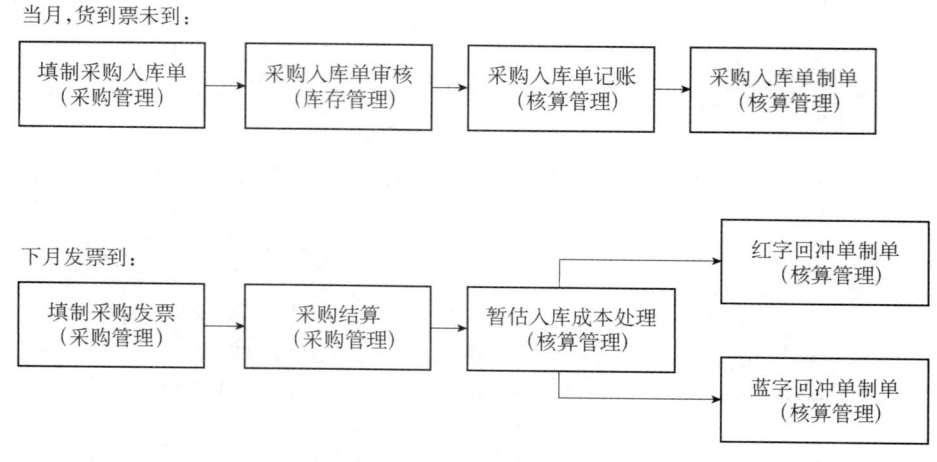

图8.26 暂估处理业务的处理流程

任务下达

由账套主管进行暂估入库报销处理。

4月12日，收到安顺木业提供的上月已验收入库的200张大芯板的专用发票一张，票号为23051551，发票不含税单价为78元/张。

任务指引

1. 在采购管理子系统中填制采购专用发票并复核

选择"采购"|"采购发票"命令，填制采购专用发票并复核。

2. 在采购管理子系统中进行手工结算

步骤1　选择"采购"|"采购结算"|"手工结算"命令，打开"条件输入"对话框。

步骤2　输入条件日期范围"2023-01-01"到"2023-04-30"，单击"确认"按钮，打开"入库单和发票选择"对话框。

步骤3　选择要结算的入库单和发票，单击"确认"按钮，返回"手工结算"窗口。单击"结算"按钮，系统弹出"完成结算！"信息提示框。单击"确定"按钮，然后单击"退出"按钮返回。

3. 在核算管理子系统中执行暂估入库成本处理

步骤1　选择"核算"|"核算"|"暂估入库成本处理"命令，打开"暂估处理查询"对话框。

步骤2　选中"板材库"复选框，然后单击"确认"按钮，打开"暂估结算表"窗口，如图8.27所示。

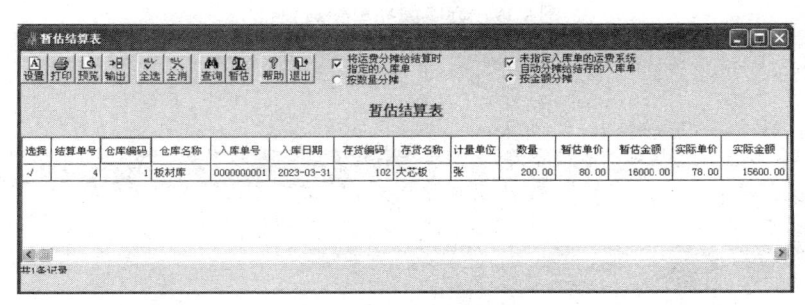

图8.27　暂估结算表

步骤3　选择需要进行暂估结算的单据，单击"暂估"按钮，然后单击"退出"按钮返回。

4. 在核算管理子系统中生成暂估处理凭证

步骤1　选择"核算"|"凭证"|"购销单据制单"命令，打开"生成凭证"窗口。

步骤2　单击"选择"按钮，打开"查询条件"对话框。选中"（24）红字回冲单""（30）蓝字回冲单（报销）"复选框，如图8.28所示。单击"确认"按钮，打开"选择单据"窗口。

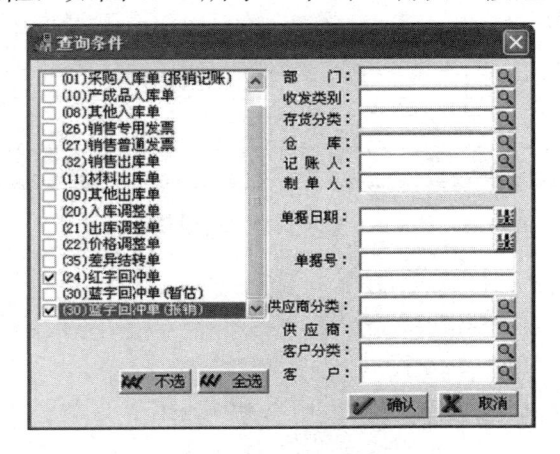

图8.28　选中红字回冲单、蓝字回冲单（报销）

步骤3　单击"全选"按钮，再单击"确定"按钮，打开"生成凭证"窗口。单击"生成"按钮，打开"填制凭证"窗口。单击"保存"按钮，保存红字回冲单生成的凭证，如图8.29所示。

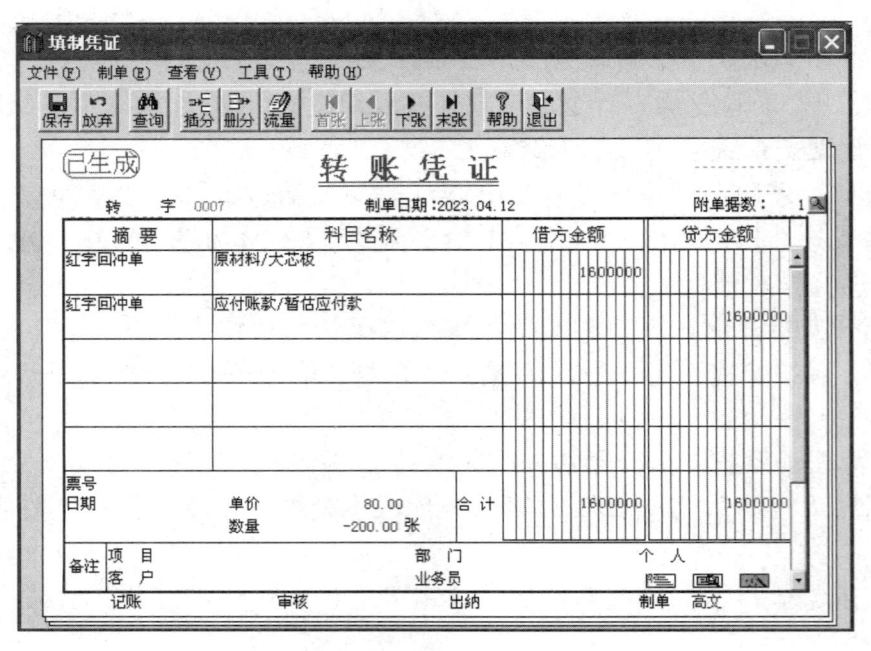

图8.29　红字回冲单生成凭证

步骤4　单击"下张"按钮，再单击"保存"按钮，保存蓝字回冲单生成的凭证，如图8.30所示。

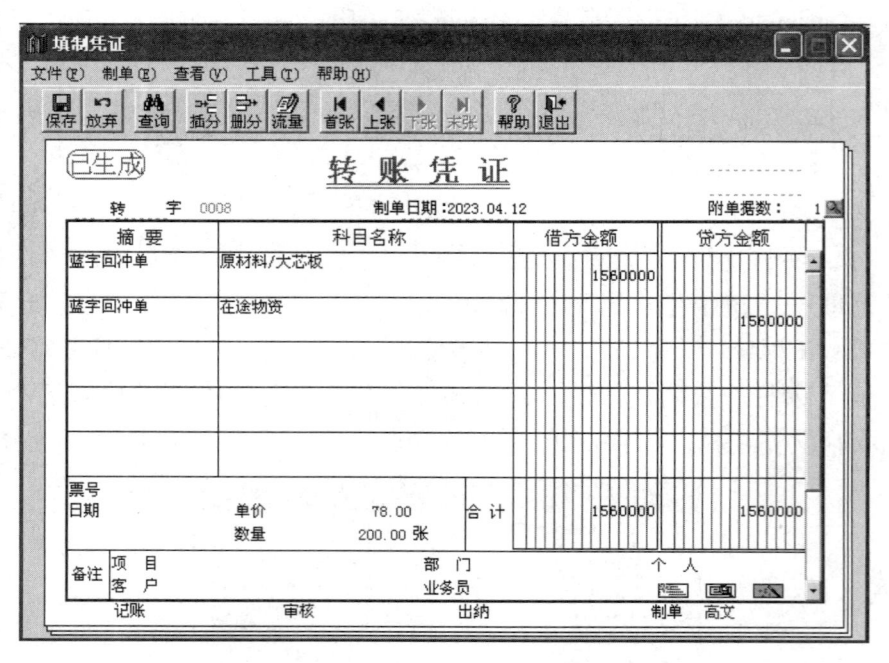

图8.30　蓝字回冲单生成凭证

5. 在核算管理子系统中进行发票制单处理

选择"核算"|"凭证"|"供应商往来制单"命令，对本笔业务采购专用发票进行制单处理。

全部完成后，将账套备份至"采购管理"文件夹中。

通关测试

一、判断题

1. 没有采购订单不能输入采购入库单。（   ）
2. 自动结算只能结算一张入库单对应一张发票的情况。（   ）
3. 采购结算一旦完成就不能撤销。（   ）
4. 采购订单必须审核才能被后续环节参照。（   ）
5. 采购入库单需要在库存管理子系统中填制并审核。（   ）

二、选择题

1. 以下（   ）业务在采购管理子系统中办理。
   A．采购入库　　　B．采购结算　　　C．付款结算　　　D．生成凭证
2. 采购发票可以参照（   ）生成。
   A．采购订单　　　B．采购发票　　　C．采购入库单　　　D．采购结算单
3. 采购结算包括（   ）。
   A．自动结算　　　B．现付结算　　　C．费用折扣结算　　　D．手工结算
4. 在供应商往来的付款结算中，可以填制（   ）。
   A．应付单　　　B．转账支票　　　C．付款单　　　D．发票
5. 采购订单可以流转生成（   ）。
   A．采购入库单　　　B．采购结算单　　　C．采购发票　　　D．付款单
   E．生成凭证

三、思考题

1. 采购结算的含义是什么？
2. 采购现结与普通采购有何区别？
3. 什么情况下用费用折旧结算方式结算运费？
4. 你如何理解红字回冲单和蓝字回冲单？
5. 核销的含义是什么？核销完成后能取消吗？

四、实训题

完成附录中的"实训 10　采购管理"。

项目 9

销售管理

项目目标

1. 了解销售管理子系统的基本功能。
2. 熟练掌握先发货后开票销售业务处理和开票直接发货销售业务处理。
3. 熟练掌握代垫费用业务处理。
4. 熟练掌握赊销、现结销售、预收货款处理。
5. 培养学生诚实守信的品质,以及对数据做到精准核算的工匠精神。

项目背景

T3 销售管理子系统可以对销售业务全流程进行管理,包括销售订货、销售发货、销售出库、销售发票、应收确认和收款结算。此外,还可以对销售过程中的代垫费用、销售支出进行管理。

任务1 先发货后开票销售业务处理

任务下达

由系统管理员引入"购销存初始化"账套。

2023 年 4 月 10 日,山东银座订购 100 组整体书柜。报价(无税单价)为 2 000 元/组,商定发货日期为 2023 年 4 月 12 日。

2023 年 4 月 12 日,销售部开具发货单,向山东银座发出其所订货物,从成品库办理出库手续。同时向山东银座开具销售专用发票,票号为 23090112。

2023 年 4 月 15 日,财务部收到山东银座转账支票一张,票号为 88982315,金额为 230 000 元。

任务指引

1. 填制销售订单并审核

步骤1 选择"销售"|"销售订单"命令,打开"销售订单"窗口。

步骤2 单击"增加"按钮,输入订单日期"2023-04-10",选择销售类型"普通销售"、客户名称"山东银座"、销售部门"销售部"。

步骤3 选择货物名称"整体书柜",输入数量"100"、无税单价"2000"、预发货日期"2023-04-12"。单击"保存"按钮。

步骤4 单击"审核"按钮,系统弹出"是否只处理当前张?"信息提示框。单击"是"按钮,审核销售订单,如图 9.1 所示。

图9.1 销售订单

> **提示**
>
> ① 销售订单用于确认客户的订货需求，其中载明了双方约定的货物明细、数量、价格和发货日期等。
> ② 已审核未关闭的销售订单可以用于参照生成销售发货单或销售发票。
> ③ 执行完成的销售订单可以关闭。
> ④ 单击"流转"按钮，可根据销售订单生成发货单、普通发票、专用发票、退货单、红字普通发票、红字专用发票，或复制为其他销售订单。

2. 填制销售发货单并审核

步骤1 选择"销售"|"销售发货单"命令，打开"一般发货"窗口。

步骤2 单击"增加"按钮，打开"选择订单"对话框。单击"显示"按钮，显示销售订单，选中要参照的销售订单，如图9.2所示。单击"确认"按钮，将销售订单信息带入发货单。

图9.2 参照订单生成发货单

步骤3　输入发货日期"2023-04-12",选择仓库"成品库",然后单击"保存"按钮。
步骤4　单击"审核"按钮,系统弹出信息提示框,如图9.3所示。

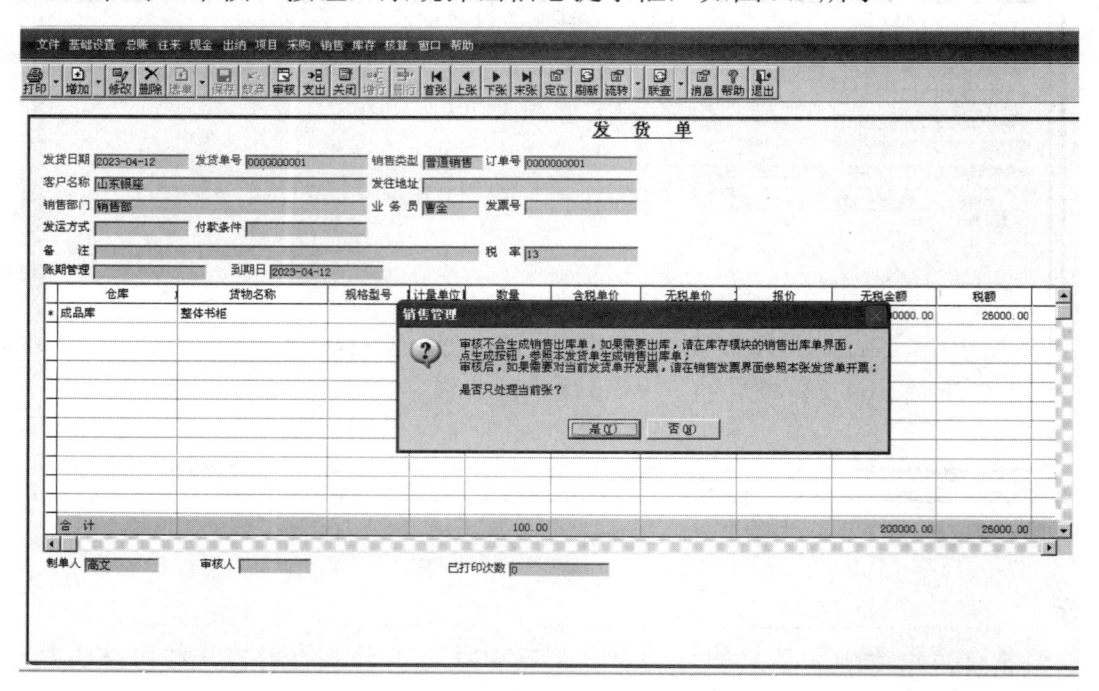

图9.3　审核发货单

步骤5　单击"是"按钮,审核成功。

提示

① 发货单是销售部门开具的确认发货的原始单据。
② 发货单可以直接填制,也可以参照销售订单(先发货后开票模式)、销售发票(开票直接发货模式)或其他相似的发货单生成。
③ 单击"流转"按钮,可根据销售发货单生成普通发票、专用发票,或复制为其他销售发货单。
④ 如果在销售选项中选中了"销售生成出库单"复选框,那么销售发货单审核后销售出库单自动生成。

3. 在库存管理子系统中生成销售出库单并审核

步骤1　选择"库存"|"销售出库单生成/审核"命令,打开"销售出库单"窗口。
步骤2　单击"生成"按钮,打开"发货单或发票参照"窗口。在"请选择"下拉列表中选择"发货单"选项,系统显示可参照的发货单列表。
步骤3　选择要参照的发货单,单击"确认"按钮,发货单信息带入销售出库单。单击"审核"按钮。

提示

① 销售出库单根据销售发货单或销售发票生成。
② 仓储部门对销售出库单进行审核即确认货物从仓库发出。
③ 销售出库单上存货无单价。

4. 在核算管理子系统中对销售出库单记账并生成凭证

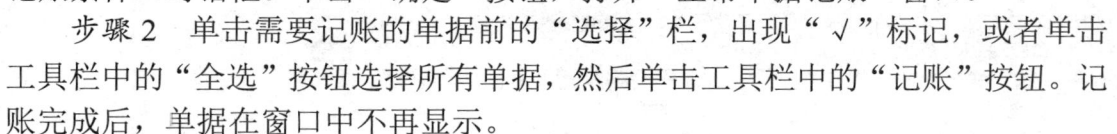

步骤1 选择"核算"|"核算"|"正常单据记账"命令，打开"正常单据记账条件"对话框。单击"确定"按钮，打开"正常单据记账"窗口。

步骤2 单击需要记账的单据前的"选择"栏，出现"√"标记，或者单击工具栏中的"全选"按钮选择所有单据，然后单击工具栏中的"记账"按钮。记账完成后，单据在窗口中不再显示。

步骤3 选择"核算"|"凭证"|"购销单据制单"命令，打开"生成凭证"窗口。

步骤4 单击"选择"按钮，打开"查询条件"对话框。选中"（32）销售出库单"复选框，然后单击"确认"按钮，打开"选择单据"窗口。

步骤5 选择需要生成凭证的单据，或者在工具栏中单击"全选"按钮，然后单击"确定"按钮，返回"生成凭证"窗口。

步骤6 单击"生成"按钮，打开"填制凭证"窗口。补充输入主营业务成本科目和库存商品科目核算项目为"整体书柜"。

步骤7 单击"保存"按钮，凭证左上角显示"已生成"红字标记，表示已将凭证传递到总账管理子系统，如图9.4所示。

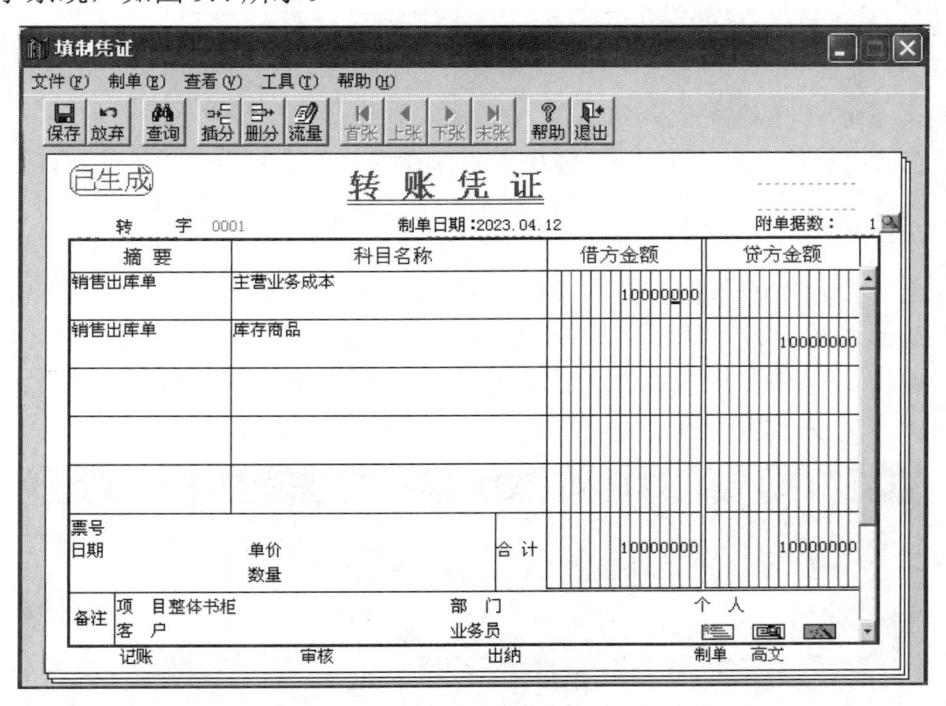

图9.4 生成销售出库凭证

5. 销售开票确认应收

（1）在销售管理子系统中根据发货单填制并复核销售发票

步骤1 选择"销售"|"销售发票"命令，打开"普通发票"窗口。

步骤2 单击"增加"下拉按钮，选择"专用发票"选项。单击"选单"下拉按钮，选择"发货单"选项，打开"选择发货单"对话框。单击"显示"按钮，列出可参照的发货单。选择发货单，单击"确认"按钮，将发货单信息带入销售专用发票。

步骤3 输入发票号"23090112"，单击"保存"按钮。单击"复核"按钮，系统弹出提示信息，如图9.5所示。

步骤4 单击"是"按钮，复核成功。单击"退出"按钮返回。

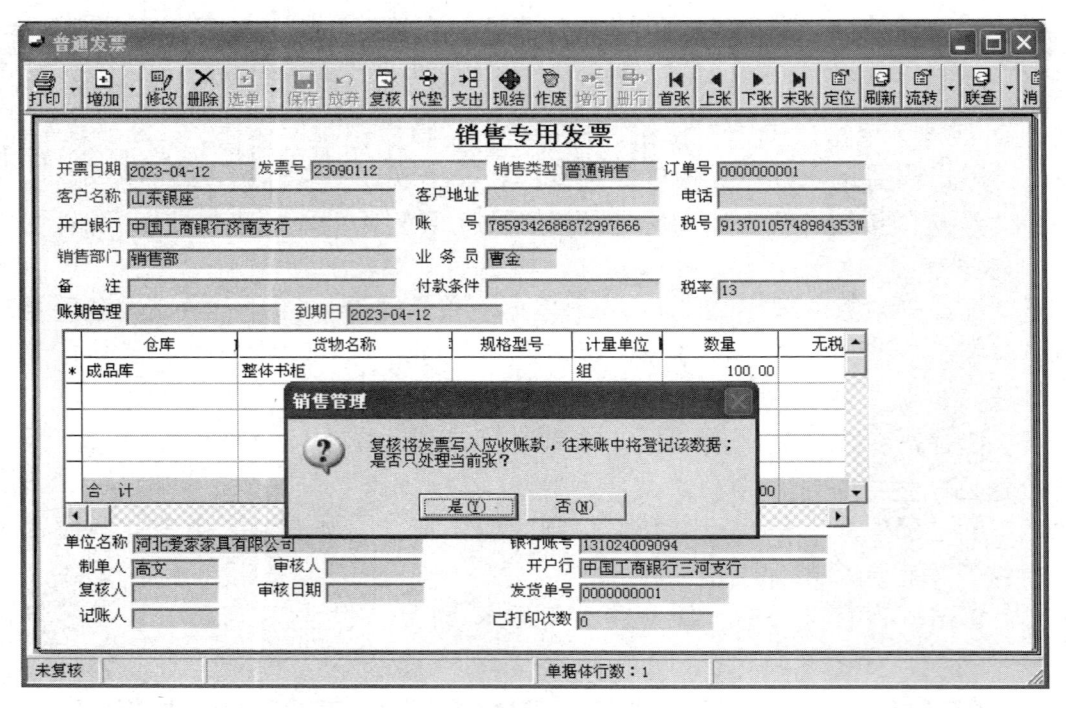

图9.5 复核销售专用发票

（2）在核算管理子系统中生成销售收入凭证

步骤1　选择"核算"|"凭证"|"客户往来制单"命令，打开"客户制单查询"对话框。

步骤2　选中"发票制单"复选框，然后单击"确认"按钮，打开"客户往来制单"窗口。

步骤3　选择要制单的单据，然后单击"制单"按钮，打开"填制凭证"窗口。

步骤4　选择"转　转账凭证"，补充输入主营业务收入核算项目为"整体书柜"。

步骤5　单击"保存"按钮，凭证左上角显示"已生成"红字标记，表示已将凭证传递到总账管理子系统，如图9.6所示。

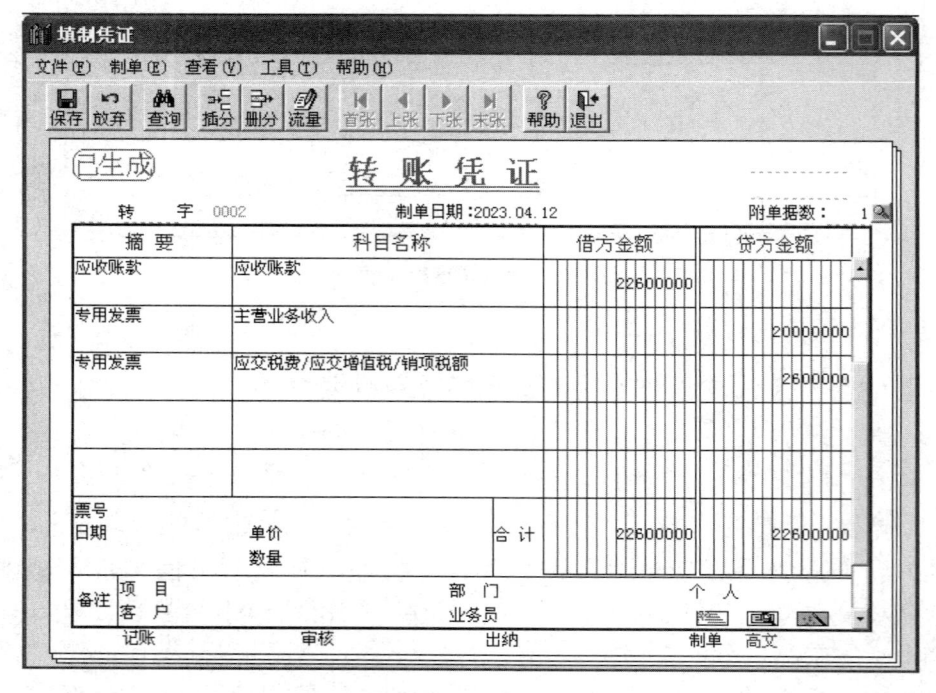

图9.6　发票制单确认收入

6. 收款结算核销应收

（1）在销售管理子系统中输入收款单，核销应收

步骤1　选择"销售"|"客户往来"|"收款结算"命令，打开"单据结算"窗口。

步骤2　选择客户"001　山东银座家居有限公司"，然后单击"增加"按钮，输入收款单各项信息。

步骤3　单击"保存"按钮，如图9.7所示。

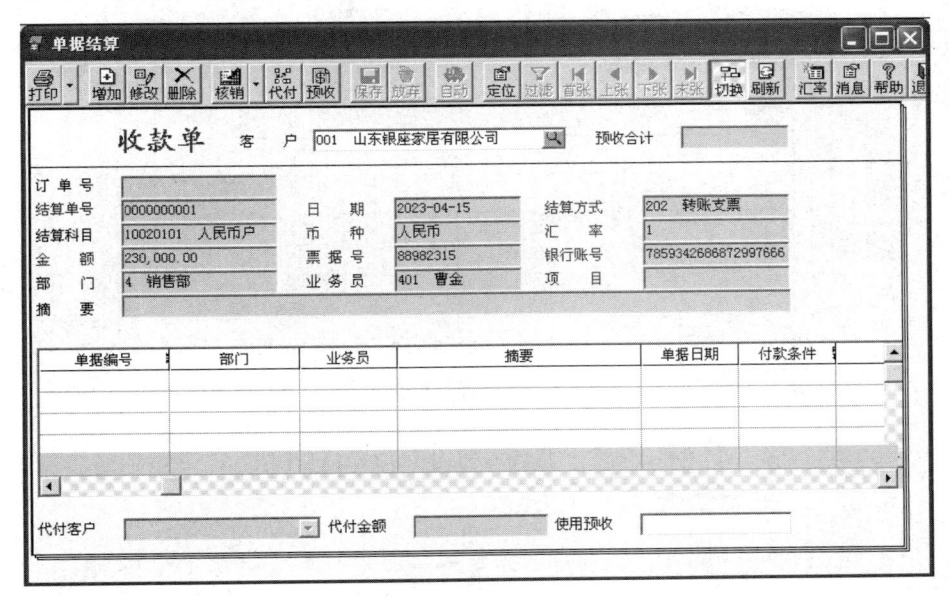

图9.7　收款单

步骤4　单击"核销"按钮，收款单下方窗格中显示该客户未核销的应收款。在要核销单据的"本次结算"栏中输入"226000"，如图9.8所示。

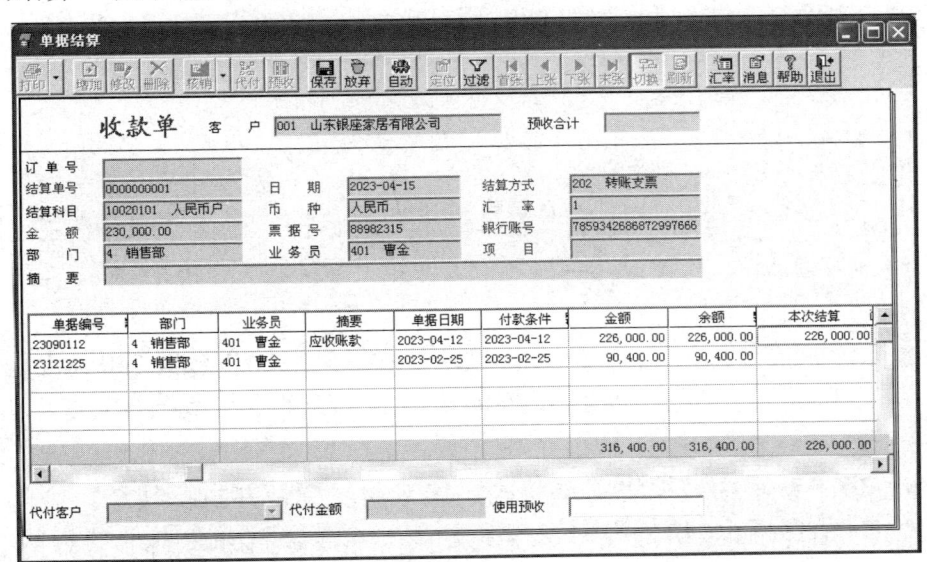

图9.8　核销应收

步骤5　单击"保存"按钮，收款单上方的预收合计显示4 000。

（2）核销制单

步骤1　选择"核算"|"凭证"|"客户往来制单"命令，打开"客户制单查询"对话框。

步骤2 选中"核销制单"复选框,单击"确认"按钮,打开"客户往来制单"窗口。

步骤3 选择要制单的单据,然后单击"制单"按钮,打开"填制凭证"窗口。单击"保存"按钮,生成收款凭证,如图9.9所示。

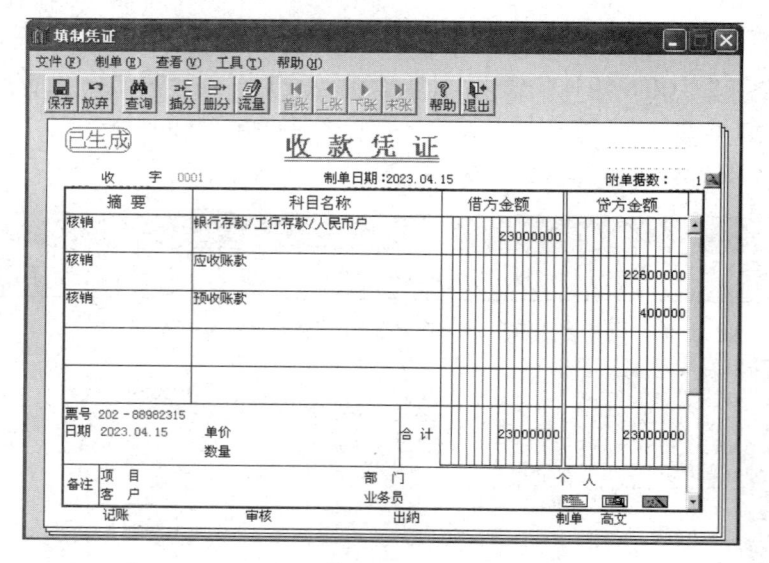

图9.9 收款核销生成凭证

任务2 销售现收业务处理

任务下达

由账套主管完成销售现收业务处理。

2023年4月16日,向北京如意出售实用电脑桌30张,无税单价为500元/张。货物从成品库发出。

同日,根据上述发货单开具专用发票一张,发票号为23091516。同时,收到客户用转账支票所支付的全部货款,票据号为45641588,银行账号为131024009094。进行现结制单处理。

任务指引

1. 填制并审核发货单

步骤1 选择"销售"|"销售发货单"命令,打开"一般发货"窗口。

步骤2 单击"增加"按钮,打开"选择订单"对话框。单击"取消"按钮返回。

步骤3 输入发货日期"2023-04-16",选择销售类型"普通销售"、客户名称"北京如意"。

步骤4 选择仓库"成品库"、存货名称"实用电脑桌",输入数量"30"、无税单价"500"。

步骤5 单击"保存"按钮,再单击"审核"按钮,保存并审核发货单。单击"退出"按钮。

2. 在销售管理子系统中根据发货单生成销售专用发票,并执行现结

步骤1 选择"销售"|"根据发货单生成发票"命令,打开"条件"对话框。选中"专用发票"单选按钮,然后单击"确认"按钮,打开"发票批量生成"窗口。

步骤2 选择要生成发票的发货单,然后单击"生成"按钮,系统弹出信息提示发货单生成发票成功。关闭信息提示框返回。

步骤3 选择"销售"|"销售发票"命令,打开"专用发票"窗口。修改发票号为23091516后保存。

项目 9　销售管理

步骤 4　单击"现结"按钮，打开"销售现结"对话框。选择结算方式"转账支票"，输入结算金额"16950"、票据号"45641588"、银行账号"131024009094"，如图 9.10 所示。单击"确定"按钮，系统弹出"现结记录已保存！"信息提示框。单击"确定"按钮返回，销售发票右上角显示"现结"标志。

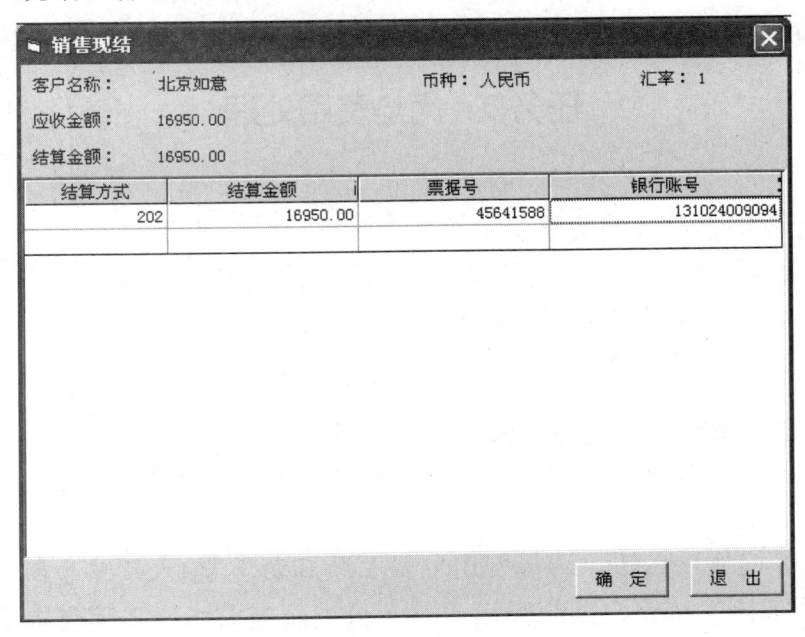

图 9.10　销售发票现结

步骤 5　单击"复核"按钮，对现结发票进行复核。

3. 在核算管理子系统中进行现结制单

步骤 1　选择"核算"|"凭证"|"客户往来制单"命令，打开"客户制单查询"对话框。

步骤 2　选中"现结制单"复选框，单击"确认"按钮，打开"客户往来制单"窗口。

步骤 3　单击"全选"按钮，再单击"制单"按钮，打开"填制凭证"窗口。

步骤 4　补充设置主营业务收入的核算项目为"实用电脑桌"，单击"保存"按钮，凭证左上角出现"已生成"红色标记，表示凭证已传递到总账管理子系统，如图 9.11 所示。

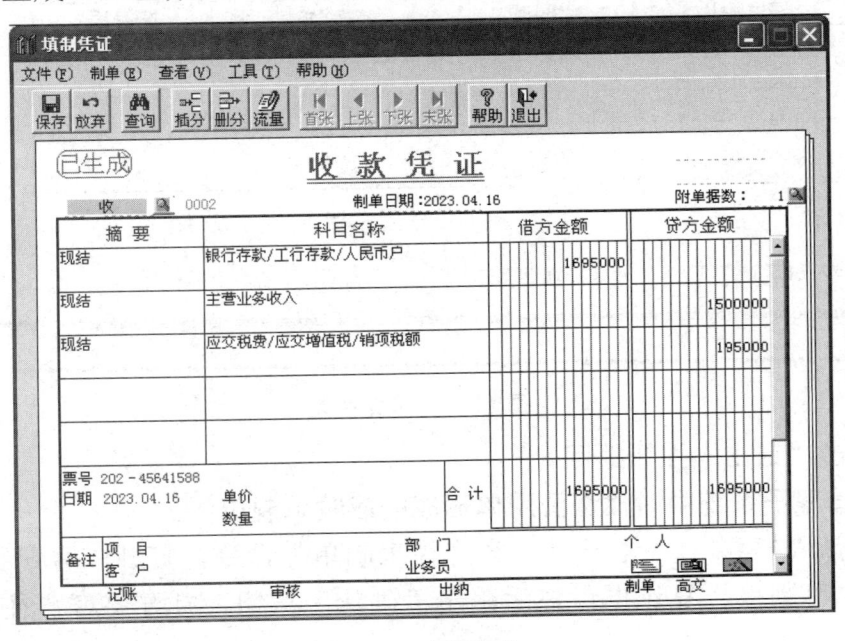

图 9.11　现结制单

4. 在库存管理子系统中审核销售出库单

选择"库存"|"销售出库单生成/审核"命令，参照销售发货单生成销售出库单并审核。

5. 在核算管理子系统中对销售出库单进行正常单据记账并生成凭证

选择"核算"|"核算"|"正常单据记账"命令，对销售出库单进行单据记账。

选择"核算"|"凭证"|"购销单据制单"命令，对销售出库单生成凭证。

任务3 代垫费用处理

任务下达

由账套主管完成销售过程中代垫费用的处理。

2023年4月16日，销售部在向北京如意销售商品的过程中发生了一笔代垫的装卸费200元。已用现金支付，客户尚未支付该笔款项。

任务指引

1. 在销售管理子系统中填制并审核代垫费用单

步骤1 选择"销售"|"销售发票"命令，打开"专用发票"窗口。单击"代垫"按钮，打开"代垫费用单"窗口。

步骤2 单击"增加"按钮，选择费用项目"装卸费"，输入代垫金额"200"，单击"保存"按钮。单击"审核"按钮，系统弹出"是否只处理当前张？"信息提示框。单击"是"按钮，结果如图9.12所示。

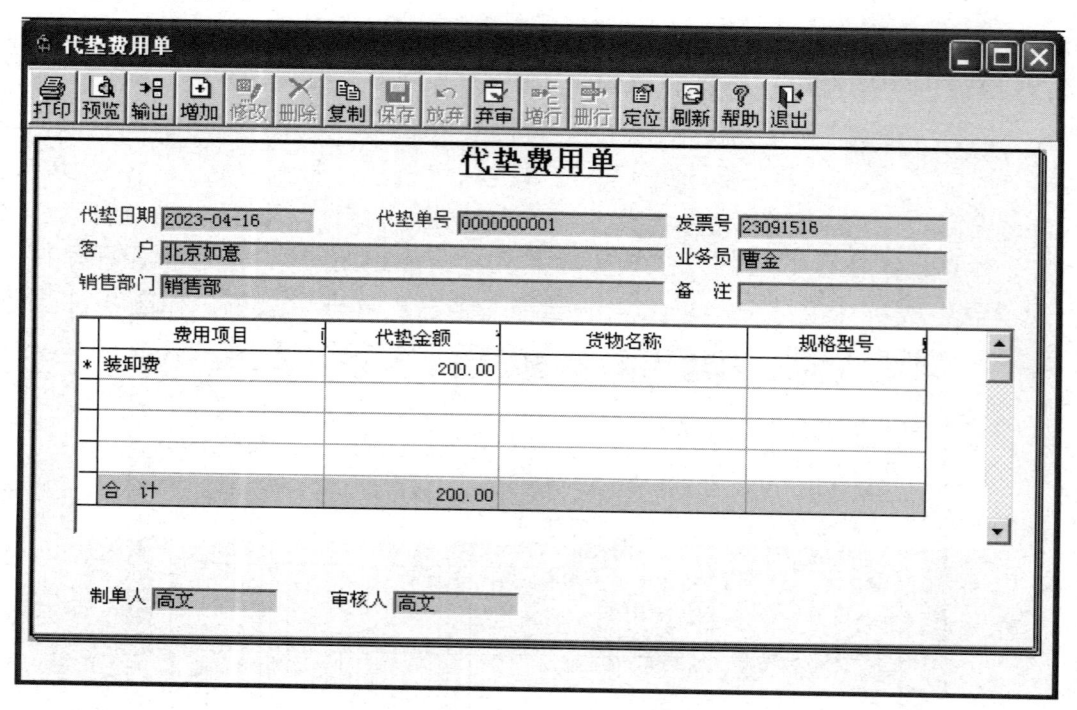

图9.12 代垫费用单

步骤3 单击"退出"按钮返回。

2. 在核算管理子系统中对代垫费用单形成的应收单制单

步骤1 选择"核算"|"凭证"|"客户往来制单"命令，打开"客户制单查询"对话框。选中"应收单制单"复选框，然后单击"确认"按钮，打开"客户往来制单"窗口，如图9.13所示。

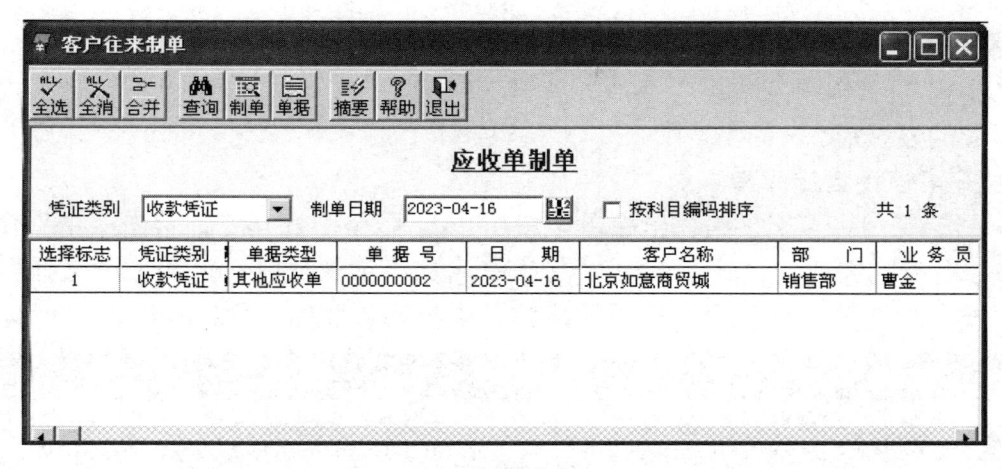

图9.13 应收单制单

步骤2 选择要制单的单据，然后单击"制单"按钮，打开"填制凭证"窗口。输入贷方科目"1001"，然后单击"保存"按钮，结果如图9.14所示。

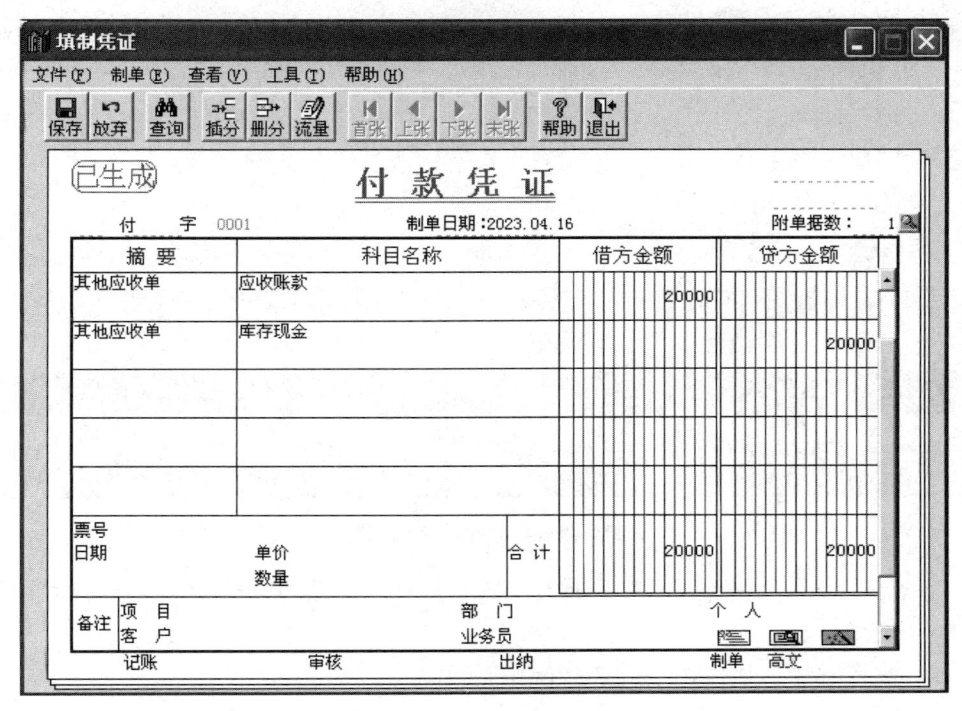

图9.14 应收单生成凭证

任务4 开票直接发货业务处理

任务下达

由账套主管进行开票直接发货业务处理。

2023年4月18日，向河北卓越出售40组整体书柜，无税单价为2 000元/组，适用税率为13%。货物从成品库中发出，并据此开具销售专用发票一张，发票号为23091526。

任务指引

1．填制并复核销售专用发票

步骤1 选择"销售"|"销售发票"命令，打开"专用发票"窗口。
步骤2 单击"增加"按钮，按资料输入销售专用发票内容，然后保存并复核。

2. 查看销售发货单

选择"销售"|"销售发货单"命令，打开"一般发货"窗口。可以查看到根据销售专用发票自动生成的发货单。

3. 生成并审核销售出库单

步骤1　选择"库存"|"销售出库单生成/审核"命令，打开"销售出库单"窗口。

步骤2　单击"生成"按钮，打开"发货单或发票参照"窗口。在"请选择"下拉列表框中选择"发票"选项，显示出可参照的发票。选择要参照的发票，如图9.15所示。

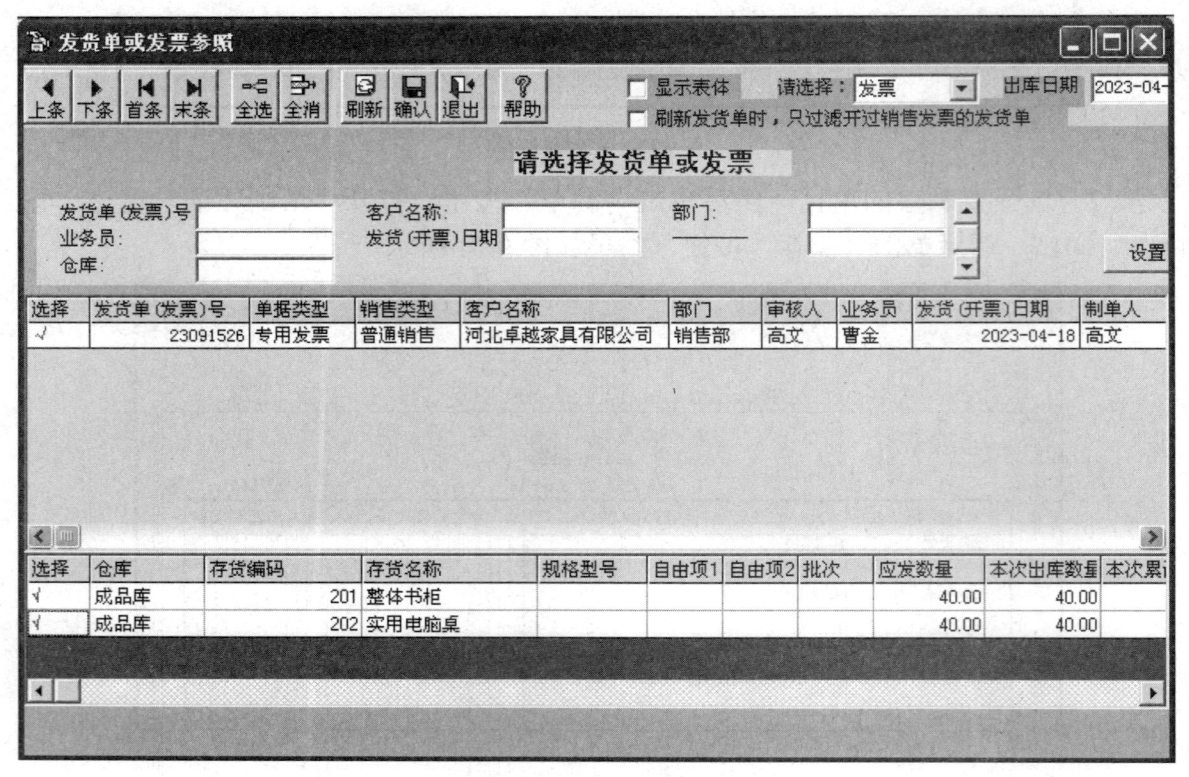

图9.15　可参照的发票列表

步骤3　单击"确认"按钮，系统弹出"操作完毕"信息提示框。单击"确定"按钮，自动生成销售出库单。

步骤4　单击"审核"按钮，审核销售出库单。

4. 在核算管理子系统中记账并生成相关凭证

步骤1　选择"核算"|"核算"|"正常单据记账"命令，对销售出库单进行记账。

步骤2　选择"核算"|"凭证"|"客户往来制单"命令，对销售发票制单确认应收。

步骤3　选择"核算"|"凭证"|"购销单据制单"命令，选择销售出库单生成出库凭证。

任务5　预收冲应收业务处理

任务下达

由账套主管进行预收冲应收业务处理。

2023年4月20日，将山东银座4 000元预收账款冲抵其期初应收款。

任务指引

步骤1　选择"销售"|"客户往来"|"预收冲应收"命令，打开"预收冲应收"对话框。

步骤2　选择客户"山东银座",单击"过滤"按钮,系统列出该客户目前的预收款。输入转账金额"4000",如图9.16所示。

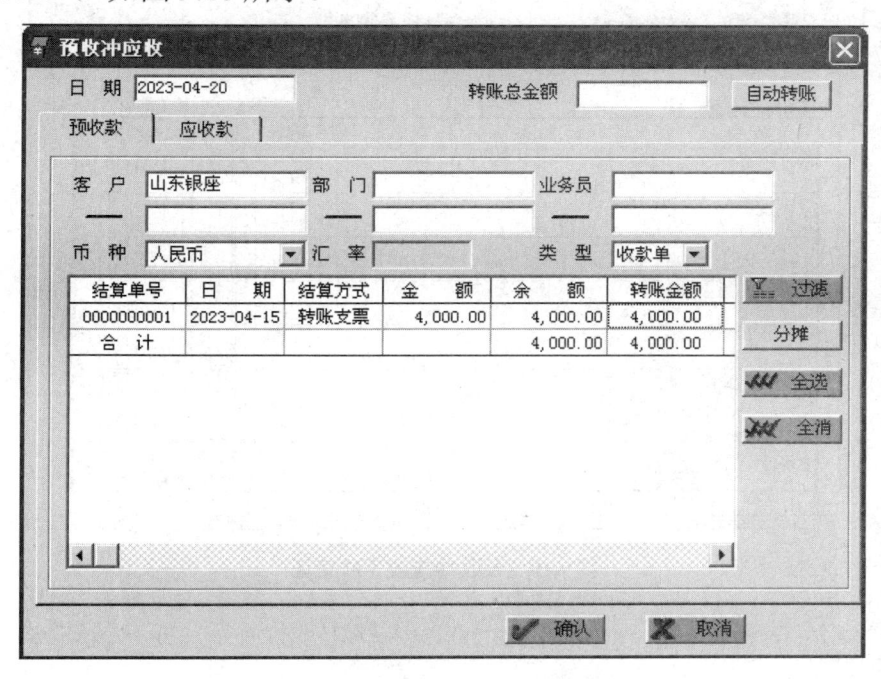

图9.16　输入预收款转账金额

步骤3　打开"应收款"选项卡,单击"过滤"按钮,系统列出该客户目前的应收款。输入转账金额"4000",如图9.17所示。

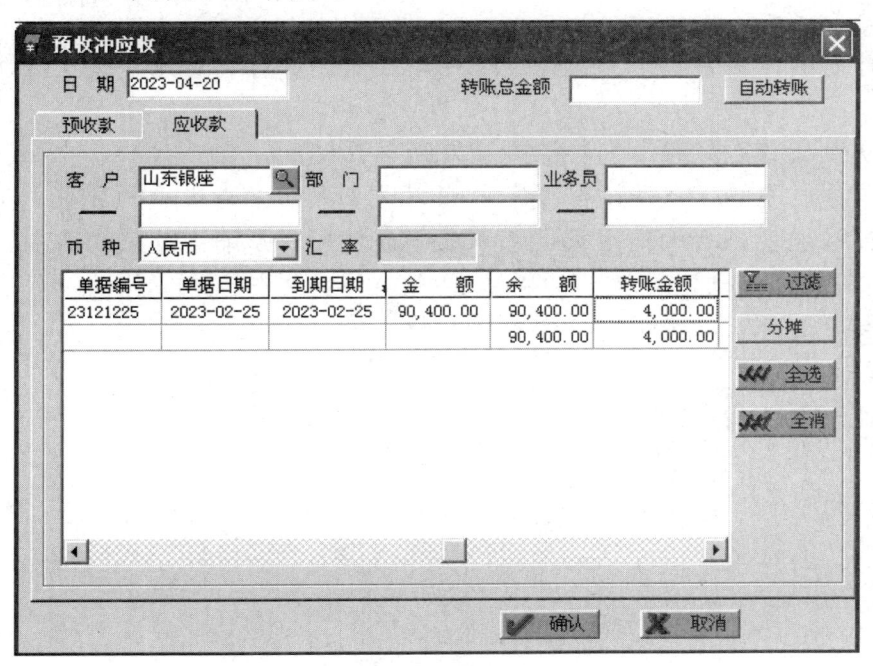

图9.17　输入应收款转账金额

步骤4　单击"确认"按钮,系统弹出"操作成功!"信息提示框。单击"确定"按钮返回。

步骤5　选择"核算"|"凭证"|"客户往来制单"命令,打开"客户制单查询"对话框。选中"转账制单"复选框,然后单击"确认"按钮,打开"客户往来制单"窗口。单击"制单"按钮,打开"填制凭证"窗口。修改凭证类别后单击"保存"按钮,生成凭证如图9.18所示。

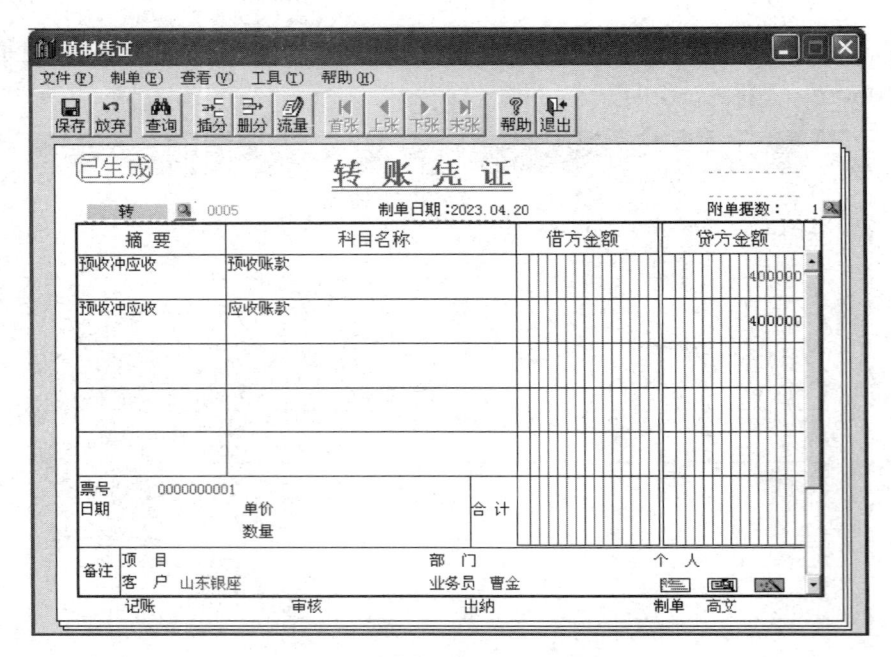

图9.18 预收冲应收生成凭证

全部完成后,将账套备份至"销售管理"文件夹中。

通关测试

一、判断题

1. 可以设置是由销售管理子系统生成出库单还是由库存管理子系统生成出库单。
（   ）
2. 可以一次发货分次开票,但不能一次发货多次出库。（   ）
3. 随销售过程发生的代垫费用需要在总账管理子系统中直接填制凭证。（   ）
4. 如果核算管理子系统和销售管理子系统集成使用,则销售发票的输入和审核均应在核算管理子系统中完成。（   ）
5. 可以先发货后开票,也可以开票直接发货。（   ）

二、选择题

1. 销售管理子系统与T3以下（   ）子系统存在数据关联。
   A. 总账管理   B. 采购管理
   C. 库存管理   D. 核算管理
2. 以下（   ）存货计价方式,不能在实现销售后当即结转销售成本。
   A. 先进先出   B. 移动平均
   C. 全月平均   D. 个别计价法
3. 销售业务流程中,以下（   ）环节不是必需的。
   A. 销售订货   B. 销售发货
   C. 销售出库   D. 销售开票
4. 向客户预收货款需要以（   ）形式输入。
   A. 应收单   B. 预收单
   C. 收款单   D. 发票

5. 为客户代垫的运费用（　　）记录。
   A. 发票　　　　　　　　　　B. 应收单
   C. 代垫费用单　　　　　　　D. 销售支出单

三、思考题

1. 总结先发货后开票普通销售业务的处理流程。
2. 在很多单据窗口中有"流转"按钮，探究一下该按钮的作用。
3. 客户往来中的应收单是用来记录什么的？
4. 发票复核和发票现结有先后顺序吗？
5. 先发货后开票和开票直接发货有何不同？

四、实训题

完成附录中的"实训 11　销售管理"。

项目 10

库存管理

项目目标

1. 了解库存管理子系统的基本功能。
2. 熟练掌握产成品入库、材料领用出库业务处理。
3. 熟悉掌握盘点业务处理。
4. 熟练掌握其他库存业务处理。
5. 培养学生成本控制意识、强国意识，增强学生职业责任感。

项目背景

T3 库存管理子系统主要对企业存货的入库、出库及结存数量进行管理。入库业务包括采购入库、产成品入库和其他入库；出库业务包括销售出库、材料领用出库和其他出库。采购入库和销售出库在项目 8 和项目 9 中已经介绍。

任务 1 材料领用出库业务处理

任务下达

由系统管理员在系统管理中引入"购销存初始化"账套。

由账套主管完成材料领用出库业务处理。

2023 年 4 月 2 日，一车间从板材库领用大芯板 20 张，用于生产实用电脑桌。

任务指引

1. 填制材料出库单并审核

步骤 1 选择"库存"|"材料出库单"命令，打开"材料出库单"窗口。

步骤 2 单击"增加"按钮，填写出库日期"2023-04-02"，选择仓库"板材库"、出库类别"材料领用出库"、部门"一车间"。

步骤 3 选择"102 大芯板"，输入数量"20"。

步骤 4 单击"保存"按钮，然后单击"审核"按钮，结果如图 10.1 所示。

步骤 5 单击"退出"按钮，返回 T3 主界面。

2. 对材料出库单记账并生成凭证

步骤 1 选择"核算"|"核算"|"正常单据记账"命令，对材料出库单进行记账。

步骤 2 选择"核算"|"凭证"|"购销单据制单"命令，选择材料出库单生成凭证，补充设置"生产成本/直接材料"核算项目为"实用电脑桌"，然后单

击"保存"按钮，结果如图 10.2 所示。

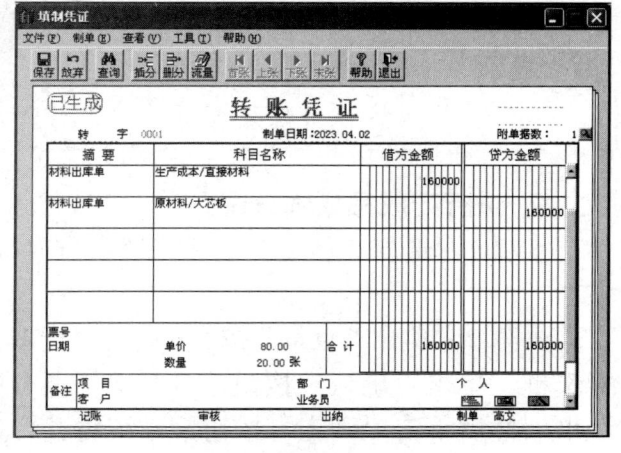

图 10.1　材料出库单

图 10.2　材料出库单生成凭证

任务 2　产成品入库业务处理

任务下达

由账套主管完成产成品入库业务处理。

2023 年 4 月 3 日，成品库收到生产部生产的 300 张实用电脑桌，做产成品入库。

2023 年 4 月 5 日，成品库收到生产部生产的 200 张实用电脑桌，做产成品入库。

随后收到财务部提供的完工产品成本，其中实用电脑桌的总成本为 125 000 元。进行产成品成本分配，记账生成凭证。

思政小课堂

成本控制

任务指引

1. 在库存管理子系统中输入产成品入库单并审核

步骤 1　选择"库存"|"产成品入库单"命令，打开"产成品入库单"窗口。

步骤 2　单击"增加"按钮，输入入库日期"2023-04-03"、入库类别"产成品入库"，选择仓库"成品库"、部门"一车间"。

步骤 3　选择产品编码"202"，输入数量"300"。

步骤 4　单击"保存"按钮，然后单击"审核"按钮，结果如图 10.3 所示。

图 10.3　填制并审核产成品入库单

步骤 5　用同样的方法，输入第 2 张产成品入库单。

步骤 6　单击"退出"按钮，返回 T3 主界面。

> **提示**
> 产成品入库单上无须填写单价，待产成品成本分配后会自动写入。

2. 进行产成品成本分配

步骤 1　选择"核算"|"核算"|"产成品成本分配"命令，打开"产成品成本分配表"窗口。

步骤 2　单击"查询"按钮，打开"产成品成本分配表查询"对话框。选中"3　成品库"复选框，单击"确认"按钮，打开"需要分配的产成品单据选择"对话框。选中"全选"复选框，然后单击"确定"按钮，系统将符合条件的记录带回产成品成本分配表。

步骤 3　在"202 实用电脑桌"记录行的"金额"栏中输入"125000"。

步骤 4　单击"分配"按钮，系统弹出提示"分配操作顺利完成！"，如图 10.4 所示。单击"确定"按钮返回。

步骤 5　单击"退出"按钮，返回 T3 主界面。

步骤 6　选择"核算"|"产成品入库单"命令，打开"产成品入库单"窗口。从中可查看到入库存货单价为 250 元/张。

3. 在核算管理子系统中对产成品入库单进行记账并生成凭证

步骤 1　选择"核算"|"核算"|"正常单据记账"命令，对产成本入库单进行记账处理。

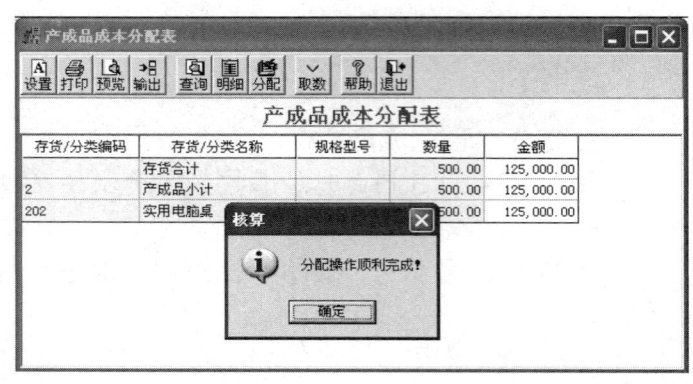

图 10.4　产成品成本分配

步骤 2　选择"核算"|"凭证"|"购销单据制单"命令，打开"生成凭证"窗口。单击"选择"按钮，打开"查询条件"对话框。选中"（10）产成品入库单"复选框，然后单击"确认"按钮，打开"选择单据"窗口。单击"全选"按钮选中要制单的记录，再单击"确定"按钮，打开"生成凭证"窗口。单击"合成"按钮，可合并生成入库凭证，如图 10.5 所示。

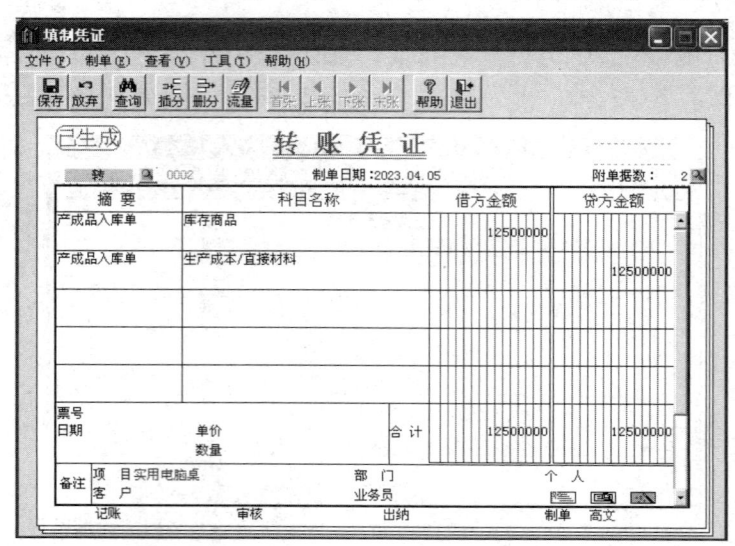

图 10.5　产成品入库单生成凭证

> **提示**
>
> 因为凭证上"库存商品"和"生产成本/直接材料"科目设置有项目辅助核算,所以凭证保存时系统提示"项目辅助核算不能为空!"。这时需要将光标定位在该科目行,将鼠标指针下移至"备注"区,待鼠标指针变为笔状时双击,在打开的"辅助项"对话框中选择项目"实用电脑桌",即可成功保存凭证。

任务3 其他出库业务处理

任务下达

由账套主管完成捐赠出库业务处理。

4月10日,企管办向振华希望小学捐赠100张实用电脑桌。

任务指引

1. 填制其他出库单并审核

步骤1 选择"库存"|"其他出库单"命令,打开"其他出库单"窗口。

步骤2 单击"增加"按钮,填写出库日期"2023-04-10",选择仓库"成品库"、出库类别"其他出库"、部门"企管办"。

步骤3 选择"202 实用电脑桌",输入数量"100"。

步骤4 单击"保存"按钮,再单击"审核"按钮,结果如图10.6所示。

图10.6 填制其他出库单并审核

2. 对其他出库单记账并生成凭证

步骤1 选择"核算"|"核算"|"正常单据记账"命令,对其他出库单进行记账。

步骤2 选择"核算"|"凭证"|"购销单据制单"命令,选择其他出库单生成转账凭证。其会计分录如下。

借:营业外支出   26 000
    贷:库存商品/实用电脑桌   26 000

> **提示**
>
> ① 其他出库业务是指除销售出库、材料领用出库之外的出库。
> ② 盘点业务、调拨业务、组装拆卸业务可以自动生成其他出入库单;除此之外的其他出库需要自行填制其他出库单。

任务4　盘点业务处理

任务下达

由账套主管 A01 完成库存盘点业务处理。

2023 年 4 月 15 日，对板材库存货进行盘点，三聚氰胺板盘点数量为 600 张，大芯板盘点数量为 778 张。

任务指引

1. 填制盘点单并审核

步骤 1　选择"库存"|"库存其他业务"|"盘点单"命令，打开"盘点单"窗口。

步骤 2　单击"增加"按钮，输入单据日期"2023-04-15"，选择盘点仓库"板材库"、出库类别"其他出库"、入库类别"其他入库"，输入盘点日期"2023-04-15"。

步骤 3　单击"盘库"按钮，系统弹出"是否以 2023-04-15 为截止日期进行盘点？"信息提示框，单击"是"按钮。系统再次提示"是否对整个仓库进行盘点"，单击"是"按钮。最后系统提示"是否显示数量结存为零的存货？"，单击"是"按钮。系统显示板材库所有的存货，并带出存货账面数量。

步骤 4　输入三聚氰胺板的盘点数量"600"、大芯板的盘点数量"778"，然后单击"保存"按钮。

步骤 5　单击"审核"按钮，结果如图 10.7 所示。

图 10.7　盘点单

> **提示**
> ① 盘点单审核后，系统自动生成相应的其他入库单和其他出库单。不能删除由盘点单生成的其他入库单和其他出库单。
> ② 单击"盘库"按钮，表示选择盘点仓库中所有的存货进行盘点；单击"选择"按钮，表示按存货分类批量选择存货进行盘点。
> ③ 盘点单中输入的盘点数量是实际库存盘点的结果。
> ④ 盘点单记账后，不能再取消记账。

2. 在库存管理子系统中对盘点单生成的其他出库单进行审核

选择"库存"|"其他出库单"命令，找到根据盘点单生成的其他出库单，然后单击"审核"按钮。

3. 在核算管理子系统中对盘点单生成的其他出库单进行记账并生成凭证

步骤 1　选择"核算"|"核算"|"正常单据记账"命令，对其他出库单进行记账处理。

步骤 2　选择"核算"|"凭证"|"购销单据制单"命令，对其他出库单生成转账凭证。其会计分录如下。

　　借：待处理财产损溢　　　　160
　　　　贷：原材料/大芯板　　　　160

任务5　调拨业务处理

任务下达

由账套主管完成库存调拨业务处理。

2023 年 4 月 15 日，因五金库维修，将仓库中的所有存货调拨到板材库中。

任务指引

1. 在库存管理子系统中填制调拨单

步骤 1　选择"库存"|"库存其他业务"|"调拨单"命令，打开"调拨单"窗口。

步骤 2　单击"增加"按钮，输入调拨日期"2023-04-15"，选择转出仓库"五金库"、转入仓库"板材库"、出库类别"其他出库"、入库类别"其他入库"。

> **提示**
> 调拨单用于处理仓库之间存货的转库业务或部门之间的存货调拨业务。如果调拨单上的转出部门和转入部门不同，就表示是部门之间的调拨业务；如果转出部门和转入部门相同，但转出仓库和转入仓库不同，就表示是仓库之间的转库业务。

步骤 3　选择存货编码"103"，窗口下方显示当前存货的可用量为 1 000，输入数量"1000"。同理，选择存货编码"104"，窗口下方显示当前存货的可用量为 1 000，输入数量"1000"，然后单击"保存"按钮，结果如图 10.8 所示。

图 10.8　调拨单

> **提示**
> 调拨单保存后，系统自动生成其他入库单和其他出库单，且不得修改与删除由调拨单生成的其他入库单和其他出库单。

2. 在库存管理子系统中对调拨单生成的其他出入库单进行审核

步骤1　选择"库存"|"其他入库单"命令，打开"其他入库单"窗口。

步骤2　找到调拨业务生成的其他入库单，然后单击"审核"按钮。

步骤3　用同样方法完成对其他出库单的审核。

3. 在核算管理中进行特殊单据记账

步骤1　选择"核算"|"核算"|"特殊单据记账"命令，打开"特殊单据记账条件"对话框。

步骤2　选择单据类型"调拨单"，如图10.9所示。

步骤3　单击"确定"按钮，打开"特殊单据记账"窗口。选择要记账的调拨单，单击"记账"按钮。

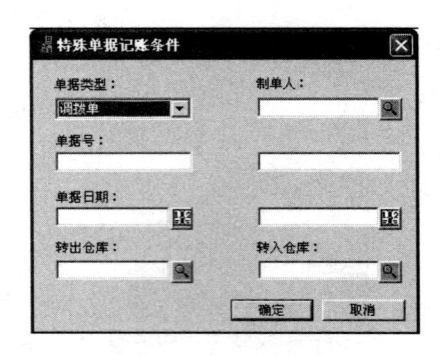

图10.9　特殊单据记账条件

> **提示**
> 调拨业务不会引起企业价值变动，因此无须生成财务核算凭证。

全部完成后，备份当前账套至"库存管理"文件夹中。

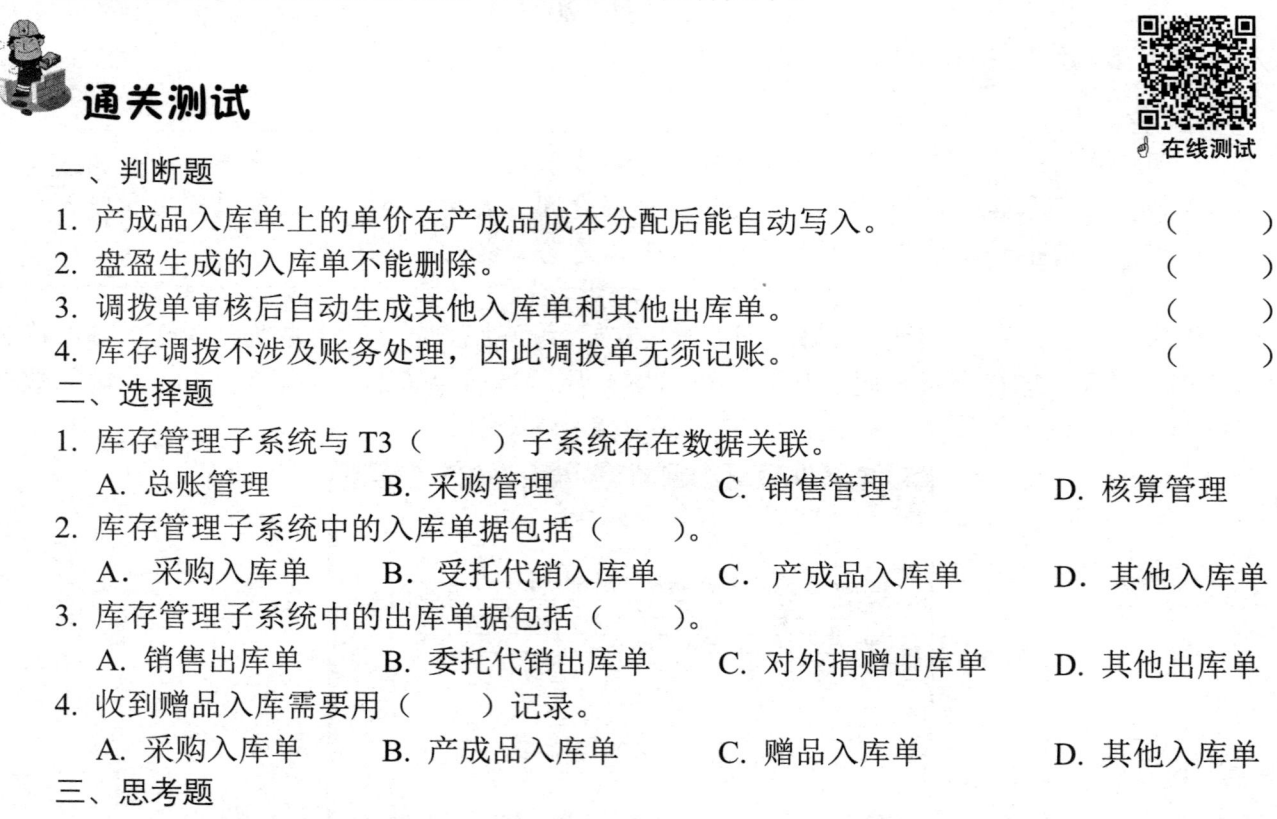

通关测试

在线测试

一、判断题

1. 产成品入库单上的单价在产成品成本分配后能自动写入。　　　　　　（　　）
2. 盘盈生成的入库单不能删除。　　　　　　　　　　　　　　　　　　（　　）
3. 调拨单审核后自动生成其他入库单和其他出库单。　　　　　　　　　（　　）
4. 库存调拨不涉及账务处理，因此调拨单无须记账。　　　　　　　　　（　　）

二、选择题

1. 库存管理子系统与T3（　　）子系统存在数据关联。
   A. 总账管理　　　　B. 采购管理　　　　C. 销售管理　　　　D. 核算管理
2. 库存管理子系统中的入库单据包括（　　）。
   A. 采购入库单　　　B. 受托代销入库单　　C. 产成品入库单　　D. 其他入库单
3. 库存管理子系统中的出库单据包括（　　）。
   A. 销售出库单　　　B. 委托代销出库单　　C. 对外捐赠出库单　D. 其他出库单
4. 收到赠品入库需要用（　　）记录。
   A. 采购入库单　　　B. 产成品入库单　　　C. 赠品入库单　　　D. 其他入库单

三、思考题

1. 哪些库存业务可自动生成其他入库单？
2. 盘点方法分为哪两种？需要注意什么问题？
3. 库存调拨分为哪两种情况？
4. 总结产成品入库业务处理流程。

四、实训题

完成附录中的"实训12　库存管理"。

项目 11

核算管理

项目目标

1. 了解核算管理子系统的基本功能。
2. 熟练掌握出入库成本调整业务处理。
3. 熟练掌握暂估入库业务处理。
4. 熟练掌握核算管理期末处理及购销存管理结账。
5. 培养学生以积极的态度面对工作中的问题，依法依规采取措施进行修改，确保会计信息的真实性和准确性。
6. 培养学生坚持会计准则，坚守诚信职业操守，真实、准确、完整地反映企业的经营状况的工作态度。
7. 培养学生团结合作意识。

项目背景

库存管理和核算管理的对象都是企业的存货：库存管理侧重于对存货的入库、出库和结存数量进行管理，对应企业仓储部门的职能；核算管理侧重于核算存货的入库成本、出库成本和结存成本，对应企业财务部门材料成本会计的职能。

核算管理主要功能包括出入库成本核算及成本调整、单据记账、生成凭证等。

任务 1　入库成本调整

任务下达

以系统管理员的身份在系统管理中恢复"购销存初始化"账套。

由账套主管进行入库成本调整。

2023 年 4 月 16 日，采购部向霸州光洋订购的 200 张大芯板到货，入板材库。收到供应商开具的专用发票一张，票号为 23111916，载明数量 200、无税单价 75 元/张、税率 13%。

2023 年 4 月 28 日，将 4 月 16 日发生的采购大芯板的入库成本增加 400 元。

任务指引

1. 办理采购入库，记账并生成入库凭证

步骤 1　选择"采购"|"采购入库单"命令，输入采购入库单。

步骤 2　在"采购入库"窗口中，单击"流转"下拉按钮，选择"生成专用发票"选项，系统根据采购入库单自动生成采购专用发票。补充输入发票号，然后单击"保存"按钮。单击"复核"按钮，再单击"结算"按钮，将采购专用发票与采购入库单进行采购结算。

步骤3　选择"库存"|"采购入库单审核"命令，审核采购入库单。

步骤4　选择"核算"|"核算"|"正常单据记账"命令，对采购入库单进行记账。

步骤5　选择"核算"|"凭证"|"购销单据制单"命令，对采购入库单（报销记账）生成入库凭证。

步骤6　选择"核算"|"凭证"|"供应商往来制单"命令，选择发票制单生成凭证。

> **提示**
>
> 在单据窗口中设有"流转"按钮，可根据当前单据流转生成相关单据。

2. 调整入库成本

步骤1　选择"核算"|"入库调整单"命令，打开"入库调整单"窗口。

步骤2　单击"增加"按钮，选择"板材库"，输入日期"2023-04-28"，选择收发类别"采购入库"、供应商"霸州光洋"。

步骤3　选择存货编码"102"，输入金额"400"，然后单击"保存"按钮，结果如图11.1所示。

图11.1　入库调整单

> **提示**
>
> ① 入库调整单是对存货的入库成本进行调整的单据。既可针对单据进行调整，也可针对存货进行调整。
>
> ② 出入库调整单只针对当月存货的出入库成本进行调整，并且只调整存货的金额，不调整存货的数量。
>
> ③ 出入库调整单保存即记账，因此不可修改、删除已保存的单据。
>
> ④ 如果是调增，金额输入正数；如果是调减，金额输入负数。

步骤4　选择"核算"|"凭证"|"购销单据制单"命令，选择对入库调整单生成凭证，如图11.2所示。

步骤5　选择"核算"|"账表"|"入库汇总表"命令，可以看到板材库大芯板的结存单价为77元/张，而不再是75元/张，如图11.3所示。

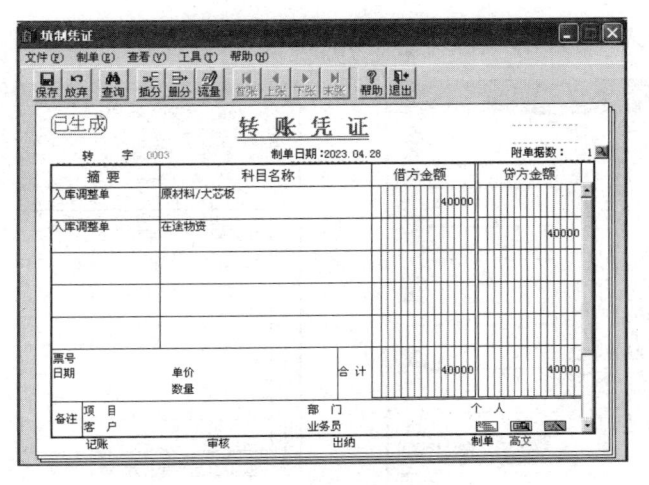

图 11.2　入库调整单生成凭证

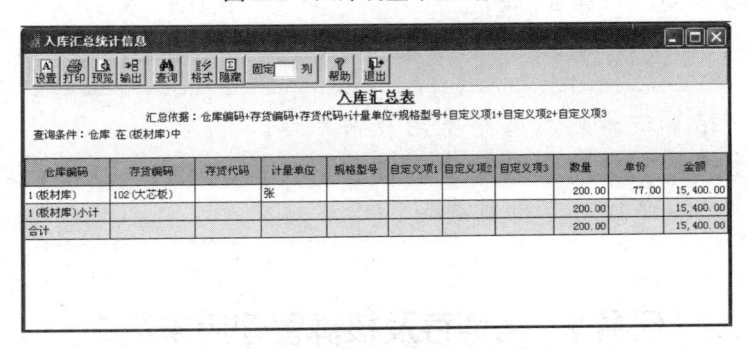

图 11.3　查看调整后的结存成本

任务2　暂估入库业务处理

暂估入库是指本月存货已经入库，但采购发票尚未收到，不能确定存货的入库成本。月底时为了正确核算企业的库存成本，需要将这部分存货暂估入账，并生成暂估凭证。

任务下达

由账套主管进行暂估入库业务处理。

2023年4月28日，收到光辉庆宇发来的五金套组800组，入五金库。

2023年4月30日，发票仍未收到，暂估该批货物的单价为10元/组。进行暂估记账处理。

任务指引

1. 办理采购入库

步骤1　选择"采购"|"采购入库单"命令，填制采购入库单。采购入库单上无须填写单价。

步骤2　选择"库存"|"采购入库单审核"命令，审核采购入库单。

2. 月末发票未到，进行暂估记账

步骤1　选择"核算"|"采购入库单"命令，打开"采购入库单"窗口。单击"修改"按钮，暂估五金套组单价为10元/组，然后单击"保存"按钮。

步骤2　选择"核算"|"核算"|"正常单据记账"命令，对采购入库单进行记账。

步骤3　选择"核算"|"凭证"|"购销单据制单"命令，选中"（01）采购入库单（暂估记账）"复选框，如图11.4所示。

步骤4　单击"确认"按钮，生成凭证如图11.5所示。

图11.4　选择采购入库单（暂估记账）

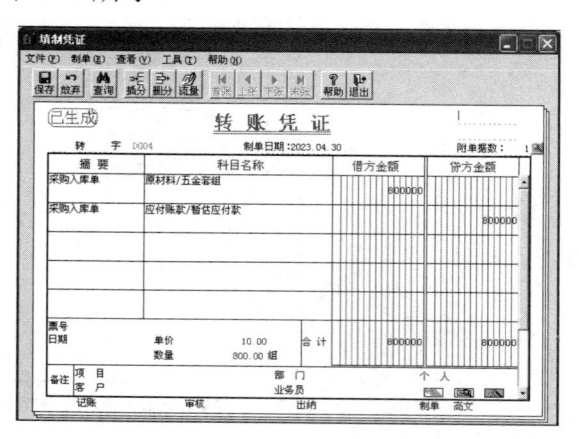

图11.5　暂估入库生成凭证

> **提示**
> ① 未经过采购结算的采购入库单就是暂估入库。
> ② 暂估入库生成的凭证贷记"暂估应付款"科目，报销入库生成的凭证贷记"在途物资"科目，由设置的存货对方科目决定。

任务3　购销存及核算管理月末结账

本月经济业务全部处理完成后，需要进行月末结账处理，以便开始下个会计期间的工作。按照购销存管理和核算管理之间的数据关联，需要先进行采购管理和销售管理月结，再进行库存管理月结，最后进行核算管理月结。

思政小课堂

系统思维

任务下达

由账套主管进行购销存管理和核算管理月末结账。

任务指引

1. 采购管理月末结账

步骤1　选择"采购"|"月末结账"命令，打开"月末结账"对话框。

步骤2　双击4月"选择标记"栏，显示"选中"字样。

步骤3　单击"结账"按钮，系统提示"月末结账完毕！"，如图11.6所示。

步骤4　单击"确定"按钮，"是否结账"一栏显示"已结账"。

步骤5　单击"退出"按钮返回。

图11.6　采购管理月末结账

> **提示**
> ① 在"月末结账"对话框中，单击"月结检测"按钮可以检测当期业务是否处理完成。只有当期业务全部处理完成才能月结。
> ② 采购管理和销售管理月末结账没有先后顺序。

2. 销售管理月末结账

步骤 1　选择"销售"|"月末结账"命令，打开"月末结账"对话框。
步骤 2　选中要结账的月份，单击"月末结账"按钮，4月"是否结账"一栏显示"是"。
步骤 3　单击"退出"按钮。

3. 库存管理月末结账

步骤 1　选择"库存"|"月末结账"命令，打开"结账处理"对话框。
步骤 2　选中要结账的月份，单击"结账"按钮，4月"已经结账"一栏显示"是"。
步骤 3　单击"退出"按钮。

> **提示**
> 采购管理和销售管理月末结账后，库存管理才能月末结账。

4. 核算管理月末结账

步骤 1　选择"核算"|"月末处理"命令，打开"期末处理"对话框。
步骤 2　单击"全选"按钮，选中要进行期末处理的仓库。
步骤 3　单击"确定"按钮，系统提示"您将对所选仓库进行期末处理，确认进行吗？"，如图11.7所示。

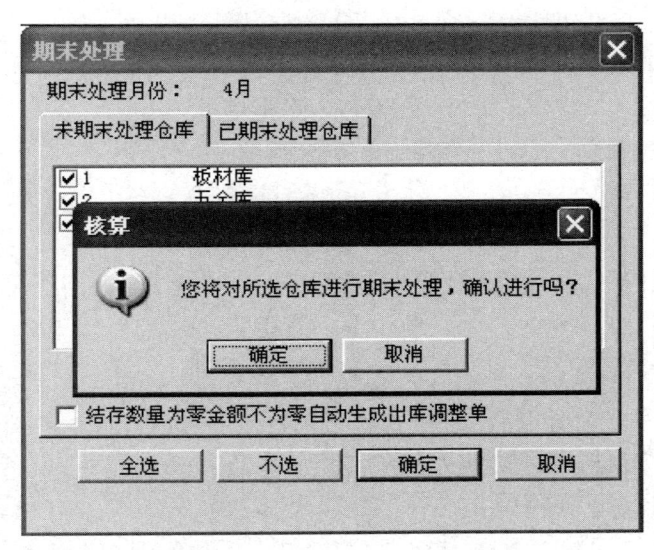

图11.7　核算管理期末处理

步骤 4　单击"确定"按钮，系统提示"期末处理完毕！"。单击"确定"按钮，然后关闭"期末处理"对话框返回。
步骤 5　选择"核算"|"月末结账"命令，打开"月末结账"对话框。
步骤 6　单击"确定"按钮，系统提示"月末结账完成！"。单击"确定"按钮返回。

> **提示**
> ① 核算管理月末结账前需要进行期末处理。
> ② 库存管理结账后，核算管理才能月末结账。
> ③ 月结后可以进行反结账。反结账顺序与结账顺序相反，先是核算管理取消结账，然后库存管理取消结账，最后是采购管理和销售管理取消结账。

全部完成后，将账套备份至"核算管理"文件夹中。

通关测试

一、判断题

1. 核算管理子系统主要核算企业存货的入库成本、出库成本和结余成本。（　　）
2. 无单价的入库单据不能记账。（　　）
3. 在核算管理子系统中可以修改采购入库单的单价。（　　）
4. 已记账单据在未生成凭证前可以取消单据记账。（　　）
5. 出入库调整单既可以调整存货数量，也可以调整存货金额。（　　）

二、选择题

1. 核算管理子系统中特殊单据记账中所指的特殊单据包括（　　）。
   A. 盘点单　　　　　　　　　B. 其他出入库单
   C. 出入库调整单　　　　　　D. 调拨单
2. 在核算管理子系统中制单分为（　　）。
   A. 购销单据制单　　　　　　B. 客户往来制单
   C. 供应商往来制单　　　　　D. 其他单据制单
3. T3提供的存货暂估处理方法有（　　）。
   A. 月初回冲　　　　　　　　B. 单到回冲
   C. 单到补差　　　　　　　　D. 补充更正
4. 库存管理子系统结账前，以下哪些子系统需要先行结账？（　　）
   A. 采购管理　　　　　　　　B. 销售管理
   C. 总账管理　　　　　　　　D. 核算管理
5. 以下哪个子系统能生成凭证传递到总账管理子系统？（　　）
   A. 采购管理　　　　　　　　B. 销售管理
   C. 总账管理　　　　　　　　D. 核算管理

三、思考题

1. 在哪里设置企业暂估入库处理方法？
2. 哪些情况会用到入库调整单？
3. 采购入库单（暂估记账）和采购入库单（报销记账）区别在哪里？
4. 购销存管理子系统和核算管理子系统能反结账吗？有顺序要求吗？
5. 核算管理子系统生成的凭证能删除吗？

四、实训题

完成附录中的"实训13　核算管理"。

附录

综合实训

北京华宇电脑有限公司（简称华宇电脑）是一家从事计算机生产和销售的公司。经过慎重选型，该公司于 2022 年 12 月购买了畅捷通 T3 营改增版，准备自 2023 年 1 月开始利用 T3 管理企业业务，实现业财一体化管理。目前，新道科技股份有限公司的服务人员已经在该公司的服务器和客户端中分别进行了 T3 的安装，并做好了配置连接工作。

实训 1 系统管理

以系统管理员的身份在系统管理中完成以下工作。

1. 设置操作员

华宇电脑 T3 操作员如附表 1.1 所示。

附表 1.1　华宇电脑 T3 操作员

编　号	姓　名	口　令	所属部门
101	于谦	1	财务部
102	耿丽	空	财务部
103	冯洁	空	财务部

2. 企业账套

华宇电脑企业账套的相关信息如下。

① 账套信息：账套号 500；账套名称"华宇电脑"；启用会计期"2023 年 1 月"。

② 单位信息：单位名称"北京华宇电脑有限公司"；单位简称"华宇电脑"；单位地址"北京市海淀区中关村大街 32 号"；税号 91110555054889652C。

③ 核算类型：企业类型"工业"；记账本位币"人民币"；执行《小企业会计准则》（2013）；账套主管"于谦"。

④ 基础信息：企业有外币业务；对经济业务处理时，需要对客户和存货分类，无须对供应商进行分类。

⑤ 业务流程采用标准流程。

⑥ 分类编码方案：科目 4222；客户和存货 223；部门 122。

⑦ 数据精度采用系统默认。

建账完成后立即启用总账管理子系统，启用日期"2023-01-01"。

3. 设置操作员权限

按附表 1.2 设置操作员权限。

附表 1.2　操作员权限

操作员	岗　位	分管工作	权　　限
101 于谦	财务部经理	全面负责财务部各项工作	账套主管
102 耿丽	会计	填制凭证、工资核算、固定资产核算、成本核算、应收应付核算	公用目录设置、总账管理、工资管理、固定资产管理、核算管理、应收管理、应付管理
103 冯洁	出纳	货币资金管理、现金收付凭证审核	现金管理、出纳签字、查询凭证

4. 备份账套

将 500 账套备份到 "E:\账套备份\系统管理" 文件夹中。

实训 2　基础档案设置

以系统管理员的身份引入"系统管理"账套，以账套主管的身份在 T3 中完成以下基础档案设置。

1. 机构设置

（1）部门档案

华宇电脑部门档案如附表 2.1 所示。

附表 2.1　部门档案

部门编码	部门名称
1	企管办
2	财务部
3	采购部
4	销售部
401	国内销售部
402	国际销售部
5	生产部

（2）职员档案

华宇电脑职员档案如附表 2.2 所示。

附表 2.2　职员档案

职员编号	职员名称	所属部门
101	何润东	企管办
201	于谦	财务部
202	耿丽	财务部
203	冯洁	财务部
301	杨帅	采购部
401	任志刚	国内销售部
402	黄海波	国际销售部
501	陈小春	生产部

2. 往来单位

（1）客户分类

华宇电脑客户分类如附表2.3所示。

附表2.3　客户分类

客户分类编码	客户分类名称
01	国内
02	国外

（2）客户档案

华宇电脑客户档案如附表2.4所示。

附表2.4　客户档案

编号	客户名称	简称	所属分类码	税号	开户银行	账号	分管部门	专管业务员
001	瑞美集团股份有限公司	瑞美	01	91110108584321457A	中行北京分行	5483042305342532452	国内销售部	任志刚
002	北京实创技术学院	实创	01		工行北京分行	5832475898257859845	国内销售部	任志刚

（3）供应商档案

华宇电脑供应商档案如附表2.5所示。

附表2.5　供应商档案

编号	供应商名称	简称	税号	开户银行	账号	分管部门	专管业务员
001	日星科技有限公司	日星	91110108500400311B	中行北京分行	9984323257237585283	采购部	杨帅
002	亚捷商贸有限公司	亚捷	911101055329987721	工行北京分行	9832823655838435683	采购部	杨帅

3. 财务

（1）外币核算

华宇电脑采用固定汇率核算外币，外币只涉及美元一种，美元币符为$，2023年1月初汇率为6.8。

（2）会计科目设置

① 增加会计科目

按附表2.6增加华宇电脑常用会计科目。

附表2.6　增加会计科目

科目编号及名称	辅助核算	账页格式	币别/计量单位	方向
100201 中行存款		银行账、日记账	金额式		借
10020101 人民币户		银行账、日记账	金额式		借
10020102 美元户		银行账、日记账	外币金额式	美元	借
140301 主板	数量核算	数量金额式	个	借
140302 键盘	数量核算	数量金额式	个	借
190101 待处理流动资产损溢		金额式		借
190102 待处理固定资产损溢		金额式		借
220201 应付货款	供应商往来	金额式		贷
220202 暂估应付款		金额式		贷

(续表)

科目编号及名称	辅助核算	账页格式	币别/计量单位	方向
400101 直接材料	项目核算	金额式		借
400102 直接人工		金额式		借
400103 制造费用		金额式		借
400104 其他		金额式		借
410101 工资		金额式		借
410102 折旧费		金额式		借
410103 其他		金额式		借
410104 住房公积金		金额式		借
560108 折旧		金额式		借
560111 住房公积金		金额式		借
560212 差旅费	部门核算	金额式		借
560213 住房公积金		金额式		借

② 修改会计科目

按附表 2.7 修改会计科目。

附表 2.7　修改会计科目

科目编号及名称	辅助核算	账页格式	方向
1001 库存现金	日记账	金额式	借
1002 银行存款	银行账、日记账	金额式	借
1121 应收票据	客户往来	金额式	借
1122 应收账款	客户往来	金额式	借
1123 预付账款	供应商往来	金额式	借
1221 其他应收款	个人往来	金额式	借
2201 应付票据	供应商往来	金额式	贷
2203 预收账款	客户往来	金额式	贷
5001 主营业务收入	项目核算	金额式	贷
5401 主营业务成本	项目核算	金额式	借

③ 指定会计科目

指定"1001 库存现金"为现金总账科目，指定"1002 银行存款"为银行总账科目，指定"1001 库存现金""10020101 人民币户""10020102 美元户""1012 其他货币资金"为现金流量科目。

（3）凭证类别

华宇电脑采用单一凭证类别"记账凭证"。

（4）项目目录

按照附表 2.8 设置华宇电脑项目目录。

附表 2.8　项目目录

项目大类：产品		
项目分类：家用电脑		
核算科目	项目	
	001 华宇天骄	002 华宇天星
400101 直接材料	是	
5001 主营业务收入	是	
5401 主营业务成本	是	

4. 收付结算

（1）结算方式

按附表 2.9 设置华宇电脑常用的结算方式。

附表 2.9 结算方式

结算方式编码	结算方式名称	票据管理
1	现金结算	否
2	支票结算	否
201	现金支票	是
202	转账支票	是
3	商业汇票	否
301	商业承兑汇票	否
302	银行承兑汇票	否
4	电汇	否
5	其他	否

（2）付款条件

按附表 2.10 设置华宇电脑付款条件。

附表 2.10 付款条件

编码	信用天数/天	优惠天数1/天	优惠率1/%	优惠天数2/天	优惠率2/%	优惠天数3/天	优惠率3/%
01	30	5	2				
02	60	5	4	15	2	30	1
03	90	5	4	20	2	45	1

（3）开户银行

设置华宇电脑的开户银行。

编码 01，名称"中国银行北京分行中关村分理处"，账号 60831578。

5. 常用摘要

设置常用摘要。常用摘要编码 01；常用摘要正文"提现金"；相关科目 1001。

6. 备份账套

将 500 账套备份到"E:\账套备份\基础档案设置"文件夹中。

实训 3 总账初始化

以系统管理员的身份引入"基础档案设置"账套，以账套主管的身份在 T3 中完成总账初始化设置。

1. 设置总账选项

华宇电脑总账选项设置如附表 3.1 所示。

附表 3.1 总账选项

选项卡	选项设置
凭证	制单序时控制 支票控制 资金及往来赤字控制 允许修改、作废他人填制的凭证 允许查看他人填制的凭证 可以使用其他系统受控科目 打印凭证页脚姓名 出纳凭证必须经由出纳签字 凭证编号方式采用系统编号 外币核算采用固定汇率 其他采用系统默认设置
账簿	账簿打印位数按软件的标准设定 明细账查询权限控制到科目 明细账打印按年排页
会计日历	会计日历为 1 月 1 日—12 月 31 日
其他	数量小数位和单价小数位设为 2 位 部门、个人、项目按编码方式排序

2. 期初余额

按附表 3.2 进行科目期初余额输入并进行试算平衡。

附表 3.2 科目期初余额表
元

科目编码	科目名称	方 向	辅助核算	期初余额
1001	库存现金	借		15 654.00
1002	银行存款	借		531 812.00
100201	中行存款	借		531 812.00
10020101	人民币户	借		205 412.00
10020102	美元户	借		326 400.00
			外币核算——美元	48 000.00
1122	应收账款	借	见表 3.3	113 000.00
1221	其他应收款	借	见表 3.4	2 800.00
1403	原材料	借		67 500.00
140301	主板	借		60 000.00
			数量核算——个	100
140302	键盘	借		7 500.00
			数量核算——个	60
1405	库存商品	借		1 571 000.00
1601	固定资产	借		381 880.00
1602	累计折旧	贷		44 032.60
2001	短期借款	贷		480 000.00
2202	应付账款	贷		74 125.00
220201	应付货款	贷	见表 3.5	14 125.00
220202	暂估应付款	贷		60 000.00
2211	应付职工薪酬	贷		236 161.40

(续附表)

科目编码	科目名称	方向	辅助核算	期初余额
221101	应付工资	贷		192 430.20
221102	应付奖金	贷		28 023.20
221104	应付社会保险费	贷		11 220.00
221105	应付住房公积金	贷		4 488.00
2221	应交税费	贷		78 160.00
222101	应交增值税	贷		36 660.00
22210101	进项税额	贷		-89 650.00
22210105	销项税额	贷		126 310.00
222102	未交增值税	贷		20 000.00
222106	应交所得税	贷		18 000.00
222112	应交个人所得税	贷		3 500.00
3001	实收资本	贷		1 000 000.00
3101	盈余公积	贷		230 000.00
310101	法定盈余公积	贷		230 000.00
3104	利润分配	贷		541 167.00
310415	未分配利润	贷		541 167.00

辅助明细资料如附表3.3至附表3.5所示。

附表3.3 "1122应收账款"期初余额 元

日 期	凭证号	客户	摘 要	方 向	金 额	业务员	票 号
2022-12-26	记-128	瑞美	期初	借	113 000	任志刚	FP1226

附表3.4 "1221其他应收款"期初余额 元

日 期	凭证号	部 门	个 人	摘 要	方 向	期初余额
2022-12-28	记-132	企管办	何润东	出差借款	借	2 800

附表3.5 "220201应付货款"期初余额 元

日 期	凭证号	供应商	摘 要	方 向	金 额	业务员	票 号
2022-12-28	记-136	亚捷	期初	贷	14 125	杨帅	FZ1228

3. 备份账套

将500账套备份到"E:\账套备份\总账初始化"文件夹中。

实训4 总账日常业务处理

以系统管理员的身份引入"总账初始化"账套。

1. 填制凭证

由会计102耿丽根据以下企业经济业务在T3中填制凭证。

① 1月1日，国内销售部任志刚报销业务招待费1 500元。以现金支付（附单据一张）。

② 1月6日，收到达昌集团投资资金20 000美元，汇率1:6.80（转账支票号ZZ0106）。

③ 1月6日，财务部冯洁从中行人民币户提取现金10 000元，作为备用金（现金支票号XJ0106）。

④1月18日，采购部杨帅采购一批主板，共200个，单价600元/个。以转账支票支付（转账支票号 ZZ0118）。

⑤1月18日，销售部任志刚收到瑞美转账支票一张，金额113 000元，用以偿还前欠货款（转账支票号 WZ0118）。

⑥1月18日，收到向亚捷购买的键盘300个，增值税专用发票上注明无税单价120元/个，适用税率13%。入材料二库，货款未付。

⑦1月25日，国内销售部向实创出售华宇天骄电脑10台，无税单价6 000元/台，适用税率13%，货款尚未收到。

⑧1月25日，企管办何润东报销差旅费2 800元，原始单据共5张。

⑨1月25日，报销销售人员交通费832元、通讯费2 200元、业务招待费3 900元。调用常用凭证生成。

2．修改凭证

经检查发现，1月18日填制的记-0006号凭证有两处错误：一是供应商应为"日星"而非"亚捷"；二是采购键盘200个误录为300个。

由会计102耿丽修改凭证。

3．删除凭证

由会计102耿丽将"记-0009"号凭证删除。

4．出纳签字

1月31日，由出纳103冯洁对出纳凭证进行审核并签字。

5．审核凭证

1月31日，由账套主管101于谦对所有凭证进行审核并签字。

6．记账

由账套主管101于谦对本月凭证进行记账处理。

7．账簿查询

1月31日，以账套主管101于谦的身份进行账簿查询。

①查询2023年1月余额表。

②查询2023年1月主板数量金额明细账。

③定义并查询2023年1月管理费用多栏账。

④查询何润东2023年1月个人往来清理情况。

⑤查询2023年1月各部门收支分析表。

⑥以账套主管101于谦的身份查询"华宇天骄"项目明细账，并进行项目统计分析。

8．现金管理

由出纳103冯洁进行银行对账、现金日记账和资金日报表查询、支票登记簿管理。

（1）银行对账

华宇电脑银行账的启用日期为2023年1月1日；中行人民币户企业日记账调整前余额为205 412.00元，银行对账单调整前余额为212 962.00元；未达账项一笔，系银行2022年12月31日已收转账支票企业未收7 550元。

2023年1月取得的银行对账单如附表4.1所示。要求进行银行对账，查询银行存款余额调节表。

附表4.1 银行对账单　　　　　　　　　　　　　　　　　　　　　　　　　　　　　元

日　　期	结算方式	票　号	借方金额	贷方金额
2023.01.06	201	XJ0106		10 000
2023.01.16			63 260	
2023.01.18	202	ZZ0118		135 600
2023.01.18	202	WZ0118	113 000	

（2）查询现金日记账

（3）查看1月18日资金日报表

（4）进行支票登记

1月31日，采购员杨帅领用转账支票一张，用于购买键盘，金额为5 000元，票号为0131。

9. 备份账套

将500账套备份到"E:\账套备份\总账日常业务"文件夹中。

实训5　总账期末业务处理

以系统管理员的身份引入"总账日常业务"账套。以会计102耿丽的身份完成以下工作。

1. 转账定义

① 设置自定义转账凭证：按短期借款期初余额8%计提短期借款利息。

② 设置对应结转凭证：将"应交税费/应交增值税/销项税额"转入"应交税费/未交增值税"。

③ 设置期间损益结转凭证。

2. 转账生成

1月31日，由会计102耿丽生成上述凭证。

3. 对账

4. 月末结账

5. 备份账套

将500账套备份到"E:\账套备份\总账期末业务"文件夹中。

实训6　编制财务报表

以系统管理员的身份引入"总账期末业务"账套，以账套主管101于谦的身份完成以下工作。

1. 自定义货币资金表

货币资金表的格式如附表6.1所示。

附表6.1　货币资金表格式
货币资金表

编制单位：　　　　　　　　　　　　　　　　年　月　日

项　目	行　次	期初数	期末数
库存现金	1		

(续附表)

项　目	行　次	期初数	期末数
银行存款	2		
合计	3		

制表人：

具体要求如下。

① 在 B2 单元格中设定关键字"年"，在 C2 单元格中设定关键字"月""日"，并设置"月"关键字偏移量为–30 像素。

② 定义第 1 行行高为 7 毫米，A 列列宽为 40 毫米。

③ 将 A1 到 D1 的单元格组合在一起。

④ 设置表内字体格式如下。

- 标题。"货币资金表"设置为黑体、14 号、全部居中。
- 表体。表体中的文字设置为楷体、12 号、全部居中。
- 表尾。"制表人："设置为宋体、10 号、水平右对齐、垂直居中。
- 设置 D7 单元格类型为字符型。

⑤ 在 A3 至 D6 区域画表格线。

3. 利用报表模板生成报表

① 生成资产负债表。

② 生成利润表。

实训 7　工资管理

以系统管理员的身份恢复"总账初始化"账套。以账套主管的身份启用工资管理子系统，并完成以下工作。

1. 建立工资账套

华宇电脑工资账套的相关信息如下。

① 工资类别个数"多个"，核算币种"人民币 RMB"。

② 从工资中代扣个人所得税。

③ 不进行扣零处理。

④ 人员编码长度为 3 位；启用日期为 2023 年 1 月 1 日；不预置工资项目。

2. 工资账套基础信息设置

（1）设置人员类别

本企业人员类别分为企业管理人员、车间管理人员、销售人员和生产工人。

（2）设置工资项目

本企业的工资项目如附表 7.1 所示。

附表 7.1　工资项目

项目名称	类　型	长　度	小数位数	增减项
基本工资	数字	8	2	增项
岗位工资	数字	8	2	增项
奖金	数字	8	2	增项
应发合计	数字	10	2	增项
养老保险	数字	8	2	减项
医疗保险	数字	8	2	减项
失业保险	数字	8	2	减项
公积金	数字	8	2	减项

(续附表)

项目名称	类　型	长　度	小数位数	增减项
请假扣款	数字	8	2	减项
代扣税	数字	10	2	减项
扣款合计	数字	10	2	减项
实发合计	数字	10	2	增项
请假天数	数字	8	2	其他
日工资	数字	8	2	其他
应税工资	数字	10	2	其他

（3）银行名称设置

本企业发放工资的银行为中行中关村分理处；账号定长，长度为11位。

3．工资类别基础信息设置

（1）新建工资类别"正式工"

企业所有部门均有正式工。

（2）设置"正式工"工资类别人员档案（见附表7.2）

附表7.2　人员档案

编　号	姓　名	部门名称	人员类别	账　号	中方人员	是否计税
101	何润东	企管办	企业管理人员	20190010001	是	是
201	于谦	财务部	企业管理人员	20190010002	是	是
202	耿丽	财务部	企业管理人员	20190010003	是	是
203	冯洁	财务部	企业管理人员	20190010004	是	是
301	杨帅	采购部	企业管理人员	20190010005	是	是
401	任志刚	国内销售部	销售人员	20190010006	是	是
402	黄海波	国际销售部	销售人员	20190010007	是	是
501	陈小春	生产部	车间管理人员	20190010008	是	是
502	张晓楠	生产部	生产工人	20190010009	是	是

（3）选择"正式工"工资类别工资项目

"正式工"工资类别工资项目和排列顺序是：基本工资、岗位工资、奖金、应发合计、养老保险、医疗保险、失业保险、公积金、请假扣款、代扣税、扣款合计、实发合计、日工资、请假天数、应税工资。

（4）设置工资项目计算公式

工资项目计算公式和正确排列顺序如附表7.3所示。

附表7.3　工资项目公式

工资项目	公　式
岗位工资	如果人员类别是企业管理人员或车间管理人员，岗位工资为400，其他人员为200 iff(人员类别="企业管理人员" or 人员类别="车间管理人员",400,200)
日工资	(基本工资+岗位工资)÷22
请假扣款	请假天数×日工资
养老保险	基本工资×8%
医疗保险	基本工资×2%
失业保险	基本工资×1%

（续附表）

工资项目	公 式
公积金	基本工资×12%
应发合计	基本工资+岗位工资+奖金
扣款合计	养老保险+医疗保险+失业保险+公积金+请假扣款+代扣税
实发合计	应发合计-扣款合计
应税工资	实发合计+代扣税

（5）设置个人所得税税率

个人所得税免征额为5 000元，税率如附表7.4所示。

附表7.4　2019年开始实行的7级超额累进个人所得税税率表

级　数	全年应纳税所得额	按月换算/元	税率/%	速算扣除数/元
1	不超过36 000元	不超过3 000	3	0
2	36 000元至144 000元	3 000<X≤12 000	10	210
3	144 000元至300 000元	12 000<X≤25 000	20	1 410
4	300 000元至420 000元	25 000<X≤35 000	25	2 660
5	420 000元至660 000元	35 000<X≤55 000	30	4 410
6	660 000元至960 000元	55 000<X≤80 000	35	7 160
7	超过960 000元	超过80 000	45	15 160

4. 工资处理

（1）工资数据输入并计算

① 输入正式工职工基本工资数据，以及请假天数，如附表7.5所示。

附表7.5　职工基本工资数据　　　　　　　　　　　　　　　　元

姓　名	基本工资	请假天数
何润东	12 000	
于谦	8 000	
耿丽	5 800	3
冯洁	5 500	
杨帅	5 800	
任志刚	5 800	1
黄海波	5 500	
陈小春	5 200	
张晓楠	4 800	

② 因上年国内销售部销售业绩大幅提升，本月给国内销售部人员发放奖金2 000元。

（2）工资分摊

按附表7.6进行2023年1月工资费用分摊。其中，应付工资总额等于应发合计，企业应负担的公积金按职工基本工资总额的12%计提。

附表7.6　工资费用分摊

部　门	人员类别	工资分摊			
		应付工资		公积金（12%）	
		借方科目	贷方科目	借方科目	贷方科目
企管办、财务部、采购部	企业管理人员	560209	221101	560213	221105
国内销售部、国际销售部	销售人员	560107	221101	560111	221105
生产部	车间管理人员	410101	221101	410104	221105
	生产工人	400102	221101	400102	221105

5. 备份账套

将 500 账套备份到"E:\账套备份\工资管理"文件夹中。

实训 8 固定资产管理

以系统管理员的身份引入"总账初始化"账套，以账套主管的身份启用固定资产管理子系统，并完成以下工作。

1. 建立固定资产账套

以账套主管的身份进入 T3，进行固定资产建账。固定资产选项设置如附表 8.1 所示。

附表 8.1 选项设置

控制选项	选项设置
约定与说明	我同意
启用月份	2023.01
折旧信息	本账套计提折旧 折旧方法：平均年限法（一） 折旧汇总分配周期：1 个月 当（月初已计提月份=可使用月份-1）时将剩余折旧全部提足
编码方式	资产类别编码方式：2112 固定资产编码方式：按"类别编码+部门编码+序号"自动编码；卡片序号长度为3
财务接口	与账务系统进行对账 对账科目如下。 ①固定资产对账科目：1601,固定资产 ②累计折旧对账科目：1602,累计折旧

2. 基础信息设置

（1）选项设置

以账套主管的身份进行固定资产选项设置，如附表 8.2 所示。

附表 8.2 选项设置

控制选项	选项设置
补充选项	月末结账前一定要完成制单登账业务 可纳税调整的增加方式：直接购入、投资者投入、捐赠、在建工程转入 固定资产缺省入账科目：1601,固定资产 累计折旧缺省入账科目：1602,累计折旧 可抵扣税额入账科目：22210101,进项税额

（2）设置固定资产类别

华宇电脑固定资产的类别如附表 8.3 所示。

附表 8.3 固定资产类别

编码	类别名称	净残值率	单位	计提属性	卡片样式
05	运输工具	4%		正常计提	通用样式
051	车辆	4%	辆	正常计提	通用样式
06	设备	4%		正常计提	通用样式
061	计算机设备	4%	台	正常计提	通用样式
062	办公设备	4%	台	正常计提	通用样式

（3）设置部门对应的折旧科目

华宇电脑各部门对应的折旧科目如附表8.4所示。

附表8.4　部门对应折旧科目

部　门	对应折旧科目编码及名称
企管办、财务部、采购部	560210,管理费用/折旧费
国内销售部、国际销售部	560108,销售费用/折旧费
生产部	410102,制造费用/折旧费

（4）设置增减方式和对应入账科目

华宇电脑常用固定资产增减方式和对应的入账科目如附表8.5所示。

附表8.5　常用固定资产增减方式和对应入账科目

增减方式目录	对应入账科目
增加方式	
直接购入	10020101,银行存款/中行存款/人民币户
减少方式	
毁损	1606,固定资产清理

（5）原始卡片

华宇电脑固定资产原始卡片的信息如附表8.6所示。

附表8.6　固定资产原始卡片信息　　　　　　　　　　　元

名　称	类别编号	所在部门	增加方式	使用年限	开始使用日期	原　值	累计折旧
奥迪轿车	051	企管办	直接购入	8	2022.01.01	346 580	38 123.8
笔记本电脑	061	企管办	直接购入	5	2022.01.01	12 800	2 252.8
多功能一体机	062	企管办	直接购入	5	2022.01.01	3 500	616.0
台式机	061	生产部	直接购入	5	2022.02.01	5 000	800.0
打印机	062	生产部	直接购入	5	2022.02.01	14 000	2 240.0
合　计						381 880	44 032.6

说明：净残值率均为4%，使用状况均为"在用"，折旧方法均采用平均年限法（一）。

3. 1月固定资产业务

（1）固定资产增加

1月10日，财务部购买HP复印机一台，取得增值税专用发票。无税金额为5 000元，净残值率为4%，预计使用年限为5年。用中行转账支票支付，票号为GD0110。

（2）计提折旧

1月31日，计提本月折旧。

（3）固定资产减少

1月31日，企管办的笔记本电脑毁损。

（4）制单处理

对以上固定资产增减业务进行批量制单。

（5）对账

（6）月末结账

4. 2月固定资产处理

（1）固定资产原值增加

2月20日，企管办为奥迪轿车添加配件花费3 000元。用中行转账支票支付，票号为TJ0120。

（2）固定资产部门转移

2月20日，因工作需要，将企管办的多功能一体机转移到财务部。

（3）卡片管理

查看已减少资产信息。

5. 备份账套

将500账套备份到"E:\账套备份\固定资产"文件夹中。

实训9 购销存管理初始化

以系统管理员的身份引入"总账初始化"账套，以账套主管的身份启用购销存管理和核算管理子系统，并在T3中完成以下购销存初始化设置。

1. 设置存货

（1）设置存货分类

华宇电脑存货分类如附表9.1所示。

附表9.1 存货类别

存货类别编码	存货类别名称
01	原材料
02	产成品
03	应税劳务

（2）设置存货档案

华宇电脑存货档案如附表9.2所示。

附表9.2 存货档案

存货编码	存货名称	计量单位	所属分类码	税率	存货属性	参考成本
101	主板	个	01	13%	外购、生产耗用	600.00元/个
102	键盘	个	01	13%	外购、生产耗用	125.00元/个
201	华宇天骄	台	02	13%	自制、销售	4 600.00元/台
202	华宇天星	台	02	13%	自制、销售	3 800.00元/台
301	运输费	千米	03	9%	外购、销售、劳务费用	

2. 设置购销存

（1）设置仓库档案

华宇电脑仓库档案如附表9.3所示。

附表9.3 仓库档案

仓库编码	仓库名称	所属部门	负责人	计价方式
1	材料一库	采购部	杨帅	先进先出法
2	材料二库	采购部	杨帅	先进先出法
3	成品库	生产部	陈小春	先进先出法

（2）设置收发类别

华宇电脑收发类别如附表9.4所示。

附表9.4 收发类别

收发类别编码	收发类别名称	收发标志	收发类别编码	收发类别名称	收发标志
1	入库	收	2	出库	发
11	采购入库	收	21	销售出库	发
12	产成品入库	收	22	材料领用出库	发
15	其他入库	收	25	其他出库	发

3. 设置核算科目

（1）设置存货科目

华宇电脑的存货科目如附表9.5所示。

附表9.5 存货科目

仓库编码	仓库名称	存货分类编码及名称	存货科目编码及名称
1	材料一库	01 原材料	140301 原材料/主板
2	材料二库	01 原材料	140302 原材料/键盘
3	成品库	02 产成品	1405 库存商品

（2）设置存货对方科目

华宇电脑的存货对方科目如附表9.6所示。

附表9.6 存货对方科目

收发类别编码及名称	对方科目编码及名称	暂估科目编码及名称
11 采购入库	1402 在途物资	220202 暂估应付款
12 产成品入库	400101 生产成本/直接材料	
21 销售出库	5401 主营业务成本	
22 材料领用出库	400101 生产成本/直接材料	

（3）设置客户往来科目

① 基本科目设置。设置应收科目为1122、预收科目为2203、销售收入和销售退回科目为5001、应交增值税科目为22210106、现金折扣科目为560303。

② 结算方式科目设置。设置现金结算对应科目为1001、转账支票对应科目为10020101、现金支票对应科目为10020101、电汇对应科目为10020101。

（4）设置供应商往来科目

① 基本科目设置。设置应付科目为220201、预付科目为1123、采购科目为1402、采购税金科目为22210101、现金折扣科目为560303。

② 结算方式科目设置。设置现金结算对应科目为1001、转账支票对应科目为10020101、现金支票对应科目为10020101。

4. 设置采购选项

① 业务控制选项设置。增值税专用发票默认税率为13%；采购订单、采购入库单采用默认税率。

② 应付选项设置。显示现金折扣。

5. 购销存期初数据

华宇电脑购销存管理子系统和核算管理子系统相关期初数据整理如下。

（1）采购期初

2022年12月31日，采购部收到日星提供的主板100个，估价为600元/个。商品已验收入材料一库，尚未收到发票。

（2）库存期初

2022年12月31日，企业对各个仓库进行了盘点，结果如附表9.7所示。

附表9.7　库存期初数据　　　　　　　　　　　　　　　元

仓库名称	存货编码	存货名称	数量	单价	金额	合计
材料一库	101	主板	100个	600.00元/个	60 000	67 500
材料二库	102	键盘	60个	125.00元/个	7 500	
成品库	201	华宇天骄	135台	4 600.00元/台	621 000	1 571 000
成品库	202	华宇天星	250台	3 800.00元/台	950 000	

（3）供应商往来期初

2022年12月28日，收到亚捷提供的键盘100个。无税单价为125元/个，税率为13%。收到专用发票一张，发票号为FP1228。货款未付。

（4）客户往来期初

2022年12月26日，瑞美购买华宇天骄20台。无税单价为5 000元/台，税率为13%。开具专用销售发票，发票号为FP1226。此笔业务由国内销售部任志刚负责。

6. 备份账套

将500账套备份到"E:\账套备份\购销存初始化"文件夹中。

实训10　采购管理

以系统管理员的身份引入"购销存初始化"账套，以账套主管的身份完成采购业务处理。

1. 普通采购业务——货票同时到达

1月1日，业务员杨帅向亚捷订购键盘300个，单价为125元/个。要求到货日期为1月3日。

1月3日，按照合同约定订购的300个键盘到货。入材料二库。同时收到采购键盘的专用发票一张，发票号为FP1501。

1月5日，财务开出转账支票42 375元（票号0105），付清该笔采购货款并核销应付。

2. 预付订金业务

1月5日，开出转账支票一张，金额为20 000元，票号为ZZ2205，作为向日星采购主板的订金。

3. 采购现付业务

1月8日，采购部向日星购买的200个主板到货，无税单价为500元/个，验收入材料一库。同时，收到专用发票一张，票号为1502。财务部立即以转账支票的形式（票号为2310）支付剩余货款93 000元（已预付20 000元订金），本单位开户银行账号为60831578。

4. 预付冲应付业务

1月8日，用1月5日预付给日星的20 000元订金冲抵1月8日购买主板的应付款20 000元。

5. 采购运费处理

1月10日，收到亚捷代垫的运费发票一张。原币金额为120元、税率为9%，为1月1日采购300个键盘发生。将运费计入采购成本。

6. 暂估入库报销处理

1月12日，收到日星提供的上月已验收入库的100个主板的专用发票一张，票号为1551，发票不含税单价为520元/个。进行暂估报销处理，确定采购成本和应付账款。

7. 备份账套

将500账套备份到"E:\账套备份\采购管理"文件夹中。

实训 11　销售管理

以系统管理员的身份引入"购销存初始化"账套，以账套主管的身份完成销售业务处理。

1. 普通销售业务处理

2023年1月10日，瑞美向国内销售部订购20台华宇天骄。报价（无税单价）为6 000元/台，商定发货日期为2023年1月12日。

2023年1月12日，国内销售部开具发货单，向瑞美发出其所订货物，并从成品库办理出库手续。国内销售部向瑞美开具销售专用发票，票号为0112。财务部据此确认应收。

2023年1月15日，财务部收到瑞美转账支票一张，票号为2315，金额为150 000元。应收会计进行收款结算并核销应收。

2. 销售现收业务

2023年1月16日，国内销售部向实创出售华宇天星30台，报价（无税单价）为4 500元/台。货物从成品库发出。

同日，根据上述发货单开具普通发票一张，发票号为1516。同时，收到客户用转账支票所支付的全部货款，票据号为1588，银行账号为60831578。进行现结制单处理。

3. 代垫费用处理

2023年1月16日，国内销售部在向实创销售商品的过程中发生了一笔代垫的运费200元。已用现金支付，客户尚未支付该笔款项。

4. 开票直接发货

2023年1月18日，国内销售部向瑞美出售2台华宇天星。其无税单价为4 500元/台，适用税率为13%。货物从成品库发出，并据此开具销售专用发票一张，发票号为1526。

5. 预收款

2023年1月18日，收到瑞美交来的转账支票一张。金额为120 000元，票号为1522，用以归还2022年12月前欠货款113 000元。余款转为预收款。

6. 应收冲应收

2023年1月20日，经三方协商，将实创200元代垫运费转给瑞美。

7. 备份账套

将 500 账套备份到"E:\账套备份\销售管理"文件夹中。

实训 12　库存管理

以系统管理员的身份引入"购销存初始化"账套，以账套主管的身份完成库存业务处理。

1. 产成品入库业务

2023 年 1 月 3 日，成品库收到生产部生产的 50 台华宇天骄。做产成品入库。

2023 年 1 月 5 日，成品库收到生产部生产的 10 台华宇天骄。做产成品入库。

随后收到财务部提供的完工产品成本，其中华宇天骄的总成本为 276 000 元。立即做成本分配，记账生成凭证。

2. 材料出库业务

2023 年 1 月 10 日，生产部从材料一库领用主板 20 个，用于生产华宇天骄。登记材料明细账，生成领料凭证。

3. 其他出库业务

国内销售部向实创捐赠 10 台华宇天星。

4. 调拨业务

2023 年 1 月 15 日，因材料二库维修，将仓库中的 60 个键盘调拨到材料一库中。

5. 盘点业务

2023 年 1 月 15 日，对材料一库的主板存货进行盘点，盘点数量为 83 个。

6. 备份账套

将 500 账套备份到"E:\账套备份\库存管理"文件夹中。

实训 13　核算管理

以系统管理员的身份引入"购销存初始化"账套，以账套主管的身份完成核算业务处理。

1. 入库及调整业务

2023 年 1 月 16 日，向亚捷订购的 20 个键盘到货，入材料二库。收到采购专用发票一张，票号为 1916，无税单价为 125 元/个。

2023 年 1 月 28 日，将 1 月 16 日发生的采购键盘的入库成本增加 400 元。

2. 暂估入库业务处理

2023 年 1 月 28 日，收到亚捷提供的主板 80 个。入材料一库。

2023 年 1 月 31 日，发票仍未收到，暂估该批货物的单价为 550 元/个。进行暂估记账处理。

3. 结账

由账套主管进行购销存管理子系统和核算管理子系统结账。

4. 备份账套

将 500 账套备份到"E:\账套备份\核算管理"文件夹中。

尊敬的老师：

您好。

请您认真、完整地填写以下表格的内容（务必填写每一项），索取相关图书的教学资源。

教学资源索取表

书　　名				作者名	
姓　　名			所在学校		
职　　称			职　　务		讲授课程	
联系方式	电　话			E-mail	
	QQ 号			微 信 号	
地 址（含 邮 编）					
贵校已购本教材的数量（本）					
所 需 教 学 资 源					
系／院 主 任 姓 名					

系／院主任：_____（签字）

（系／院办公室公章）

20____年____月____日

注意：

① 本配套教学资源仅向购买了相关教材的学校老师免费提供。

② 请任课老师认真填写以上信息，并请系／院加盖公章，然后传真到（010）80115555 转 718438 索取配套教学资源。也可将加盖公章的文件扫描后，发送到 fservice@126.com 索取教学资源。欢迎各位老师扫码添加我们的微信，随时与我们进行沟通和互动。

③ 个人购买的读者，请提供含有书名的购书凭证，如发票、网络交易信息，以及购书地点和本人工作单位来索取。

微信

反侵权盗版声明

电子工业出版社依法对本作品享有专有出版权。任何未经权利人书面许可，复制、销售或通过信息网络传播本作品的行为；歪曲、篡改、剽窃本作品的行为，均违反《中华人民共和国著作权法》，其行为人应承担相应的民事责任和行政责任，构成犯罪的，将被依法追究刑事责任。

为了维护市场秩序，保护权利人的合法权益，我社将依法查处和打击侵权盗版的单位和个人。欢迎社会各界人士积极举报侵权盗版行为，本社将奖励举报有功人员，并保证举报人的信息不被泄露。

举报电话：（010）88254396；（010）88258888
传　　真：（010）88254397
E-mail：dbqq@phei.com.cn
通信地址：北京市万寿路 173 信箱
电子工业出版社总编办公室
邮　　编：100036